Catrin Boldebuck
Jedes fünfte Kind

GOLDMANN

CATRIN BOLDEBUCK

JEDES FÜNFTE KIND

Warum Kinderarmut unseren Wohlstand
und unsere Freiheit gefährdet

GOLDMANN

Wir haben uns bemüht, alle Rechteinhaber ausfindig zu machen, verlagsüblich zu nennen und zu honorieren. Sollte uns dies im Einzelfall aufgrund der schlechten Quellenlage bedauerlicherweise einmal nicht möglich gewesen sein, werden wir begründete Ansprüche selbstverständlich erfüllen.

Der Verlag behält sich die Verwertung der urheberrechtlich geschützten Inhalte dieses Werkes für Zwecke des Text- und Data-Minings nach § 44 b UrhG ausdrücklich vor.
Jegliche unbefugte Nutzung ist hiermit ausgeschlossen.

Penguin Random House Verlagsgruppe FSC® N001967

1. Auflage
Originalausgabe Oktober 2024
Copyright © 2024: Wilhelm Goldmann Verlag, München,
in der Penguin Random House Verlagsgruppe GmbH,
Neumarkter Str. 28, 81673 München
Redaktion: Petra Hoffmann
Umschlag: Uno Werbeagentur, München
Umschlagmotiv: © ferrantraite/istock
Satz: Uhl + Massopust, Aalen
Druck und Bindung: GGP Media GmbH, Pößneck
Printed in Germany
IJ · CF
ISBN 978-3-442-31775-2

www.goldmann-verlag.de

Inhalt

Kinderarmut geht uns alle an 9

Voll peinlich: Vorurteile gegenüber Armen 15
    Geschichten von Aufsteigern sind Ausnahmen ... 15
    Ausgrenzung: Wir leben in einer Klassengesellschaft 17
    Klischees über arme Menschen 21
    Auf Armut kann man nicht stolz sein. 25
    Die im Dunkeln sieht man nicht. 28

Wer ist hier arm? Ein Überblick über die verschiedenen Definitionen 33
    Armut ist eine Frage der Perspektive 33
    Auf der Straße – absolute Armut 37
    Arm in einer reichen Gesellschaft –
    die Kriterien der EU. 42
    Kein Internet, kein Urlaub, kein Auto:
    Materielle und soziale Entbehrung 43
    Armut in Deutschland ist relativ 44
    Das soziokulturelle Existenzminimum –
    die sozialstaatliche Armutsgrenze 47
    15 Euro für den Fußballverein – zu wenig
    »Bildung und Teilhabe« 52
    Verdeckte Armut: Jedes fünfte Kind ist arm 54

Armutsrisiken: Welche Kinder trifft es besonders?..... 59
   Armutsrisiko 1: Allein bei Mama oder Papa..... 60
   Armutsrisiko 2: Viele Geschwister, viele Kosten,
   viel Armut 61
   Armutsrisiko 3: Wenn Mama kein Abi hat
   und Papa den Job verliert 61
   Armutsrisiko 4: Familien mit Migrations-
   hintergrund...................... 62

**Und raus bist du! Was es bedeutet, in Deutschland
in Armut groß zu werden** 69
   Kein Geld im Portemonnaie 69
   Wenn das kulturelle und das soziale Kapital
   fehlen......................... 74
   Jeder braucht ein schönes Zuhause – und einen
   Schreibtisch 79
   Ernährungsarmut: Nicht genug Nährstoffe
   auf dem Teller 84
   Arm sein ist ungesund 86
   Kein Geld für Hobbys: Das können wir uns
   nicht leisten!..................... 91
   Jeder in seiner Blase: Armut sorgt für getrennte
   Welten – auch digital 94

Hilft Bildung gegen Armut? 99
   Jeder hat das Recht auf freie Entfaltung seiner
   Persönlichkeit 99
   Wir müssen draußen bleiben: Zu wenig
   Kita-Plätze für arme Kinder 103
   Armutszeugnis für Deutschland – nicht nur
   bei der PISA-Studie 106
   Wer nicht lesen kann, bleibt dumm......... 112

Hauptsache, Abitur: Wer darf aufs Gymnasium? . . 114
»Kevin ist kein Name, sondern eine Diagnose« –
Vorurteile von Lehrkräften. 119
Keine schöne Schulzeit 123
Kein Pausenbrot, kein Federmäppchen:
Anzeichen für Kinderarmut im Klassenzimmer . . . 124
Hauptsache, mein Kind geht auf eine »gute
Schule« – warum Eltern soziale Unterschiede
verstärken 127
Die neue »Superdiversität« in der Klasse. 129
Wie Armut zu Bildungsarmut führt. 134
Geschlossene Gesellschaft auch nach der Schule . . 136
Können sich nur noch die Kinder reicher Eltern
heute ein Studium leisten? 139
Ganz unten auf der Karriereleiter 145

**Warum wir uns Kinderarmut in Zukunft nicht mehr
leisten können** 149
Verschenkte Potenziale: Wir brauchen mehr
Fachkräfte 149
Alle profitieren davon, wenn kein Kind mehr
in Armut aufwächst. 156
Unsere Freiheit hängt davon ab, ob die Armut
sinkt und alle gerechte Chancen bekommen 158
Warum der Rechtspopulismus profitiert, wenn
die Kinderarmut steigt 161
Kampf gegen Kinderarmut: Wie machen wir
weiter? 165

Zehn-Punkte-Plan gegen Kinderarmut 169
1. Arme Kinder brauchen mehr Sichtbarkeit
und Respekt 169

2. Arme Kinder brauchen einen guten
Bildungsstart 174
3. Arme Kinder brauchen die beste Schule,
die es gibt. 179
4. Arme Kinder brauchen die besten Pädagogen
und Pädagoginnen, die es gibt 184
5. Arme Kinder mit Migrationshintergrund
brauchen bessere Chancen 194
6. Arme Kinder brauchen Kümmerer, Vorbilder,
Unterstützer 201
7. Arme Kinder brauchen Geld 206
8. Arme Kinder brauchen Rechte – und alle
anderen Kinder auch 213
9. Arme Kinder brauchen Sport, Musik, Theater –
und ein warmes Mittagessen 219
10. Arme Kinder brauchen ihre Eltern 224

**Wir brauchen jedes Kind, wir brauchen keine
Kinderarmut** 229

Danke! 237

Literaturverzeichnis 239
Bücher und Sammelwerke 239
Auswahl eigener Artikel 240

Anmerkungen 241

Kinderarmut geht uns alle an

Vor mir am Tisch sitzt ein Kind. Der Junge trägt ein abgetragenes Sweatshirt, verwaschen und zu groß. Erwartungsvoll sieht er mich an, auch etwas misstrauisch. Wir mustern uns. Vermutlich will er lieber in den Garten zu den anderen und Fußball spielen. Aber heute ist eine unbekannte Frau gekommen, sie will Interviews für eine Zeitung machen. Wir sind in Osnabrück beim Kinder- und Jugendhilfswerk Arche. Die Räume in dem alten Wohnhaus wirken hell und freundlich, überall Regale voll mit Büchern, Malsachen und Spielen. Es riecht nach Kaffee und Essen. Ich will mit dem Jungen darüber sprechen, wie er aufwächst. Wovon er träumt. Ob er viele Freunde hat. Ich möchte von ihm wissen, wie es sich anfühlt, arm zu sein. Doch plötzlich weiß ich nicht mehr, wie ich das Gespräch beginnen soll. Es ist mir peinlich, ihn auszufragen.

So begann vor über zwei Jahren meine Arbeit an einem Artikel über Kinderarmut für den *stern*, das Magazin, für das ich seit vielen Jahren auch über Bildung und Chancengerechtigkeit schreiben darf. Selten hat mich ein Thema so nachhaltig beschäftigt und aufgewühlt wie dieses.[1] Bei den Recherchen hatte ich das Gefühl, immer mehr über diese Gesellschaft, von der ich ein Teil bin, zu begreifen. Was ich dabei entdeckt habe, finde ich alles andere als schön. Mir wurde bewusst, wie anachronistisch, unfair und paternalistisch diese doch ist. Man wird in eine Schicht geboren, wächst darin auf und bleibt darin.

Wie human wir als Gesellschaft sind, zeigt sich am Umgang mit Kindern und Jugendlichen. Etwa drei Millionen Mädchen und Jungen wachsen in Deutschland unter sozial schwierigen Bedingungen auf, jedes fünfte Kind ist arm. Sie werden systematisch ausgegrenzt und benachteiligt. Ein Verstoß gegen das Grundgesetz, in dem steht: »Jeder hat das Recht auf die freie Entfaltung seiner Persönlichkeit.«

Für arme Kinder gilt das nicht. Sie haben zwar in den meisten Fällen ausreichend zu essen und man sieht ihnen die Armut nicht sofort an, weil auch sie Turnschuhe und Shirts von angesagten Marken tragen und ein Handy haben. Aber sie müssen auf vieles verzichten, was zu einem normalen Kinder- und Teenagerleben in Deutschland gehört: in den Zoo oder ins Kino gehen, in den Urlaub fahren, im Handballverein trainieren. Und in der Schule haben sie viel schlechtere Chancen, sie kommen seltener aufs Gymnasium und studieren seltener als Kinder aus privilegierteren Verhältnissen. Die hohe soziale Selektivität ist eine *der* Schwachstellen in unserem Bildungssystem.

Wie wir mit Armut umgehen, dass wir Ungleichheit in diesem Maße zulassen und übersehen, empört mich. Wir wissen seit Langem von dieser Ungerechtigkeit, haben uns daran gewöhnt, schauen weg. Warum, wenn sich doch alle einig sind, dass dringend etwas dagegen unternommen werden sollte? In der deutschen Bevölkerung sind drei Viertel der Erwachsenen und zwei Drittel der Kinder der Meinung: Der Staat tut wenig bis sehr wenig gegen Kinderarmut.[2] Im Ländervergleich fallen wir bereits peinlich auf, so wurde Deutschland offiziell im März 2024 vom Europarat gerügt: Die Bundesrepublik müsse mehr gegen Armut unternehmen. Die Menschrechtskommissarin des Europarats, Dunja Mijatović, forderte unter anderem, den Kreislauf der wachsenden Kinderarmut zu durchbrechen. Der Reichtum unseres Landes stehe in keinem Verhältnis zum hohen Maß an Armut und sozialer Benachteiligung.[3] Aber offenbar sehen hier noch zu wenige Handlungsbedarf. Die Politiker zanken über Bürgergeld und Kindergrundsicherung.

Als Journalistin sammle ich Fakten und werte sie aus. Ich bin keine distanzierte Wissenschaftlerin, sondern »übersetze« deren Erkenntnisse für eine breite Öffentlichkeit. Dazu spreche ich mit Experten und höre mir die Geschichten von Betroffenen an. Ich frage sehr direkt, hake nach, bis ich die Zusammenhänge verstanden habe. Ich werde sehr persönlich. Dabei ist mir eigentlich fast keine Frage und auch keine Antwort unangenehm. Aber bei meinen Recherchen über Kinderarmut habe ich bei mir selbst beobachtet, dass ich Hemmungen habe. Warum ist das so? Weil wir alle Vorurteile gegenüber Armen haben. Wer arm ist, gilt als faul. Früher nannte man Arme »asozial«. Man sollte Abstand zu »Schmuddelkindern« halten. Mit derartigen Vorurteilen bin auch ich groß geworden.

So zu denken, ist Teil unserer Leistungsgesellschaft. Aber das ist nicht nur überheblich, sondern es verstellt den Blick. Wir können es uns einfach nicht mehr leisten, darüber hinwegzusehen, dass die soziale Schere in Deutschland weiter aufgeht. Wenn jedes fünfte Kind sich nicht entfalten kann, weil es in Armut aufwächst, kommt uns das alle teuer zu stehen. Weil nichts unternommen wird, steuern wir geradewegs auf eine gesellschaftliche Katastrophe zu. Kinderarmut birgt Sprengstoff für den Zusammenhalt unserer Gesellschaft, für die Demokratie – und sie gefährdet unser aller Wohlstand.

Darauf hinzuweisen, darin sehe ich meine Aufgabe als Journalistin.

Aber ich will nicht nur die Misere beschreiben, sondern konstruktiv überlegen, was dagegen unternommen werden könnte. Deshalb entwickle ich im zweiten Teil dieses Buches einen Zehn-Punkte-Plan gegen Kinderarmut. Viele dieser Vorschläge sind kleine Schritte. Aber jemand, der viel schlauer ist als ich, hat mir mal gesagt: Wenn man nur ein paar Grad von seinem Weg abweicht, kommt man am Ende ganz woanders raus. Diesen Gedanken finde ich sehr ermutigend. Und vielleicht könnte ja der Einsatz gegen Kinderarmut dabei helfen, dass der kollektive Knoten in unserer Gesellschaft platzt. Wäre das nicht schön?

Ich selbst habe mehr als genug. Jeden Monat landet pünktlich das Gehalt auf meinem Konto. Ich muss mir keine Sorgen darüber machen, wie ich die Miete zahle oder den Kühlschrank fülle. Ich habe ein Auto, kann reisen und mir neue Kleidung kaufen. Das ist nicht nur mein Verdienst, sondern auch sehr den Umständen zu verdanken, in die ich hineingeboren wurde, vor allem meinen Eltern. Ich kann es mir leisten, über Ungerechtigkeit nachzudenken, weil ich etabliert bin. Und ich habe keine Erfahrung mit Armut. Darf ich trotzdem darüber schreiben? Das habe ich mich immer wieder gefragt.

Es ist auch gar nicht so leicht, arme Kinder zu treffen. Wo soll man auch suchen? Auf dem Spielplatz einfach Mädchen und Jungen anzusprechen, das geht nicht. In Schulen kann man auch nicht einfach reingehen und Umfragen starten. Minderjährige verdienen besonderen Schutz, ich kann und darf sie nicht ohne Zustimmung ihrer Eltern befragen und über sie schreiben. Das fordert das Presserecht. Ich habe mich daher entschlossen, über Organisationen zu gehen, die arme Kinder begleiten und betreuen. Davon gibt es in Deutschland einige. Doch bei meinen Anfragen bekam ich häufig zu hören: Ja, es ist ganz wichtig, über Kinderarmut zu berichten. Und besonders wichtig ist, dass die Kinder für sich selbst sprechen. Aber wir können Ihnen bei Ihren Recherchen nicht helfen, wir möchten die Kinder nicht bloßstellen oder traumatisieren. Anders reagiert das Kinder- und Jugendhilfswerk Arche mit bundesweit über 30 Standorten. Der Pressesprecher Wolfgang Büscher sagt: »Wir müssen den armen Kindern ein Gesicht geben, sonst ändert sich nichts.«

Ziel dieses Buches ist es, den rund drei Millionen Mädchen und Jungen, die in Armut leben, eine Stimme zu geben. Nicht nur von außen auf sie draufzuschauen, sondern ihnen zuzuhören. Möglichst viele von ihnen sollen zu Wort kommen. Aber ich möchte die Kinder und Jugendlichen nicht zur Schau stellen. Wer eine deftige Sozialreportage erwartet, wird enttäuscht. Viele Dramen spielen sich im Kleinen ab, nicht auf der großen Bühne. Sie sind nicht sofort auf den ersten Blick zu erkennen. Bei vielen meiner jungen Gesprächspartner und -partnerinnen fiel mir auf, dass sie mir ausweichen, den Blick nicht halten können, mir gar nicht direkt in die Augen schauen. Anders als die Kinder, die ich sonst bei Recherchen getroffen und gesprochen habe. Bei manchen Fragen weichen sie aus, fangen an zu flunkern, zum Beispiel wenn es um die Höhe des Taschengeldes geht.

Die vielen Zurücksetzungen und Kränkungen, die arme Kinder erfahren, können sie häufig erst als Jugendliche oder junge Erwachsene in der Rückschau klar erkennen und benennen. Während sie aufwachsen, fällt vielen der eigene Mangel oft gar nicht so sehr auf – sie kennen es schließlich nicht anders. Deshalb sind viele, die in diesem Buch ihre Geschichte erzählen, Anfang 20. In den letzten Jahren habe ich mit über 30 Kindern und Jugendlichen über das Thema Armut gesprochen. Nicht alle kommen hier zu Wort, aber alles, was sie mir erzählt haben, was ich von ihnen gelernt habe, ist mit in dieses Buch eingeflossen. Weil das ein großer Vertrauensbeweis und teilweise auch mit sehr viel Scham besetzt ist, habe ich alle Namen geändert. Aber alle Geschichten sind wahr.

Vor allem aber habe ich mich dazu entschlossen, dieses Buch zu schreiben, weil mir die Kinder und Jugendlichen, die ich bei meinen Recherchen getroffen und kennengelernt habe, immer wieder gesagt haben: Es ist gut, wenn jemand wie du uns mal fragt! Wenn jemand hinschaut und zuhört. Eine junge Frau hat mir gesagt: Ich möchte meine Geschichte teilen, um anderen Mut zu machen. Um anderen zu zeigen, du bist nicht allein.

Anmerkung zum Gendern: Ich bemühe mich um eine gendersensible Sprache, daher schreibe ich die weibliche und männliche Form aus. Aus Gründen der besseren Lesbarkeit verwende ich teilweise die männliche Form. Entsprechende Begriffe gelten im Sinne der Gleichbehandlung für alle Geschlechter. Die verkürzte Sprachform hat nur redaktionelle Gründe und beinhaltet keine Wertung.

Voll peinlich: Vorurteile gegenüber Armen

Geschichten von Aufsteigern sind Ausnahmen

Jeremias Thiel ist elf, als er zum Jugendamt geht. Zu Hause hält er es nicht mehr aus: Sein Vater ist depressiv, die Mutter spielsüchtig, Geld immer knapp. Um sich ein Taschengeld zu verdienen, sammelt er Pfandflaschen. Der Grund für seinen Besuch auf dem Amt: Er will aus seiner Familie genommen werden. Und so kommt der Junge in ein SOS-Kinderdorf, macht Abitur und studiert in den USA. Mit 19 schreibt Jeremias Thiel ein Buch über seine Kindheit: *Kein Pausenbrot, keine Kindheit, keine Chance*.[4] Heute ist er Mitglied der SPD und hält Vorträge über Kinderarmut.

Iris Sayram ist Juristin und Journalistin. Die bundespolitische Korrespondentin im *ARD*-Hauptstadtbüro erkennt man an ihrer markanten schwarzen Brille, wenn sie in den »Tagesthemen« den Kommentar spricht. In ihrer Biografie *Für euch* schildert sie, wie sie mit Prostitution, Drogen und Armut aufwächst.[5] Als sie zehn Jahre alt ist, wird ihre Mutter von der Polizei abgeholt und später zu drei Jahren Gefängnis verurteilt, weil sie ein Deo für 2,50 DM geklaut und gegen Bewährungsauflagen verstoßen hat. In ihrer Jugend besucht Iris Sayram häufiger die JVA als die Bücherei. Aber sie hat gute Noten, schafft es auf das Gymnasium und anschließend an die Universität. Mit 26 Jahren macht sie das zweite Staatsexamen in Jura. Eine Bilderbuchkarriere.

Aufsteigergeschichten wie die von Jeremias Thiel und Iris Sayram beeindrucken. Sie zeugen von einer enormen Energie, und sie machen Mut. Die Botschaft scheint klar: Geht doch, jeder kann aus armen Verhältnissen aufsteigen. Aber diese Biografien sind Einzelfälle. Sie dürfen nicht darüber hinwegtäuschen, dass die meisten Kinder es eben nicht schaffen, aus eigener Kraft der Armut ihrer Familien zu entkommen. Und sie sind auch keine Rechtfertigung dafür, Kinderarmut zu beschönigen, die Kränkungen und Zurückweisungen, die damit verbunden sind, kleinzureden. Das betonen auch beide Autoren. Es ist ein Problem, dass man in der Öffentlichkeit überwiegend Menschen sieht, die berichten, dass sie arm waren, aber kaum Menschen, die von sich sagen: Ich bin arm.

In dem sozialen Netzwerk X (vormals Twitter) teilen seit Mai 2022 unter dem Hashtag *#IchBinArmutsbetroffen* arme Menschen ihre Erfahrungen. Den Anfang machte Anni W., eine alleinerziehende Mutter. Allein im ersten Monat wurden 100 000 Tweets gepostet, Betroffene schildern ihren Alltag, ihre Sicht, ihre Probleme. Es ist das erste Mal, dass sich so viele arme Menschen zu Wort melden. Aber eine öffentlich sichtbare Bewegung, die wie andere Lobbygruppen, etwa die Bauern, wochenlang Straßen blockieren, auf Demos selbstbewusst Forderungen stellen und die Nachrichten beherrschen, wurde bisher nicht daraus. Ein Grund dafür: In den Parteien, in den Vorständen der großen Konzerne und auch im Journalismus gibt es nur wenige Menschen, die selbst Erfahrung mit Armut haben und die ihre Sicht auf die Gesellschaft einbringen könnten. Wer, wie der Journalist Marco Maurer in der *Zeit*, über seinen sozialen Aufstieg schreibt, erregt damit viel Aufmerksamkeit.⁶ Doch die meisten schweigen lieber über ihre Herkunft.

Ausgrenzung: Wir leben in einer Klassengesellschaft

Derzeit beanspruchen Rassismus oder Sexismus mehr Raum in der öffentlichen Debatte als Begriffe wie »Klasse« oder »Klassismus«. Die scheinen aus der Mode gekommen zu sein, klingen verstaubt nach Marx und Engels und *Das Kapital*. Von der Arbeiterklasse redet auch kaum einer mehr. Klassen ... kann es die überhaupt noch geben in einer Gesellschaft, die sich immer stärker individualisiert?

Aber ja, Klassen gibt es nach wie vor. Der Begriff »Klassismus« ist aber vielleicht nicht jedem geläufig. Er bezeichnet Vorurteile oder Diskriminierung von Menschen aufgrund ihrer sozialen Herkunft oder ihres sozialen Status. Er richtet sich gegen arme Menschen aus der Arbeiter- und Arbeiterinnenklasse. Und auch gegen Menschen, die von Bürgergeld leben (früher Hartz IV), keine Ausbildung oder kein Studium haben sowie gegen Obdachlose.

Klassismus wurde als Thema lange ignoriert. Erst seit Kurzem wird darüber diskutiert und geschrieben. Vielleicht, weil viele dachten, dieses Problem hätten wir überwunden, so als gäbe es Derartiges nicht mehr in Deutschland. Die meisten glauben, wer etwas erreichen will, der schafft das auch. Man muss sich nur anstrengen.

Für die Generation der Babyboomer, also für zwischen 1946 und 1964 Geborene, war es noch möglich, durch Bildung aufzusteigen. Heute funktioniert dieser sogenannte soziale Fahrstuhl nicht mehr so einfach. Das Bild entwarf der Soziologe Ulrich Beck in den 1980er-Jahren: Durch verbesserte Bildungschancen fuhren weite Teile der Gesellschaft wie mit einem Lift nach oben. Die Folge: Mehr Menschen lebten einige Etagen höher im allgemeinen gesellschaftlichen Wohlstand. Die sozialen Ungleichheiten blieben zwar bestehen, aber weil es allen besser ging, war das Grundgefühl optimistisch. »Früher gab es ein allgemeines Aufstiegsdenken«, sagt der Soziologe Aladin El-Mafaalani. Er forscht an der Technischen Universität Dortmund vor allem zu den Themen Bildung und Migration. Seinen Studierenden empfehle er, Hape Kerkelings Buch *Der Junge muss an die frische Luft* zu lesen oder auch die gleichnamige Verfilmung anzusehen, sagte mir der Professor in einem Interview.

In seiner Biografie schildert der Komiker, Schauspieler und Autor Hape Kerkeling, wie er in den 1970er-Jahren in Recklinghausen im Ruhrgebiet aufwächst. Der Vater ist Schreiner, die Familie hat nicht viel. »Kerkelings Eltern waren nicht arbeitslos, aber sie hatten wesentlich weniger Kaufkraft als jemand, der heute von Bürgergeld lebt. Der Unterschied war, dass sie zur Mehrheit gehörten und nahezu alle in dem Milieu dachten: Für die nächste Generation wird es besser. Und sie hatten recht!«, sagt der Soziologe El-Mafaalani. Im Kino fühlten sich viele aus der Generation der Babyboomer bei dem Film an ihre Kindheit erinnert. Sie wurden groß in einer Zeit, als es nur drei Fernsehprogramme gab, aber immer mehr Wohlstand und Wachstum für alle.

Heute fehlt diese optimistische Perspektive. Krieg, Klimawandel und Migration versperren die Sicht, eine goldene Zukunft scheint in weite Ferne gerückt. Die Folge sind resignierte Milieus. Armut verfestigt sich. El-Mafaalani erklärt das so: »Solange das Versprechen galt, später wird es den Kindern einmal besser gehen, ließen sich ungerechte Verhältnisse leichter legitimieren. Doch seit etwa zehn Jahren gilt dieses Versprechen nicht mehr. Menschen in prekären Lebenslagen beobachten, wie andere Jahr um Jahr ökonomisch aufsteigen, sie aber nicht. Das ist deprimierend! Viele glauben, sie hätten selbst Schuld an ihrer Situation.« Die meisten in Deutschland denken, jeder sei selbst für sein Glück verantwortlich. Sieben von zehn Bundesbürgern und -bürgerinnen stimmen der Aussage zu: Es hängt von mir selbst ab, ob ich es schaffe, auf der sozialen Leiter aufzusteigen. Fast 90 Prozent sind der Meinung, für den persönlichen Erfolg seien vor allem typisch deutsche Tugenden wie Anstrengung und Fleiß wichtig. Andere Faktoren wie Geld oder Beziehungen halten die meisten Befragten für weniger entscheidend. Nur 37 Prozent sagen: Man muss aus der richtigen Familie stammen.[7]

Diese Antworten spiegeln das herrschende Ideal der Meritokratie wider, nach dem allein die Leistung des Einzelnen über seinen oder ihren Status in der Gesellschaft entscheidet und jeder sein Leben selbst in der Hand hat. Obwohl Studien immer wieder zeigen, dass die Herkunft eine zentrale Rolle bei der Verwirklichung von Chancen spielt, überschätzen die Menschen ihren eigenen Anteil am Erfolg und unterschätzen die Macht der Umstände. Die Soziologen Steffen Mau, Thomas Lux und Linus Westheuser erklären diesen scheinbaren Widerspruch mit der »Gleichzeitigkeit einer Unzufriedenheit mit der Ungleichheit und einer relativen Zufriedenheit mit der eigenen Lage«. Den Menschen ist die zunehmende Kluft zwischen Arm und Reich zwar bewusst, das tatsächliche Ausmaß der Ungleichheit jedoch nicht. Vor allem Benachteiligte überschätzen ihre eigene soziale Position in der Gesellschaft. Tief verwurzelte meritokratische Normen verhindern eine Kritik an den Verhältnissen, der Klassenkampf Unten gegen

Oben bleibt aus – schließlich ist jeder und jede selbst verantwortlich für sein oder ihr Vorankommen. Ein prominentes Beispiel, das gern angeführt wird: Die Mutter von Ex-Bundeskanzler Gerhard Schröder war Putzfrau, und trotzdem hat er es bis nach ganz oben geschafft. »Die wichtigste moderne Form der Legitimation von Ungleichheit ist das Leistungsprinzip«, schreiben die drei Soziologen in ihrem Buch *Triggerpunkte*.[8]

Durch die Bildungsexpansion ist das Bildungsniveau in der Gesellschaft gestiegen. Sie ist diverser und liberaler geworden. Aber das macht die Gesellschaft nicht automatisch durchlässiger oder gar gerechter. Es ist kompliziert, sich von seiner Herkunft zu lösen, allein aus eigener Kraft etwas im Leben zu erreichen. Vor allem, wenn man aus einer bildungsfernen und armen Familie stammt. Eine Studie der Organisation für wirtschaftliche Zusammenarbeit und Entwicklung (OECD) zeigt, dass es in Deutschland etwa sechs Generationen dauert, bis Nachkommen einer Familie vom unteren Ende der Einkommensverteilung das durchschnittliche Einkommen erreichen. Im OECD-Schnitt sind es nur fünf Generationen.[9] Hinzu sind in den vergangenen Jahren immer mehr Menschen aus anderen Ländern und Nationen gekommen, die hier bei uns einen Platz finden wollen. Wir werden eine Antwort darauf finden müssen, wie diese Männer, Frauen und Kinder in Zukunft besser integriert werden können.

Klischees über arme Menschen

Zurück zum Klassismus, zu der Art und Weise, wie wir darauf achten, was Menschen haben: viel oder wenig? Den meisten von uns ist wahrscheinlich nicht bewusst, wie arme Menschen ausgegrenzt werden. Aber man muss nur einmal beobachten, wie Menschen in U- oder S-Bahnen auf Obdachlose reagieren. Wenn sie von ihnen angesprochen werden, schauen die meisten Menschen nicht vom Smartphone auf. Sie sehen den Bettelnden nicht in die Augen, viele wenden den Blick ganz ab oder sehen durch sie hindurch. Das gilt allgemein als sehr unhöflich, bei armen Menschen aber scheint dieses Verhalten okay. »Die sehen mich nicht an oder reagieren nicht, wenn ich sie anspreche«, sagt Annika. Die 20-Jährige lebt in einem Obdachlosenheim. »Weil ich nicht dreckig bin, mit verfilzten Haaren und eingeschissener Hose rumlaufe, halten mich viele nicht für bedürftig.« In unserer Kultur bettelt man nicht. Bei uns muss keiner auf der Straße leben und stinken – schließlich gibt es Geld vom Staat für arme Menschen. Die sind doch selbst schuld, die sollen arbeiten, sie könnten doch zum Amt gehen. So oder ähnlich denken vermutlich die meisten von uns.

Viele Menschen machen sich die eigenen Vorurteile nicht klar. Alkoholkonsum wird beispielsweise völlig unterschiedlich bewertet: Wenn Menschen der Mittelschicht tagsüber in einer Bar oder einem Café sitzen und ein Glas Wein trinken, gilt das meist als Ausdruck von Genuss und Geselligkeit, auch als Zeichen von Wohlstand. Man gönnt sich ein Gläschen. Bei armen Menschen verhält sich das völlig anders: Wenn jemand, der von Bürgergeld lebt, tagsüber Alkohol trinkt, ist er sicher Alkoholiker, hat sich nicht im Griff, lässt sich gehen.

In der Mode wird mit Armut gespielt und kokettiert, aber zerrissene Jeans sehen nur bei wohlhabenden Menschen cool aus. Die zahlen dafür sogar richtig viel Geld. Bei armen Menschen gelten kaputte Hosen dagegen eher als Indiz für Verwahrlosung. Viele politisch linksgerichtete Studenten und Studentinnen tragen betont abgerissene T-Shirts und dazu Dr.-Martens-Stiefel. Die Schuhe sehen zwar abgetragen aus, sind aber teuer. Es macht einen erheblichen Unterschied, ob man aus privilegierten Verhältnissen stammt und Secondhand aus Überzeugung trägt, in dem Glauben, damit etwas Gutes für nachhaltigen Konsum und die Umwelt zu tun, als Statement – oder ob man sich schlicht keine neue Kleidung leisten kann.

Bei einer Lesung über Klassismus der Kulturanthropologin Francis Seeck empört sich eine junge Frau öffentlich darüber: »Ich stamme aus einer armutsbetroffenen Familie, habe migrantischen Hintergrund. Mich hat es viel Kraft und Anstrengung gekostet, bis ich so spießig leben konnte wie heute. Darauf bin ich stolz. Jetzt habe ich linke Freunde von der Uni, die tun so, als seien sie arm, sind es aber gar nicht. Mir werfen sie vor, ich sei zu angepasst.« Nach dem Vortrag spreche ich sie an. Zenobar ist als Kind mit ihrer Familie aus dem Iran geflohen. Die erste Zeit lebte die Familie in einer Flüchtlingsunterkunft, die Eltern gingen putzen. »Das war megapeinlich«, erzählt die 37-Jährige. Sie kämpfte sich hoch, machte eine Ausbildung zur Erzieherin, studierte, heute ist sie Sozialarbeiterin. »Das System kritisieren kann nur, wer dazugehört«, sagt Zenobar. »Wenn du dir ständig überlegen musst: Wie komme ich an Kohle?, kannst du dir das nicht leisten.«

Auch Cleo beobachtet das. Die 25-Jährige, lange bunte Braids in den Haaren, möchte Medizin studieren. »Ich habe meine Armut als Kind nicht verheimlicht, aber Kleidung aus zweiter Hand zu kaufen, war nicht cool. Klassismus schließt aus, aber man sieht ihn nicht. Das ist noch viel schlimmer als Rassismus, den sehen alle«, sagt die Tochter einer Deutschen und eines Nigerianers. »Klassismus wird ignoriert und verdrängt, oft ist er verwoben mit anderen Problemen wie psychischen Erkrankungen«, sagt sie. Offenbar fehlt an vielen Stellen eine armutssensible Haltung, den meisten Menschen scheint bisher nicht bewusst, wie diskriminierend unsere Gesellschaft an diesem Punkt ist.

Wir diskutieren intensiv darüber, wie Sprache sein sollte, damit sie niemanden ausschließt, herabsetzt oder diskriminiert. Das ist richtig so und lange überfällig, schließlich bildet Sprache die gesellschaftlichen Machtverhältnisse ab. Manche finden diese Diskussion überzogen, sie regen sich über das Gendern auf. Mag sein, dass Sternchen, Doppelpunkt und eine Pause beim Sprechen noch nicht die richtigen Stilmittel sind, um Diskriminierung vorzubeugen. Sie sehen in Texten ungewohnt aus und hemmen den Lesefluss. Genauer hinzuhören und zu überlegen, wie eine sensible Sprache klingen könnte, um sie dann ganz bewusst einzusetzen und nicht einfach nur daherzuplappern, ist aber sicher der richtige Weg. Auch wenn einige bei der Wokeness-Debatte vielleicht über das Ziel hinausschießen. Aber Sprache hat sich immer weiterentwickelt – so wie die Gesellschaft.

Bei der Beschreibung von armen Menschen fehlt jedoch häufig die Sensibilität. Da werden Menschen als »asozial« oder »Asi« abgestempelt. Die Nationalsozialisten benutzten Begriffe wie »arbeitsscheu« oder »Sozialschmarotzer«. Menschen mit »liederlichem Lebenswandel« wurden von ihnen stigmatisiert, verfolgt und in Konzentrationslager deportiert. Worte bilden auch heute ab, wie auf Menschen herabgeschaut wird.

Francis Seeck forscht zum Thema Klassismus, schreibt Bücher, hält Vorträge und macht Antidiskriminierungstrainings mit Lehrkräften und Kita-Fachkräften. Sie stammt selbst aus einer armutsbetroffenen Familie. Seeck weist darauf hin, dass Begriffe wie »sozial schwach«, »prollig«, »einfache Leute« oder »bildungsfern« eine Wertung beinhalten, die diskriminierend ist. Auch über den Begriff »Brennpunktviertel« könne man stolpern, meint sie, denn damit werde suggeriert, hier sei es gefährlich, als würden in diesen Stadtteilen ständig Feuer ausbrechen.[10]

Als Journalistin überlege ich, welche Worte ich wähle, wie ich mit Menschen spreche und wie ich über sie schreiben kann, ohne dass sich jemand aufgrund seiner oder ihrer Herkunft, Religion oder sexuellen Orientierung herabgesetzt fühlt. Aber ich gebe zu: Den Begriff »Brennpunkt« habe ich auch schon verwendet, weil er plakativ ist. Ich nehme mir vor, noch genauer auf meine Wortwahl zu achten. Auffällig ist, dass es neben sehr technisch klingenden Umschreibungen aus der Wissenschaft, kaum umgangssprachliche Ausdrücke für »arm sein« gibt, die nicht auch herabsetzend wirken. Francis Seeck schlägt vor, von »erwerbslos« statt »arbeitslos« zu sprechen, statt »sozial schwach«, »einkommensarm« zu sagen oder »bildungsbürgertumsfern« statt »bildungsfern«.[11] Bei aller Rücksicht glaube ich, dass man sagen muss, was ist. In einer Sprache, die alle verstehen und die gelegentlich auch provoziert.

Auf Armut kann man nicht stolz sein

»Ich hätte mir lieber einen Nagel ins Knie gerammt, als zuzugeben, wie wir leben«, sagt Iris Sayram in einem Interview mit dem *Spiegel*. »Mir wäre im Traum nicht eingefallen, mich meinen Klassenkameraden anzuvertrauen. Ich schämte mich furchtbar dafür, dass wir nie in den Urlaub fuhren und von Sozialhilfe und Mamas Nebenjobs lebten.«[12] Und Jeremias Thiel schreibt: »Ich steckte fest in einer ziemlich kaputten Familie, und manchmal hatte ich tatsächlich das Gefühl, ich würde nach Armut riechen.«[13]

Armut sei in Deutschland ein Stigma, stellt der Sozialforscher Christoph Butterwegge fest. Der Professor ist emeritierter Politikwissenschaftler an der Universität zu Köln und forscht seit Jahrzehnten zum Thema Armut. Und er ist bekennender Linker. In einem Gespräch sagte er mir: »Ein Kind aus einem Slum in Nairobi würde niemals versuchen, seine Armut zu überspielen, weil sie dort als normal gilt und man sich dafür nicht rechtfertigen muss, wenn man betroffen ist.« Arme werden in einem armen Land seltener ausgegrenzt und herabgesetzt oder Kinder von Spielkameraden ausgelacht. In Deutschland gelte der Bezug von Bürgergeld als »Armut de luxe«, als Jammern auf hohem Niveau. Butterwegge hält die soziale Ausgrenzung in einem reichen Land wie unserem für besonders perfide. »Man hält körperlich, mental und intellektuell Distanz. Armut gilt als individuelles Versagen, nicht als strukturelles Problem. Betroffene werden in ihrer Persönlichkeit herabgesetzt, gedemütigt und erniedrigt. Deshalb leiden viele Arme unter psychischen Problemen oder auch unter Formen einer Sucht, sie müssen sich betäuben.«

Den Betroffenen die Schuld zu geben, werte das eigene Ego auf und schütze vor der Angst, selbst abzusteigen. Diese Vorurteile und Ressentiments seien jahrhundertealt, und sie hätten sich nicht verändert, so Butterwegge.»Unsere Leistungsgesellschaft ist von dem Mythos geprägt: Wer etwas leistet, wird mit Wohlstand belohnt. Wer nichts leistet, also faul ist, sich nicht anstrengt, der wird hingegen zu Recht mit Armut bestraft.«

Butterwegge erklärt den psychologischen Mechanismus dahinter:»Wenn man auf Arme herabblickt, dann tut man das in dem Gefühl: Du kannst nicht absteigen, denn du gehörst ja zu den Leistungsträgern. Das nimmt einem die Angst oder mindert sie. Vor allem Menschen, die im Grunde unsicher sind oder Angst vor dem eigenen Abstieg haben, reagieren so.« Seit der Coronapandemie beobachtet er Anzeichen für eine zunehmende Entsolidarisierung:»Bei den inflationären Tendenzen fürchten jetzt viele, dass ihr kleines Vermögen dahinschmilzt wie das Eis in der Sonne. Wenn es darum geht, den eigenen Besitz zu verteidigen, ist unsere Gesellschaft in ihrem Leistungs- und Konkurrenzdenken sehr brutal.«

Ein gängiges Vorurteil lautet, Arme hätten selbst Schuld, weil sie zu faul zum Arbeiten seien. Seit Einführung der Hartz-IV-Reformen im Jahr 2005 werden immer wieder Stereotype gezeichnet – von schmarotzenden »Hartzern«, die auf Kosten von hart schuftenden, ehrlichen, kleinen Leuten leben würden (die Superreichen werden bei solchen Vergleichen wohlweislich außen vor gelassen). Daran hat auch die Umbenennung von Hartz IV in Bürgergeld nichts geändert, dabei sollte das zur Entstigmatisierung beitragen. »Es ist egal, wie die Sozialleistungen heißen, weil alle wissen: Du bekommst Geld vom Staat. Besser angesehen wird man auch nach der Namensänderung nicht«, sagt Daniela Schmitt. Die alleinerziehende Mutter hat lange Hartz IV und

Bürgergeld bezogen. Ich lerne ihren Sohn René und sie bei meinen Recherchen kennen.

Die Debatte um die Erhöhung der Bürgergeldregelsätze im Herbst/Winter 2023 bestätigt Schmitts Fazit: Dabei wurde eine Konkurrenz zwischen Menschen in Arbeit und Bürgergeldempfängern heraufbeschworen und mit populistischen Argumenten moralisiert. Die *Bild*-Zeitung zitierte eine »Alarmumfrage«, nach der 52 Prozent der Bürger sagten, Arbeit in Deutschland lohne sich nicht mehr.[14] Politiker befeuerten die Diskussion: CDU-Vorsitzender Friedrich Merz entrüstete sich wiederholt über die Bürgergelderhöhung von zwölf Prozent. Immer wieder betonte er, das Lohnabstandsgebot müsse gewahrt werden. Er argumentiert, das Bürgergeld liefere keinen Anreiz zur Arbeit. Dabei hatte die CDU dem Berechnungsschlüssel ein Jahr zuvor noch zugestimmt. Und Finanzminister Christian Lindner von der FDP forderte während der Haushaltskrise im Winter 2023/24, beim »Reizthema« Bürgergeld seien Einsparungen vorzunehmen. Im Interview mit der *Rheinischen Post* sagte er, es müsse »stärker durchgesetzt werden, dass das Bürgergeld keine Rente ist«, die Regelsätze seien derzeit tendenziell zu hoch.[15] So wird Politik auf dem Rücken von armen Familien gemacht, und es werden Klischees bedient.

Armen Eltern wird häufig unterstellt, sie seien weniger fürsorglich. Hätten sie mehr Geld, würden sie davon Zigaretten und Alkohol kaufen. Ja, solche Eltern gibt es sicher auch. Doch ein solcher Generalverdacht ist unangemessen. Genauso gibt es unter privilegierten Eltern Mütter und Väter, die nur an sich und nicht an das Wohl ihrer Kinder denken. Tatsächlich sparen arme Mütter und Väter eher bei sich, damit ihre Kinder nicht verzichten müssen. Das belegen mehrere Studien, zum Beispiel eine Untersuchung des Zentrums für Europäische Wirtschaftsforschung. Diese zeigt, dass Mütter und Väter zusätzliches Geld vor allem in die Förderung und in Freizeitaktivitäten ihrer Kinder stecken.[16] Eltern mit wenig Geld auf dem Konto sind nicht automatisch schlechte Mütter und Väter, die bei der Erziehung ihrer Kinder versagen, sondern dies ist nur ein weiteres Klischee über Menschen in Armut.

Die im Dunkeln sieht man nicht

»Ist unsere Gesellschaft vielleicht unsozialer, als den meisten Menschen bewusst ist?«, habe ich den Soziologen Aladin El-Mafaalani gefragt. Seine Einschätzung: »Der Diskurs ist bei Kindern empathischer als bei Erwachsenen, zumindest macht man sie nicht für ihre Situation verantwortlich. Die meisten Menschen werden sagen, dass Kinder nicht in Armut aufwachsen sollen. Aber steuern wir dagegen? Nein, das machen wir echt nicht gut. Wir tun viel weniger, als wir machen könnten. Und sobald arme Kinder zu armen Erwachsenen herangewachsen sind, wird ihnen ihre prekäre Lage als individuelles Versagen angelastet.«

Arme Kinder und Jugendliche seien die Gruppe, der es mit Blick auf Lebenschancen am schlechtesten gehe, so El-Mafaalani. »Schwarze Menschen können trotz rassistischer Diskriminierung stolz sein, Schwarz zu sein. Frauen können selbstbewusst sagen, dass sie das Frausein lieben, trotz Benachteiligung. Aber zu Armut passen weder Stolz noch Liebe. Deshalb führt sie bei den Betroffenen zu Resignation. Weshalb viele sagen: Ja guck, die sind doch selbst schuld, die sind so passiv.« Armen fehle es an »Empowerment«, sagt El-Mafaalani weiter. Doch nur wenn eine benachteiligte

Gruppe aufsteht und selbst die Initiative ergreift, ändert sich etwas.»Wir haben nur annähernd Gleichstellung zwischen Männern und Frauen, weil es eine Gleichstellungsbewegung gab. Wer keine Empörung in der Öffentlichkeit herstellen kann, hat keine Chance. So funktioniert unsere Öffentlichkeit nun mal. Und Kinder können es nicht, weil sie nun mal Kinder sind. Sie haben keine Lobby in Deutschland, niemand vertritt ihre Interessen.«

»Die im Dunkeln sieht man nicht«, heißt es in dem Theaterstück *Die Dreigroschenoper* von Bertolt Brecht, das er 1928 schrieb. Auch fast 100 Jahre später bleiben die »im Dunkeln« unsichtbar, weil sich Menschen aus unterschiedlichen Schichten kaum noch begegnen, sie leben in getrennten Stadtteilen und sind auch in den sozialen Medien in ihren Blasen unterwegs. Soziologen nennen diese Polarisierung Segregation. Aliyah, 22, beschreibt es so:»Wenn man nicht in den Vierteln lebt, dann sieht man die Armut nicht. Wenn ich unterwegs bin, Kopfhörer drin habe, auf mein Handy schaue, achte ich nicht auf die Menschen um mich – so wie alle. Und dann bekommt man es nicht so mit, wenn jemand kein Geld hat. Das sind zwei komplett verschiedene Welten.«

Aliyah ist mit Hartz IV aufgewachsen, sie kennt die Verachtung und auch die Vorurteile.»Armut ist peinlich, und darüber zu sprechen, ist schmerzhaft«, sagt die 22-Jährige. »Egal, ob in der Schule, Freunde oder Bekannte meiner Mutter – immer gab es diese Sprüche:›Hartz-IV-Empfänger sind zu faul zum Arbeiten‹. Man wird deshalb komisch angeguckt. Keiner will wissen, was eigentlich bei der Familie los ist oder zeigt Verständnis. Kaum einer fragte mal meine Mutter:›Warum gehst du nicht arbeiten?‹« Aliyahs Mutter hätte eine Antwort darauf gehabt. Sie hat keinen Schulabschluss, war häufig krank und musste ihre drei Töchter überwiegend allein großziehen.

Für die Recherchen traf ich viele Kinder und Jugendliche armer Familien beim Kinder- und Jugendhilfswerk Arche in Berlin, Hamburg und Osnabrück. Auf die Frage: Wer ist hier arm?, sagten alle: die anderen. »Wir sind nicht arm, wir haben nur wenig Geld«, stellt René aus Berlin-Hellersdorf klar. »Wir leben ja nicht in so krasser Armut. Zehntausende leben von Bürgergeld, dafür muss man sich nicht schämen.« Krasse Armut – darunter verstehen die meisten Kinder, die ich gesprochen habe, Menschen, die auf der Straße leben, keine Wohnung, keine Familie haben. Davon grenzen sie sich ab. Denn sie haben ja ein Zuhause und in der Regel auch ein Handy.

Die meisten geben sich bescheiden, spielen ihre Wünsche herunter, weichen Fragen nach Taschengeld oder Urlaub aus. Die Marke des Handys, der Turnschuhe, des Sweatshirts – scheinbar nicht so wichtig. Doch ihre Antworten klingen häufig wie die von Erwachsenen: »Wenn es gut aussieht, geht bei Klamotten auch No-Name und dafür 120 Euro billiger«, sagt René. »Ich habe ein kleines Tastenhandy. Damit bin ich zufrieden, denn wenn es runterfällt, geht es nicht kaputt«, sagt etwa der zwölfjährige Hassan. »Meine Mutter will auch nicht, dass ich schon so früh ein Smartphone habe. Und die Marke bei Turnschuhen ist nicht wichtig. Da muss man jetzt nicht so viel Geld für ausgeben, Schuhe sind Schuhe.«

»Mit solchen Aussagen schützen sie ihre Eltern und sich selbst«, sagt Bernd Siggelkow, der Gründer des Kinder- und Jugendhilfswerks Arche. »Die Kinder und Jugendlichen, die zu uns kommen, haben gelernt, ihre Armut zu kaschieren.« In der »Schatzkammer« der Arche in Berlin-Hellersdorf bekommen sie Kleidung, auch von angesagten Sportmarken.

Den Verdacht, weniger zu besitzen als andere, gilt es zu vermeiden. Vor allem arme Kinder und Jugendliche achten auf Statussymbole. »Sie identifizieren sich damit, was sie haben, mit ihrer Kleidung, mit ihrem viel zu großen Fernseher, mit ihrem Smartphone«, so Siggelkow. »Viele Kinder flunkern, erzählen Geschichten, die nicht stimmen, um die Situation zu Hause zu vertuschen«, sagt Stephanie Koopmann, Leiterin der Arche Osnabrück.

Dabei haben die Jugendlichen sehr feine Antennen dafür, wer etwas besitzt und wie sie selbst wahrgenommen werden. »Aussehen ist nicht alles, aber man will schon auch gefallen«, sagt zum Beispiel René. Er ist 15 Jahre alt, als wir zum ersten Mal über das Thema sprechen. Wenn er in Berlin-Mitte durch die Friedrichstraße läuft, bemerkt er, wie er von anderen Jugendlichen beobachtet wird. »Die haben halt schon so ihre Blicke drauf, abwertend, die scannen dich mit den Augen ab, kichern«, sagt er und schiebt hinterher: »Das nervt schon.« Zwei Jahre später registriert der 17-Jährige die Reaktionen sehr genau, wenn er erzählt, wo er lebt: »Marzahn-Hellersdorf, da denken viele schon: Ja klar, der kommt aus einem Brennpunktviertel.« Und Annika, die schnorren geht, sagt: »In der Schule konnten die anderen ihre Hosen immer wechseln, die hatten mal Nike, mal Adidas, immer unterschiedliche. Ich musste meine Hose drei Tage tragen, dabei hätte ich sie gern häufiger gewechselt. Ging aber nicht.«

Bedeutet das also, dass in Deutschland niemand arm ist? Doch, denn bei Armut in einem reichen Land wie unserem geht es um mehr als die Frage, wie viel jemand zu essen hat. Wir sollten also unser Bild von Armut hinterfragen, aber uns vor allem unsere Vorurteile bewusst machen und sie überdenken. Denn am Ende schadet es uns allen, wenn immer mehr Kinder in Armut aufwachsen.

Wer ist hier arm? Ein Überblick über die verschiedenen Definitionen

Armut ist eine Frage der Perspektive

Schaut man sich bei uns um, geht es den Menschen gut. Sehr gut sogar. Die meisten haben ein Auto, fahren mehrmals pro Jahr in den Urlaub, Kleider- und Kühlschränke sind voll. Armut wie in einem Land der Dritten Welt sieht man nicht. Ja sicher, in den Großstädten gibt es Obdachlose, die heruntergekommen aussehen und streng riechen, in Hauseingängen und unter Brücken schlafen, die durch Waggons der S-Bahnen ziehen oder vor Supermärkten sitzen und Passanten mit dreckigen Fingern benutzte Coffee-to-go-Becher entgegenstrecken und um Geld bitten. Aber Slums mit Wellblechhütten wie in Südafrika oder Indien existieren in Deutschland nicht. Auf der Straße leben auch keine Horden ausgezehrter Kinder in Lumpen mit hungrigen Augen und verfilzten Haaren. Und doch waren 2022 laut dem Paritätischen Armutsbericht 14,2 Millionen Menschen in Deutschland von Armut betroffen, jeder sechste Mensch hierzulande (16,8 Prozent).[17] Was das bedeutet und wie diese Armutsquote berechnet wird, darauf werden wir gleich noch näher eingehen. An dieser Stelle reicht der Hinweis: Wir reden hier von einer großen Gruppe. Diese Zahlen wurden überwiegend vor Beginn des Ukrainekrieges erhoben, vor dem Anstieg der

Preise für Lebensmittel, Heizung, Strom, das heißt, inzwischen könnten sie noch höher liegen.

Doch sind diese Menschen denn wirklich arm? Taugt der Begriff Armut überhaupt für ein so reiches Land wie Deutschland? Kritiker wenden häufig ein, »echte« Armut gebe es nur in Entwicklungsländern. Wirkliches Massenelend hätte es in Deutschland zuletzt nach Ende des Zweiten Weltkrieges gegeben, als alles zerstört war, die Trümmerfrauen mit ihren bloßen Händen die Städte wieder aufbauten. Sehr viele Menschen hatten nicht ausreichend zu essen, kein Dach über dem Kopf. Unmittelbar nach Ende des Krieges hätte die Mehrheit der Deutschen weniger zum Überleben gehabt als jemand, der heute von Bürgergeld lebt. Doch diese Vergleiche sind schief. Schließlich leben wir zum Glück nicht mehr in einer Nachkriegszeit. Wir haben auch keine Tauschwirtschaft, sondern eine hoch entwickelte Konsumgesellschaft. Die allermeisten Dinge und Dienstleistungen kosten Geld: der Joghurt im Supermarkt, die Fahrt mit dem Bus, die Eintrittskarte ins Freibad.

Kann man jemanden als arm bezeichnen, wenn er oder sie nicht unter akutem Hunger leidet, ausreichend Wasser zu trinken hat? Misst man Armut an dem, was auf dem Teller liegt: Fleisch oder keines? Ab welcher Raumtemperatur kann man sagen, dass ein Mensch in Armut lebt? Welche Kleidung trägt ein armer Mensch in Deutschland? Hat er oder sie ein Handy? Zugang zum Internet? Ein Haustier? Wie viele Medikamente stehen einem armen Menschen zu? Wenn jemand Schulden hat, kann man dann denjenigen als arm bezeichnen? Hier eindeutige Antworten zu geben, gar eine klare Grenze zu ziehen, ist gar nicht so einfach – und wirft moralische Fragen auf.

Dabei geht es auch um die Perspektive, das zeigt die selbstbewusste Antwort des 17-jährigen René aus Berlin. Führen wir uns noch mal seine bemerkenswerte Einstellung vor Augen: »Wir sind nicht arm, wir haben nur weniger Geld.« René wächst bei einer alleinerziehenden Mutter auf, er hat eine kleine Schwester und einen großen Bruder. Es ist großartig, dass René so selbstsicher auftritt, das hat er vermutlich seiner Mutter zu verdanken und den Betreuern und Betreuerinnen in der Arche, zu denen er geht, seit er vier Jahre alt ist. Subjektiv gesehen geht es René gut, er wächst in Liebe und Geborgenheit auf. Objektiv betrachtet fällt René in die Armutsstatistik, denn seine Familie hat jahrelang von Hartz IV, dann Bürgergeld gelebt. Obwohl seine Mutter arbeitet, musste sie aufstocken, weil der Lohn ihrer Jobs für sie und die Kinder nicht reichte. Sie ging zur Tafel, um Lebensmittel zu bekommen. Seit einigen Wochen hat sie einen Job, arbeitet 35 Stunden und ist raus aus dem Bürgergeld, denn sie liegt jetzt knapp über der Grenze. Aber das bedeutet nicht automatisch das Ende der Einkommensarmut für die Familie.

Kann René überhaupt beurteilen, ob er selbst arm ist? Immerhin wächst er in Marzahn-Hellersdorf auf und muss auf vieles verzichten. »Für Extrawünsche ist kaum Platz«, sagt er. »Klar, früher war ich schon auch mal neidisch, weil Freunde von mir richtig schöne Geburtstage hatten oder mit einem coolen Auto von der Schule abgeholt wurden. Meine Mum hat mir beigebracht: Ja, die haben schöne Sachen, aber ich brauche das nicht.« Würde René ein paar Kilometer weiter in Grunewald in einem Einfamilienhaus groß werden, wäre das vermutlich anders. Dann hätte er sicher die neuesten Turnschuhe und würde jedes Jahr dreimal in den Urlaub fliegen. Er hätte nicht nur mehr Geld und Güter, sondern mehr Möglichkeiten, sich auszuprobieren, seine Talente zu entfalten. Aber René kennt es nicht anders. Deshalb empfindet er sich offenbar nicht als arm – oder er sagt es zumindest. Armut ist eine Frage des Blickwinkels und auch der politischen Haltung. Ob jemand als arm gilt, richtet sich nach dem Lebensstandard der Gesellschaft, in der er oder sie lebt. Es gibt verschiedene Definitionen, die zunächst kompliziert, trocken und auch technisch anmuten können. Wenn wir im weiteren Verlauf dieses Buches über Kinderarmut in Deutschland und die Folgen für unsere Gesellschaft diskutieren wollen, erscheint es mir wichtig, diese Sicht- und Zählweisen zu verstehen.

Grundsätzlich wird zwischen »absoluter« und »relativer« Armut unterschieden. Außerdem gibt es auch noch eine Selbsteinschätzung von Betroffenen zu »materieller und sozialer Entbehrung« sowie das »soziokulturelle Existenzminimum«. Letzteres legt der Staat fest, und nach ihm richtet sich die Höhe von Sozialleistungen, wie etwa die des Bürgergeldes. Bei all diesen Definitionen wird anders berechnet, wer als arm gilt, und je nachdem, welche man verwendet, kommt man zu anderen Ergebnissen bei der Anzahl von Betroffenen. Hinzu kommt: Sie werden vor allem bei politischen Debatten genutzt, etwa bei der Kindergrundsicherung oder dem Bürgergeld – und auch immer wieder angezweifelt. Häufig werden sie durcheinandergeworfen, das macht eine präzise Analyse schwierig. Wichtig sind vor allem die Einschätzung von relativer Armut und die sozialstaatlich definierte Armutsgrenze.

Auf der Straße – absolute Armut

Laut Definition der Weltbank ist ein Mensch absolut arm, der mit weniger als 2,15 Dollar pro Tag auskommen muss. Dieser Betrag gilt als finanzielles Minimum, das ein Mensch zum Überleben braucht (Stand: September 2022). Weltweit gelten danach rund 750 Millionen Menschen als absolut mittellos. Und seit einigen Jahren steigt die Zahl der Hungernden wieder.

Doch in den USA könnte sich wohl kaum ein Mensch auf Dauer von zwei Dollar pro Tag ausreichend ernähren, kleiden (schon gar nicht im Winter in Wyoming) und versorgen. Wer schon einmal in New York war, kann das bestätigen. In einem sehr armen Land wie dem ostafrikanischen Burundi oder dem westafrikanischen Sierra Leone wäre dies mit 2,15 Dollar hingegen schon eher möglich. Dieser Vergleich zeigt, wie schnell solche Einteilungen zynisch werden. Auch für Länder mit lebensbedrohlicher Armut und Massenelend sollte als Ziel gelten: Nicht zu verhungern oder zu verdursten, kann nur der erste Schritt sein. Alle Menschen sollten die Chance haben, in Würde zu leben.

Absolute Armut gilt in Ländern wie Deutschland als überwunden. Allerdings kann man sehr wohl Obdachlose für hiesige Standards als total verarmt ansehen. Denn sie haben keinen sicheren Schlafplatz, keine Möglichkeit, sich zu waschen, ihnen fehlt regelmäßige medizinische Versorgung, ausreichende Kleidung und sie ernähren sich überwiegend mangelhaft.

Als absolut arm gelten auch jene, die kein Dach über dem Kopf haben. Sie denken, das betrifft Kinder in Deutschland nicht? Von wegen: 2022 waren insgesamt 607 000 Menschen von Wohnungslosigkeit betroffen, darunter schätzungsweise 147 000 Kinder.[18] Die Zahlen sind nur schwer zu ermitteln, denn es gibt natürlich keine offizielle Meldestelle. Die Jungen und Mädchen tauchen in die Anonymität der Großstadt ab. Auch sind nicht alle dauerhaft obdachlos, sondern schlafen mal bei Freunden, haben eigentlich einen Platz im Heim oder in einer betreuten Wohngruppe, halten es dort aber häufig nicht aus. Die Gründe für ihre Obdachlosigkeit sind vielfältig: Armut, steigende Mieten, knapper Wohnraum, Stress in der Familie. Viele erleben Gewalt, vor allem Mädchen und Frauen sind gefährdet.

Eine Anlaufstelle in Berlin ist der Verein Straßenkinder e. V. Hier bekommen Mädchen und Jungen nicht nur frische Wäsche und einen heißen Kaffee, sondern auch Hilfe von Streetworkern. Täglich werden rund 100 obdachlose Kinder und Jugendliche betreut. »Der Bedarf steigt«, sagte der Geschäftsführer Eckhard Baumann mir in einem Gespräch. »Besondere Sorgen macht uns die verdeckte Wohnungslosigkeit. Wohnraum wird für viele zunehmend unbezahlbar.«

Annika war eine von ihnen. »Ich war in einer Drogentherapie, bin abgehauen und abgerutscht«, erzählt die heute 20-Jährige. Sieben Monate lang hat sie mit 15 in Berlin auf der Straße gelebt. Bis sie in eine kleine Wohnung ziehen konnte, die vom Amt bezahlt wird. Inzwischen hat sie diese wieder verloren. Annika hat ein vierjähriges Kind, das bei ihrer Mutter lebt. Und dann ist da Lizzy, 21, sie ist wohnungslos, hat mal eine Bleibe, dann wieder pennt sie bei Freunden.

Ich treffe die beiden jungen Frauen zum ersten Mal vor zwei Jahren bei Straßenkinder e. V. in Berlin. »Kann ich Unterhosen haben?«, fragt Annika und steckt zwei Slips in die Hosentasche. Straßenkinder können hier ihr Handy aufladen und sich waschen. Es gelten zwei Regeln: keine Gewalt und keine Drogen.

**»Es ist nicht schlimm, weniger Geld zu haben.
Schlimm ist, von oben angeguckt zu werden«,
Annika, 20.**

»Ich war in einer Drogentherapie, bin dort abgehauen auf die Straße, weil mein damaliger Freund mich verlassen hatte, um ihn zu suchen und bin abgerutscht«, erzählt Annika. »Ich bin nicht in so guten Verhältnissen aufgewachsen. Meine Mutter war selbst erst 17, als sie mich bekam. Sie hat drei Kinder von drei Männern, lebt von Bürgergeld«, erzählt sie. Bei Fragen zu ihrer Kindheit weicht sie zunächst aus, zählt dann aber auf: »Keine Kohle, keine Eltern, die sich Sorgen gemacht haben, in der Schule gefehlt. Mobbing bereits in der Grundschule.«

Annika ist zierlich, sieht viel jünger aus, als sie ist. Sie versinkt fast in ihrem riesigen Shirt. Ihre dunkelblonden Haare sind rötlich getönt. Ihr Äußeres ist ihr sehr wichtig. »Ich weiß, dass ich gut aussehe, aber ich laufe rum wie der größte Schluffi«, sagt sie. »Ich würde mich gern hübsch machen, ein paar neue Klamotten kaufen, Haare beim Friseur schneiden. Tönen mache ich selber.«

Genau wie Annika heißt Lizzy eigentlich anders. Lizzy ist ihr Straßenname. Die 21-Jährige hat ein offenes, rundes Gesicht, fast kindlich. Bei unserem ersten Treffen 2022 hat sie eine weiße Handtasche dabei, ein kleiner Waschbär baumelt daran – ein Glücksbringer, sagt sie. Bereits mit sechs Jahren kommt Lizzy in eine Pflegefamilie. »Meine Mutter ist sehr krank, sie konnte sich nicht gut um mich kümmern, sie hat sich auch prostituiert, um mich zu versorgen.« In der Schule wird Lizzy gemobbt, mit zehn Jahren beginnt sie zu kiffen, mit 13, 14 Jahren rutscht sie in die Drogenszene ab. »Aber jetzt nehme ich nichts mehr. Auch keinen Alkohol. Das macht deinen Körper kaputt!« Lizzy ist 14, als sie schwanger wird. Ihr Kind bekommt sie allein, in der Wohnung eines Freundes. Das Kind ist gesund. Wo es aufwächst, will sie nicht sagen. »Ich habe es direkt weggegeben, weil ich ihm ja doch nichts bieten kann. Das Jugendamt hätte es sonst womöglich in so ein Drecksheim gesteckt.« Mit 16 entscheidet Lizzy: Ich gehe auf die Straße. »Ich hatte keinen Bock mehr auf Wohngruppe und das Hin und Her.« Zwischendurch kommt sie bei Freunden unter, lebt von Hartz IV.

Zwei Jahre später, bei unserem nächsten Treffen, hat Lizzy immer noch keine feste Bleibe, gerade wohnt sie bei dem Onkel ihres Ex-Freundes. Kurze Zeit hatte sie mal ein Zimmer in einer betreuten Wohngruppe. Aber das hat sie verloren: »Weil ich Scheiß gemacht habe, musste ich für vier Monate in den Knast«, mehr will sie nicht erzählen. Seitdem trinkt sie wieder. Sie ist sehr stark geschminkt mit dicken Balken über den Augen, hat kurze, schwarz gefärbte Haare und einen künstlichen blonden Zopf.

Auch Annika hat ihre Einzimmerwohnung wieder verloren, derzeit wohnt sie in einem Obdachlosenheim. Sie teilt sich das Zimmer mit einer 44-jährigen Frau. »Die ist 24 Jahre älter als ich. Wer will denn mit Anfang 20 in einem Obdachlosenheim leben? Da sind alte Männer, Familien mit Kindern. Man teilt sich die Toilette, kann kaum in Ruhe duschen. Das ist richtig übel!« Und teuer ist es auch: Rund 1 000 Euro zahlt das Jobcenter für ihre Unterkunft im Monat. Das Verhältnis zu ihrer Mutter ist nach wir vor angespannt: »Sie weiß, dass ich kiffe, um mit meinen Gedanken klarzukommen. Fragt mich aber nicht, wie es mir geht. Das interessiert sie nicht.«

Annika und Lizzy bekommen beide Bürgergeld. Außerdem gehen sie schnorren. »Man bekommt heftige Beleidigungen«, erzählt Annika beim ersten Treffen. »Ich wurde auch schon angespuckt.« Auch Lizzy kennt das: »Viele gucken mich blöd an oder hauen Sprüche raus, nennen mich Crackjunkie, sagen: ›Geh doch zur Kurfürstenstraße!‹ Da stehen die ganzen Nutten.« Inzwischen klaut Lizzy auch Kajal, Wimperntusche und solche Dinge im Drogeriemarkt. Aber Geld nicht, versichert sie. »Das ist ehrenlos, das mache ich nicht!« Seit sie in Spandau schnorrt, bekommt sie mehr Geld. »Die Gegend ist reicher. Ich komme schon so auf meine 80 bis 90 Euro am Tag.« – »Was?«, staunt Annika. So viel kriegt sie offenbar nicht. »Setzt du dich irgendwo hin oder läufst du durch die U-Bahn?«, fragt sie Lizzy. »Ich sitze einfach nur, von morgens bis abends«, antwortet die. »Das könnte ich nicht, mich auf den Boden zu setzen und zu betteln, ist mir unangenehm«, sagt Annika. »Ich gehe lieber auf die Menschen zu, spreche sie an, frage nach der Uhrzeit. Und wenn jemand nett reagiert, frage ich, ob er oder sie vielleicht 20 Cent hat.«

Bei unserem ersten Treffen sagt Annika: »Ich kann verstehen, wenn jemand nichts gibt, weil er kaum etwas hat. Nicht aber wenn so ein reicher Schnösel an mir vorbeiläuft, man sieht, der hat Geld, man hört Kleingeld in der Tasche klimpern und der sagt: ›Ich hab kein Geld‹, dann finde ich das frech! Man kann sagen: ›Ich will dir nichts geben, weil ich Angst habe, dass du dir Drogen kaufst oder Alkohol.‹ Dann soll er mir etwas zu essen geben.« Besonders kränkt es sie, wenn Gleichaltrige auf sie herabblicken: »Die fühlen sich als etwas Besseres, weil sie bei Mama und Papa im Hotel leben und – sorry – alles in den Arsch gesteckt kriegen.«

Die beiden jungen Frauen wünschen sich eine Perspektive für ihre Zukunft. Lizzy würde gern den Realschulabschluss nachholen. »Viele denken: Geht doch arbeiten. Aber das ist verdammt schwer, ohne festen Wohnsitz eine Ausbildung zu bekommen«, sagt sie. Sie würde gern eine Weiterbildung zur Erziehungsassistentin machen.

Annika träumt davon, Sozialarbeiterin zu werden. So wie die Streetworkerin, die sie bei »Straßenkinder e. V.« unterstützt.

Aber dazu muss Annika erst mal mit sich selbst klarkommen. »Mein größtes Problem ist, dass ich mit 15 obdachlos war und mit 16 mein Kind verloren habe, weil ich überfordert war. Ich darf mein Kind jeden Mittwoch und jeden Samstag sehen«, sagt sie. »Meine Psyche ist kaputt. Ich weiß, ich bräuchte eine Therapie, ich möchte irgendwie mit den Gedanken in meinem Kopf klarkommen. Aber ich kann Hilfe nicht annehmen, ich renne immer weg, ich habe kein Vertrauen mehr. Seit fünf Jahren will ich von der Straße weg. Ich wünsche mir eine Wohnung, ich möchte nicht immer Angst haben müssen, dass ich es nicht schaffe.«

Arm in einer reichen Gesellschaft – die Kriterien der EU

Die Anzeichen von Verarmung zu erkennen, ist schwierig. Denn es geht nicht ums bloße Überleben, sondern um den Platz in der Gesellschaft, die Chance, am normalen Leben teilzunehmen und nicht davon ausgeschlossen zu werden. Der Rat der Europäischen Union hat es 1984 so formuliert: »Als verarmt sind jene Einzelpersonen, Familien und Personengruppen anzusehen, die über so geringe (materielle, kulturelle und soziale) Mittel verfügen, dass sie von der Lebensweise ausgeschlossen sind, die in dem Mitgliedsstaat, in dem sie leben, als Minimum annehmbar ist.«

Die EU hat Kriterien für die Messung von Armut entwickelt. Danach gilt ein Mensch als von Armut oder sozialer Ausgrenzung bedroht, wenn mindestens eine von drei Bedingungen zutrifft: Der Haushalt ist von erheblicher materieller und sozialer Entbehrung betroffen, das Einkommen liegt unter der Armutsgefährdungsgrenze oder jemand arbeitet wenig oder gar nicht. Für jede dieser Situationen kann der Anteil der Betroffenen berechnet werden. Insgesamt traf das 2023 laut offizieller EU-Statistik auf rund 17,7 Millionen zu – jeden fünften Menschen in Deutschland.[19]

Kein Internet, kein Urlaub, kein Auto: Materielle und soziale Entbehrung

Materielle und soziale Entbehrung (Deprivation) bedeuten, dass sich ein Mensch nach eigener Einschätzung mindestens fünf von 13 Alltagsgütern nicht leisten kann. Sind sieben Kriterien erfüllt, liegt erhebliche materielle und soziale Entbehrung vor. Zum Beispiel wenn ein Haushalt nicht in der Lage ist, die Miete oder Rechnungen rechtzeitig zu zahlen, die Wohnung angemessen warm zu halten, wenn man nicht jedes Jahr eine Woche in den Urlaub fahren kann, wenn es nicht jeden zweiten Tag eine Mahlzeit mit Fleisch, Fisch oder gleichwertigem Protein gibt, wenn abgewohnte Möbel nicht ersetzt werden können, oder wenn man aus finanziellen Gründen kein Auto besitzt. Wenn eine Person für eine Internetverbindung kein Geld hat, sich nicht regelmäßig Freizeitaktivitäten leisten kann, sich beispielsweise nicht einmal im Monat mit Freunden oder Familie auf ein Getränk oder eine Mahlzeit treffen kann. Insgesamt waren 2023 in Deutschland 5,7 Millionen Menschen laut Statistischem Bundesamt von erheblicher »materieller und sozialer Entbehrung« betroffen, 6,9 Prozent der Bevölkerung.[20]

Für Kinder wurde diese Liste von Eurostat ergänzt. Neben fünf Indikatoren für den Haushalt gelten für sie zwölf kindspezifische Kriterien: neue Kleidung (nicht secondhand), zwei Paar Schuhe, die Option, täglich frisches Obst und

Gemüse sowie Fleisch, Huhn oder Fisch zu essen. Für die Freizeit: altersgerechte Bücher, Freizeitausrüstung für draußen, Spielzeug für drinnen, regelmäßige Gelegenheiten für Freizeitaktivitäten, Feiern bei speziellen Anlässen, die Möglichkeit, Freunde einzuladen, Teilnahme an (kostenpflichtigen) Schulausflügen, Urlaub machen (Stand 2021).[21]

Armut in Deutschland ist relativ

Relativ arm ist jemand, der zwar für die Grundbedürfnisse seines Lebens sorgen kann, es sich aber in einem wohlhabenden Land wie Deutschland nicht leisten kann, was für andere normal ist: mal ins Kino zu gehen oder in den Urlaub zu fahren. Diese relative Armut wird gemessen am Einkommen und dem allgemeinen Lebensstandard der Gesellschaft. Wer weniger als 60 Prozent eines durchschnittlichen Haushaltes zur Verfügung hat, gilt in Deutschland als relativ arm oder armutsgefährdet.[22]

Die Messlatte für diese Berechnung der Armutsquote ist die Verteilung aller Einkommen. Die dafür herangezogene Kennzahl ist der sogenannte Median der Haushaltsnettoäquivalenzeinkommen.[23] Plastisch kann man sich das so vorstellen: Würden sich alle Menschen, die in Deutschland leben, arbeiten und Geld verdienen, nach der Höhe ihres Einkommens in einer Reihe aufstellen, dann läge der Median genau bei einer Person in der Mitte dieser Menschenkette. Die reichere Hälfte stünde rechts von der Person in der Mitte. Diese Menschen haben mindestens das Medianeinkommen zum Leben, viele aber mehr. Links von der Person in der Mitte stünden die armen Menschen, sie haben höchstens das Medianeinkommen zur Verfügung. Die meisten von ihnen aber weniger. Von diesem Medianwert werden 60 Prozent genommen, hier verläuft die Armutsgrenze.

Bei einem Single lag die Grenze für relative Armut 2022 bei knapp 1 200 Euro im Monat nach Steuern und Sozialabgaben, für eine vierköpfige Familie mit zwei Erwachsenen und zwei Kindern unter 14 Jahren bei rund 2 500 Euro pro Monat und für eine Alleinerziehende mit einem Kind unter 14 Jahren bei gut 1 500 Euro.[24]

Vor allem das Konzept der relativen Armut wird immer wieder angezweifelt, denn es misst das Verhältnis der Einkommen zueinander. Ein Kritikpunkt lautet: Würden sich die Einkommen aller Bürgerinnen und Bürger verdoppeln, wären dieselben Menschen genauso relativ arm wie vorher – obwohl sie sich viel mehr leisten könnten als zuvor. Ihr Anteil würde sich nicht verändern.[25]

Aus diesem Grund haben Forscherinnen die Grenzen von Armut und Reichtum in einer Studie für die Hans-Böckler-Stiftung neu berechnet. Dabei haben sie mehr Daten analysiert als üblich, auch das Vermögen sowie Spar- und Ausgabeverhalten mit einbezogen. Auf diese Weise konnten sie Muster aufdecken. Zum Beispiel geben Menschen mit wenig Geld anteilig mehr für Lebensmittel und Konsum aus als Menschen, die reicher sind. Arme Menschen können weniger sparen, viele machen Schulden. Die Wissenschaftlerinnen kommen zu dem Schluss: Eher seien die bisher üblichen Grenzziehungen zu vorsichtig und »zu niedrig hinsichtlich der Armut«. Sie ziehen die Grenze für Armut daher bei 65 Prozent des mittleren Einkommens, liegen also noch leicht über der 60 Prozent-Marke.[26]

Unter die Definition der relativen Armut fallen viele Arbeitslose, Rentner und vor allem kinderreiche Familien sowie Alleinerziehende. Kinder, Jugendliche und Heranwachsende sind häufiger betroffen als jede andere Altersgruppe. Etwa drei Millionen Kinder und Jugendliche bis 18 Jahre gelten als relativ arm oder armutsgefährdet – das heißt, jedes fünfte Kind in Deutschland wächst in prekären Verhältnissen auf. Streng genommen ist es sogar mehr als jedes fünfte Kind (21,6 Prozent in 2022). Das sind mehr junge Menschen, als Schleswig-Holstein Einwohner hat. Von den jungen Erwachsenen von 18 bis 24 Jahren sind 1,55 Millionen (25,5 Prozent) von Armut betroffen.[27]

Dies sind Ergebnisse aus dem Mikrozensus. Daneben gibt es noch andere Berechnungen. Es folgt ein kurzer Ausflug in die Statistik für alle, die es genauer verstehen wollen. Mir ist es wichtig, die verschiedenen Datenquellen nebeneinander zu stellen, weil mit diesen Zahlen Politik gemacht wird. Sie werden als Argumente herangezogen für Diskussionen, ob das Problem Kinderarmut schwerwiegend ist oder nicht. Ob dagegen mehr getan werden sollte. Sinnvoll vergleichen lassen sich dabei nur Ergebnisse, die nach demselben Verfahren und auf Basis derselben Datenquellen berechnet wurden. Wem das zu kompliziert wird, kann die beiden nächsten Absätze überspringen.

Für den Mikrozensus wird jedes Jahr ein Prozent der Bevölkerung befragt (MZ-Kern).[28] Die Ergebnisse sind repräsentativ für ganz Deutschland. Die Daten geben Auskunft über die wirtschaftliche und soziale Lage der Bevölkerung. Und sie lassen Aussagen darüber zu, wie Einkommen und Armut in den 16 Bundesländern verteilt sind. Denn es gibt große Unterschiede beispielsweise zwischen Stadt und Land, West und Ost. Laut MZ-Kern waren 2022 besagte drei Millionen Kinder unter 18 Jahren armutsgefährdet.

Für Vergleiche innerhalb der EU wird eine andere Datenbasis herangezogen (EU-SILC: European Union Statistics on

Income and Living Conditions). EU-SILC ist die amtliche Hauptdatenquelle für die Messung von Armut und Lebensbedingungen auf Bundesebene und in den Mitgliedstaaten der Europäischen Union. Laut EU-SILC waren 2022 knapp 2,2 Millionen Kinder unter 18 Jahren von Armut bedroht.[29] Es ist wichtig, die Muster zu analysieren und zu verstehen, wo sich Armut ballt, wenn man Lösungen zur Bewältigung entwickeln will, auf die wir im zweiten Teil des Buches kommen werden. Deshalb folge ich den Zahlen, die auf dem Mikrozensus basieren und leite daraus auch den Titel für dieses Buch ab. Demnach war 2022 jedes fünfte Kind in Deutschland von Armut betroffen – rund drei Millionen Mädchen und Jungen.

Zurück zur Kernaussage: Junge Menschen sind die Gruppe in Deutschland, die am häufigsten von Armut bedroht ist. Vielen ist dies nicht bewusst, sie glauben, vor allem Rentner seien mittellos, häufig ist von Altersarmut die Rede. Dies ist sicher ein drängendes Problem, aber Senioren sind bei Weitem nicht die größte Gruppe, um die man sich Sorgen machen müsste. Es sind die Jüngsten, deren Risiko, nicht ausreichend versorgt zu sein, in Deutschland am höchsten ist. Das ist eine traurige und allzu oft übersehene Tatsache.

Das soziokulturelle Existenzminimum – die sozialstaatliche Armutsgrenze

Darüber hinaus gibt es noch eine weitere gängige Armutsdefinition: die sozialstaatliche. Hierbei werden die Menschen gezählt, die von Bürgergeld leben, darunter auch Familien und Kinder. Bis Januar 2023 hieß das noch Hartz IV. Im Dezember 2022 lebten 1,93 Millionen Mädchen und Jungen in Familien, die Bürgergeld erhalten (14 Prozent der Kinder unter 18 Jahren).[30] Sie bekommen staatliche Unterstützung, weil die Eltern entweder keinen Job haben oder weil ihr Lohn zu niedrig ist, um davon eine Familie zu ernähren. Der Staat stockt dann ihr Einkommen auf, sie erhalten eine sogenannte Grundsicherung. Die Höhe ist gestaffelt nach Alter und Lebensumständen. In Deutschland gilt das »Grundrecht auf Gewährleistung eines menschenwürdigen Existenzminimums«. Daher sollen die Leistungen vom Staat nicht nur das physische Überleben absichern, sondern auch die Teilhabe am gesellschaftlichen Leben ermöglichen, etwa einer Person auch ab und zu einen Besuch im Kino oder einen Kaffee ermöglichen. Derzeit erhält ein alleinstehender Erwachsener 563 Euro pro Monat. Das sind 61 Euro mehr als 2023. 14- bis 17-Jährige bekommen 471 Euro Bürgergeld pro Monat, 6-bis 13-Jährige 390 Euro. Kleine Kinder bis fünf Jahre erhalten 357 Euro (Stand 2024).

Diese sogenannten Regelsätze setzen sich aus verschiedenen Positionen zusammen: Demnach stehen unter Sechsjährigen monatlich 125,13 Euro für Nahrungsmittel und Getränke zu, das sind etwa vier Euro pro Tag. Für Sechs- bis 13-Jährige sind 157,56 Euro vorgesehen, etwas mehr als fünf Euro täglich und für 14- bis 17-Jährige 221,70 Euro pro Tag, also etwa sieben Euro. Mit solchen Beträgen ist eine ausgewogene und gesunde Ernährung kaum möglich, das ist klar – vor allem nicht, seit die Preise für Lebensmittel stark gestiegen sind. Die Sozialverbände kritisieren seit Längerem, dass die Bürgergeldsätze nicht ausreichen, und fordern deshalb vor allem für Kinder eine Neuberechnung.

Am gängigsten sind in der Wissenschaft und der Öffentlichkeit die gerade erklärten Definitionen von der relativen Einkommensarmut und von der sozialstaatlich definierten

Armutsgrenze. Beide zählen, wie viele Erwachsene und Kinder in Deutschland von Armut bedroht sind. Beim Vergleich der Ergebnisse fällt auf, dass diese unterschiedlich sind: Nach der ersten Definition sind rund drei Millionen Kinder von relativer Einkommensarmut betroffen, laut der zweiten Definition leben knapp zwei Millionen Mädchen und Jungen in Armut. Die Differenz: eine Million Kinder.

Diese eine Million Mädchen und Jungen bekommen kein Bürgergeld. Sie leben bei Eltern, die zwar Arbeit haben, aber deren Einkommen dennoch nur knapp zum Leben reicht. Sie leben in verdeckter Armut. Sie schrammen an dem errechneten Existenzminimum entlang, liegen mal darunter, mal darüber. Sie gelten mindestens als armutsgefährdet. Viele könnten staatliche Sozialleistungen erhalten, zum Beispiel Wohngeld oder den Kinderzuschlag. Aber nicht alle Väter und Mütter nehmen diese Hilfe in Anspruch: Weil sie entweder nicht wissen, was ihnen zusteht, sie nicht in der Lage sind, die komplizierten Anträge auszufüllen oder sich schämen, vom Staat Geld zu nehmen. Die Bundesregierung schätzt, dass höchstens ein Drittel der berechtigten Mütter und Väter den Kinderzuschlag in Anspruch nimmt (Stand Dezember 2022).

Arm zu sein und Unterstützung zu beantragen, ist kompliziert: Das Bürgergeld beantragt man beim Jobcenter. Den Kinderzuschlag in Höhe von maximal 292 Euro pro Kind bekommt man bei der Familienkasse der Bundesagentur für Arbeit. Das Kindergeld in Höhe von 250 Euro erhalten alle. Bei Familien, die Bürgergeld beziehen, wird das Kindergeld verrechnet. Das heißt, arme Familien profitieren gar nicht von einer Erhöhung des Kindergeldes, auch wenn das häufig von Politikern anders dargestellt wird.

»Meine Würde lass ich mir nicht nehmen«, Daniela Schmitt, 40, alleinerziehend, drei Kinder.

Daniela Schmitt, 40, hat drei Kinder. Ihren Sohn René, 17, lerne ich 2022 in der Arche kennen. René und seine zwölfjährige Schwester wohnen noch zu Hause bei ihr. Ihr ältester Sohn macht der Mutter Sorgen. Der 19-Jährige hat seine Ausbildung abgebrochen und Stress mit der Polizei. Daniela Schmitt hat nach dem erweiterten Hauptschulabschluss eine Ausbildung zur Malerin und Lackiererin gemacht, ihr Traumberuf, erzählt sie. Während der Lehre hat sie fünf Bandscheibenvorfälle. Trotzdem macht sie die Ausbildung zu Ende und schafft dadurch ihren Realschulabschluss. Weil sie den Beruf nicht ausüben kann, macht sie eine Umschulung zur Industriekauffrau und eine Weiterbildung zur Buchhalterin. Sie trennt sich von dem Vater ihrer beiden Söhne, auch die zweite Beziehung hält nicht. Daniela Schmitt nimmt starke Schmerzmittel, kämpft mit Depressionen und Ängsten. Das sieht man ihr nicht an, denn immer lächelt sie herzlich, engagiert sich ehrenamtlich. »Meine Würde lass ich mir nicht nehmen«, sagt sie.

Seit 2006 lebt die Familie erst von Hartz IV, dann von Bürgergeld. Obwohl Daniela Schmitt zwischendurch einen 40-Stunden-Job hat, muss sie aufstocken, weil ihr Lohn zu niedrig ist. Aber sie will unbedingt arbeiten, »auch wenn sich das finanziell gar nicht lohnt«. Sie ist schließlich Vorbild. »Als die Kinder klein waren, hatte ich Schwierigkeiten, einen Job zu finden, weil ich keinen hatte, der mich unterstützt, wenn sie krank sind und ich ausfalle. Als meine Kleine dann aus dem Gröbsten raus war, hieß es: ›Sie haben ja gar keine Berufserfahrung‹.«

Daniela Schmitt führt penibel Buch über ihre Finanzen, sie weiß genau, wo es etwas günstiger oder umsonst gibt: Die Kinder essen kostenlos bei der Arche, René besorgt sich in der Kleiderkammer neue Shirts oder Turnschuhe, wenn er etwas braucht. Frisches Gemüse und Obst holt sie einmal pro Woche bei der Tafel. »Das ist alles so teuer geworden, das können wir uns nicht leisten.« Zum Einkaufen fährt Daniela Schmitt regelmäßig nach Polen, denn Käse, Milch und Kleidung sind auf dem Markt dort billiger. Bei der Tour kommt auch gleich noch ein Bekannter mit, der Zigaretten kauft und sich am Sprit beteiligt. Auch Bildung ist teuer, Daniela Schmitt rechnet vor: »In der Grundschule sind die Schulbücher kostenlos, in der weiterführenden nicht mehr. Der Klassenausflug meiner Tochter in den Kletterpark kostet acht Euro. Die habe ich nicht über, die muss ich aber vorstrecken und dann Anträge stellen, damit ich das Geld wiederbekomme. Nachhilfe bekommt mein Kind erst, wenn es eine Fünf im Zeugnis hat, dann ist es doch eigentlich schon zu spät. Aber ich kann die Nachhilfe nicht bezahlen.«

Früher konnten sie und ihre Kinder sich einen Sommerurlaub in der Türkei leisten, dafür sparte die Familie das ganze Jahr, verzichtete auf Weihnachtswünsche. Seit der Coronapandemie und dem Anstieg der Lebensmittelpreise hat Daniela Schmitt keine Rücklagen mehr. Gerade ist die Waschmaschine kaputtgegangen, das Geld für die neue hat sie sich privat geliehen. Noch mehr Schulden. »Meine Kinder haben von Anfang an gelernt: Sie können zu Weihnachten und zum Geburtstag lange Wunschlisten schreiben, aber vieles davon geht nicht in Erfüllung, und dazwischen fragen sie nicht. Ich bin eine strenge Mutter.«

Seit ein paar Wochen hat Daniela Schmitt einen neuen Job und liegt jetzt knapp über der Grenze für Bürgergeld. Sie arbeitet 35 Stunden als Empfangskraft mit Bürotätigkeiten. Wenn sie Frühschicht hat, klingelt um 4.30 Uhr der Wecker. Sie verdient 1 800 Euro brutto. Weil die Väter von René und seiner Schwester keinen Unterhalt zahlen, erhält Daniela Schmitt Unterhaltsvorschuss, pro Kind sind das knapp 400 Euro vom Staat. Hinzu kommt das Kindergeld, je 250 Euro. Insgesamt hat die Familie knapp 2 700 Euro im Monat. 700 Euro kostet die Miete im Plattenbau, nach Abzug von Strom, Heizung, Internet, Handy, Versicherung und Rückzahlung von Schulden, bleiben der Familien rund 700 Euro im Monat für Einkäufe, Kleidung, Schulsachen und Freizeit. »Auf dem Papier habe ich jetzt mehr Geld, aber tatsächlich bleibt uns weniger, weil die ganzen Vergünstigungen wegfallen und ich alles selbst zahlen muss: Monatskarte, GEZ-Gebühren, Schulessen und Material für die Schule.« Zur Tafel kann sie jetzt auch nicht mehr. »Frisches Obst und Gemüse ist wirklich teuer!« Sie hat Anträge für Kindergeldzuschlag und Wohngeld gestellt. Woher Daniela Schmitt die 300 Euro für die Klassenfahrt ihrer Tochter nehmen soll, fünf Tage an der Ostsee, weiß sie noch nicht. Trotzdem freut sie sich über die Chance, arbeiten zu können, und ist stolz darauf, nicht mehr Bürgergeld zu bekommen.

15 Euro für den Fußballverein – zu wenig »Bildung und Teilhabe«

Viele arme Kinder haben Anspruch auf staatliche Leistungen aus dem Bildungspaket. Das Gesetz »Bildung und Teilhabe« wurde 2011 eingeführt. An sich war die Idee gut, denn es sollte Kindern und Jugendlichen aus armen Verhältnissen ermöglichen, Sport zu treiben, an Ausflügen teilzunehmen, Nachhilfe zu bekommen, und auch die Ausstattung für die Schule wie Hefte, Stifte oder Ranzen sollte der Staat bezahlen. In der Praxis wurde jedoch auch das viel zu kompliziert und – mal wieder – bundesweit nicht einheitlich geregelt. Mal ist das Jobcenter, mal die Ausländerbehörde oder das Sozialamt zuständig. In manchen Bundesländern können auch direkt bei den Schulen Anträge gestellt werden. Oft sind Kostenvoranschläge erforderlich. Vor allem aber: Jede Leistung muss einzeln beantragt und abgerechnet werden. Jeder Euro. Und es wird auch nicht jeder Antrag bewilligt. Zudem sind die Beträge zum Teil absurd niedrig angesetzt. Bisher hat die alleinerziehende Mutter Daniela Schmitt aus Berlin jede Quittung aufgehoben, sich abends an den PC gesetzt und Anträge gestellt, um das Geld für Schulausflüge und Material wiederzubekommen.»Es dauert zwei bis drei Wochen, bis ich das Geld habe. Wenn mein Antrag abgelehnt wird, muss ich einen Widerspruch schreiben«, sagt sie.»Bei Eltern, die sich nicht mit den Formularen auskennen, die im Internet nicht so fit sind, bleiben die Kinder auf der Strecke.« Weil sie jetzt keine Sozialleistungen mehr erhält, muss Daniela Schmitt alles selbst bezahlen. Das geht ganz schön ins Geld.

Das steckt im Bildungspaket: Die Kosten für Ausflüge und Klassenreisen sollen erstattet werden, aber nicht das Taschengeld bei einer mehrtägigen Fahrt. Für den Sportverein oder die Musikschule gibt es 15 Euro pro Monat, für die Fußballschuhe oder die Leihgebühr für ein Instrument gibt es einen Zuschuss. Die Kosten für die Fahrt mit Bus oder Bahn zur Schule werden übernommen. Für Bücher, Stifte, Sportzeug, Zirkel, Taschenrechner erhält jedes Kind pro Jahr 174 Euro. Auch das Bildungs- und Teilhabepaket ist seit Langem in der Kritik, weil damit bisher nicht erreicht werden konnte, was versprochen wurde: arme Kinder ausreichend zu fördern. Der Paritätische Wohlfahrtsverband hat ausgerechnet, dass nur etwa jedes siebte Kind der Berechtigten vom Bildungspaket profitiert.[31]

Verdeckte Armut: Jedes fünfte Kind ist arm

Weil viel mehr Familien in verdeckter Armut leben und nicht die Leistungen in Anspruch nehmen, die ihnen eigentlich zustünden, ist die Zahl von gut drei Millionen armen Mädchen und Jungen in Deutschland realistisch. Und das ist noch vorsichtig gerechnet, es gibt Schätzungen, die von weit mehr verdeckter Armut ausgehen. Das Bundesfamilienministerium rechnet mit 5,6 Millionen Kindern, Jugendlichen und jungen Erwachsenen (0 bis 25 Jahre). Diese Zahl potenzieller Leistungsempfänger steht im Gesetzentwurf der geplanten Kindergrundsicherung und basiert auf Berechnungen eines Konsortiums rund um das Forschungsinstitut zur Zukunft der Arbeit.[32] Die Kindergrundsicherung sollte ursprünglich dafür sorgen, dass mehr arme Kinder als bisher staatliche Leistungen erhalten. Dazu kommen wir im zweiten Teil des Buches noch ausführlicher.

Klar ist, dass weit mehr Kinder und ihre Eltern Anspruch auf Unterstützung hätten. Die Diskussion um die tatsächliche Anzahl armer Kinder verstellt den Blick, sie wirkt verharmlosend und sogar zynisch – vor allem, wenn sie von Menschen geführt wird, die selbst überhaupt keine Geldsorgen kennen. Denn es sind in jedem Fall zu viele Mädchen und Jungen, die in Deutschland durch Armut in der Familie ausgegrenzt werden.

Weil mehr Menschen eigentlich ein Anrecht auf Unterstützung hätten, da ihr Einkommen nicht das Existenzminimum absichert, wird hier der Definition von der relativen Armut gefolgt. Und weil Menschen, die weniger als 60 Prozent des mittleren Einkommens zur Verfügung haben, nicht nur einem Risiko ausgesetzt sind, arm zu werden, sondern tatsächlich in dem Sinn arm sind, dass sie in vielen Bereichen nicht in der Art und Weise am öffentlichen Leben teilnehmen können wie andere und Kinder sich deshalb nicht so entfalten können wie Gleichaltrige aus besser gestellten Familien, wird auch im Text nicht immer einschränkend von »Armutsrisiko« geschrieben, sondern schlicht und einfach von Armut. Als Gegensatz dazu vereinfache ich teilweise die korrektere Bezeichnung von »finanziell und sozial besser gestellt« in »reich«.

Insgesamt ist der Anteil der Menschen in Armut, und vor allem der Kinder, in den letzten zehn Jahren gestiegen – obwohl in dieser Zeit die Arbeitslosigkeit sank und die Löhne stiegen. Aber das gilt eben nur für einen Teil der Gesellschaft. Nicht nur die Einkommen, sondern auch die Vermögen sind in Deutschland höchst ungleich verteilt. Den reichsten fünf Prozent gehört fast die Hälfte des Gesamtvermögens.[33] Selbst in den Jahren nach der Wiedervereinigung oder der Wirtschaftskrise 2009 waren die Armutsquoten niedriger als heute.[34]

Die meisten Untersuchungen stammen aus der Zeit vor der Coronapandemie und dem Beginn des Ukrainekriegs. Weil sich die wirtschaftliche Lage zwischenzeitlich verschärft hat und die Preise für Lebensmittel, Mieten und Heizen stark gestiegen sind, dürfte die Zahl der Armen – und mit ihnen die Zahl der armen Kinder – wohl kaum drastisch gesunken sein.[35]

Armut klebt wie Kleister. Und Kinderarmut haftet wie Pech. Wer einmal arm ist, bleibt es meist auch – über Generationen hinweg. So lautet das Fazit einer Studie der Bertelsmann Stiftung, bei der die finanzielle Situation von 3 180 Kindern fünf Jahre lang analysiert wurde: Wechsel in andere Einkommenslagen sind selten. Eines von drei Kindern schaffte es, seiner prekären Lage vorübergehend zu entkom-

men. Doch zwei Drittel gelingt das nicht, sie wachsen dauerhaft in Armut auf.[36]
Kindheit und Pubertät sind besonders sensible Phasen im Leben eines jeden. In dieser Zeit werden Fähigkeiten erworben, um als Erwachsener für sich selbst sorgen zu können. Wichtig ist dabei, seine Eltern und sich selbst als handlungsfähig zu erleben. Kinder sind der Armut ausgeliefert, sie können gar nichts aus eigener Kraft an den Umständen ändern, unter denen sie geboren und groß werden. Sie sind schlicht arm, weil ihre Eltern arm sind. Und die soziale Benachteiligung wirkt sich auf ihr gesamtes Leben aus.
Kinder und Jugendliche sollten insgesamt unter dem besonderen Schutz der Gesellschaft stehen. Das tun arme Kinder jedoch nicht. Ihre Bedürfnisse werden zu oft missachtet, sie werden übersehen. Und ihnen bleiben dadurch Chancen verwehrt, die für andere selbstverständlich sind. Armut wächst sich nicht einfach aus und ist vorbei, sobald die Kinder erwachsen sind, sondern sie setzt sich in vielen Fällen fort. »Hartz IV ist ein Teufelskreis«, sagt Aliyah aus Berlin. »Jedes Kind, das so aufwächst, landet da später auch, sagt man.«
Fassen wir diesen komplizierten Teil über die verschiedenen Definitionen und Statistiken von Armut zusammen: Auch in einem reichen Land wie Deutschland gibt es Armut. Oft ist sie verdeckt und nicht auf den ersten Blick erkennbar. Es ist zu kurz gedacht, davon auszugehen, arm zu sein bedeutet, kein eigenes Geld zu verdienen und von sozialen Leistungen wie Bürgergeld zu leben. Es gibt viele Menschen, die trotz Arbeit nicht genug verdienen, um ihre Familie zu ernähren. Armut ist mehr als das Nicht-befriedigen-Können rein materieller Bedürfnisse. Sie wirkt sich auf alle Bereiche des Lebens aus: Gesundheit, Wohnen, Bildung, Freizeit, Aus-

bildung und Job. In Deutschland sind etwa drei Millionen Mädchen und Jungen betroffen – jedes fünfte Kind unter 18 Jahren wächst hier in prekären Verhältnissen auf. Das ist kein neues Phänomen, sondern ein strukturelles Problem. Armut ist nicht nur ein individuelles Schicksal, die Folgen trägt die gesamte Gesellschaft.

Bevor es darum geht, zu verstehen, was es heißt, als armes Kind in Deutschland groß zu werden, soll geklärt werden, welche Kinder besonders gefährdet sind. Denn das Risiko ist je nach Familiensituation höchst unterschiedlich verteilt.

Armutsrisiken: Welche Kinder trifft es besonders?

Mithilfe der Daten des Mikrozensus (MZ-Kern) lässt sich eine Landkarte zeichnen, die veranschaulicht, wo die meisten armen Kinder leben. Die Daten zeigen, dass sich die Lage von Bundesland zu Bundesland sehr unterscheidet. In strukturschwachen Gebieten und Großstädten leben besonders viele arme Kinder, im Osten etwas mehr als im Westen. Die meisten armutsgefährdeten Mädchen und Jungen werden in Bremen groß. Hier gelten 41,1 Prozent aller Kinder und Jugendlichen als armutsgefährdet, in Berlin sind es 23,3 Prozent. Während in Nordrhein-Westfalen fast jedes vierte Kind in Armut aufwächst (24,6 Prozent), sind es in Bayern nur 13,4 Prozent.[37]

Die Familienformen haben sich enorm verändert und werden vielfältiger. Für Kinder besteht vor allem dann ein Risiko, wenn sie nicht in der klassischen (west-)deutschen Familienkonstellation Vater-Mutter-zwei-Kinder groß werden, bei der Papa einen gut bezahlten Vollzeitjob hat und Mama in Teilzeit dazuverdient. Dabei gibt es vier zentrale Risikolagen für Kinder, eine davon macht es schon schwierig – häufig kommen aber gleich mehrere davon zusammen.

Armutsrisiko 1: Allein bei Mama oder Papa

Besonders häufig wachsen Söhne und Töchter von alleinerziehenden Müttern ohne Geld und Möglichkeiten auf. Es gibt natürlich auch alleinerziehende Väter, aber in den allermeisten Fällen bleiben die Kinder bei ihren Müttern. 41,6 Prozent der Alleinerziehenden leben in Armut. Bei keiner anderen Familienform sind die Lebensumstände derart prekär. Das heißt, bei einer Trennung der Eltern ist für Kinder das Risiko sehr hoch, dass ihre wirtschaftliche Lage sich verschlechtert.[38]

Die Gründe dafür sind vielfältig: Die Mutter geht nicht arbeiten, oder vielleicht nur wenige Stunden in Teilzeit, weil sie ihre Kinder zu Hause betreut. Ihr Job reicht nicht, um den Haushalt zu finanzieren. Sie kann keine Früh- oder Spätschichten übernehmen, am Wochenende arbeiten oder auf Dienstreisen gehen – wer sollte sich dann um die Kinder kümmern? Besonders schwierig wird es, wenn eines der Kinder krank wird. Zwei Elternteile können sich da besser absprechen und abwechseln.

Wenn sie nicht Vollzeit arbeitet, reicht der Verdienst einer alleinerziehenden Mutter oft nicht, um die Kosten ihrer Familie zu decken. Das liegt auch daran, dass Frauen in Deutschland nach wie vor weniger verdienen als Männer, selbst bei gleicher Qualifikation. Alleinerziehende Mütter tragen überwiegend die Last von Fürsorge und Versorgung: Sie trösten, helfen, kochen, putzen, waschen und gehen arbeiten, soweit sie können. Armut ist weiblich, denn Frauen sind insgesamt eher armutsgefährdet als Männer. Und für die Töchter von alleinerziehenden Müttern steigt das Risiko, arm zu bleiben, wenn sie selbst früh Mutter werden.

Der Anteil der Familien mit einem Elternteil, die armutsgefährdet sind, ist in Deutschland nicht überall gleich hoch. Die Verteilung folgt dem generellen Muster der Armut: In Bremen sind 54 Prozent aller Alleinerziehenden arm, in Berlin 39,6 Prozent und in Bayern »nur« 31,6 Prozent.[39]

Armutsrisiko 2: Viele Geschwister, viele Kosten, viel Armut

In den meisten Familien in Deutschland wachsen ein bis zwei Kinder auf. Ein Kind großzuziehen, kostet viel Geld, bei Familien mit mehreren Kindern ist es deshalb häufig knapp, und viele leben in sozial schwierigen Verhältnissen. Vor allem, wenn der Vater in einem Bereich arbeitet, in dem die Löhne niedrig sind: als Fernfahrer, Gerüstbauer oder Koch beim Imbiss. Die Statistik zeigt: Je mehr Kinder in der Familie, desto höher das Risiko, arm zu sein. Es steigt bei Familien ab drei Kindern und ist bereits da fast viermal so hoch wie bei Familien mit zwei Kindern (31,6 Prozent zu 8,7 Prozent) – und das im ganzen Bundesgebiet. Auch wenn hier ebenfalls gilt: Bremen hat mit 63,4 Prozent die höchste Armutsquote bei kinderreichen Familien, in Berlin liegt sie bei 33,4 Prozent und in Bayern ist sie mit 22 Prozent am niedrigsten.[40]

Armutsrisiko 3: Wenn Mama kein Abi hat und Papa den Job verliert

Das Bildungsniveau der Eltern entscheidet über die finanzielle Lage der Familie: Je niedriger der Schulabschluss der Eltern, desto höher die Wahrscheinlichkeit, dass ihre Kinder in Armut aufwachsen. So zeigen Statistiken, dass Kinder, deren Eltern einen Haupt- oder Realschulabschluss haben, fünfmal häufiger arm sind als Kinder, deren Eltern einen Meistertitel oder ein abgeschlossenes Studium haben (37,6 Prozent zu 6,7 Prozent).[41]

Eine Studie von Wirtschaftsforschern zeigt darüber hinaus, dass sich die Arbeitslosigkeit von Eltern langfristig negativ auf ihre Kinder auswirkt: Jungen und Mädchen machen seltener (Fach-)Abitur, wenn ein Elternteil von ihnen während der Grundschulzeit den Job verloren hatte. Besonders gravierend waren die Folgen für sie, wenn ihr Vater sein Einkommen verloren hatte. Man braucht nicht viel Fantasie, um sich vorzustellen, wie sehr der Verlust der Arbeit die Stimmung, das Klima und auch das Budget der Familie belasten, vor allem in einer Phase, in der Kinder noch sehr auf ihre Eltern angewiesen sind. So tragen auch sie die Lasten und werden für etwas benachteiligt, für das sie überhaupt nichts können.[42]

Armutsrisiko 4: Familien mit Migrationshintergrund

Kinder mit Migrationshintergrund haben ein mehr als doppelt so hohes Risiko wie Kinder ohne, in prekären Verhältnissen aufzuwachsen. Denn häufig kommen bei ihnen mehrere Risikofaktoren zusammen: niedrige Bildung und schlecht bezahlte Jobs der Eltern sowie große Familien mit vielen Geschwistern.

Der Anteil an Mädchen und Jungen aus Einwandererfamilien in Deutschland wächst. Von den über acht Millionen Familien mit Kindern unter 18 Jahren hat inzwischen mehr

als jede dritte einen Migrationshintergrund (2,8 Millionen Familien). Rund 39 Prozent aller Kinder stammen aus Familien, die nicht aus Deutschland kommen, insgesamt 5,1 Millionen Kinder. Diese Zahlen wurden 2020 vom Bundesfamilienministerium veröffentlicht, in Zukunft dürfte der Anteil von Familien mit Migrationshintergrund in Deutschland deutlich steigen.[43]
Die typische Person mit Migrationshintergrund gibt es nicht. Laut Definition des Statistischen Bundesamts hat eine Person einen Migrationshintergrund, »wenn sie selbst oder mindestens ein Elternteil nicht mit deutscher Staatsangehörigkeit geboren wurde«. Die Umschreibung »Migrationshintergrund« umfasst also nicht nur Menschen, die erst kürzlich nach Deutschland gekommen sind, sondern dazu zählen auch Kinder, deren Großeltern nach Deutschland eingewandert sind. Für viele Eingewanderte der zweiten oder dritten Generation ist Deutschland längst zur Heimat geworden. Sie sind hier geboren, sprechen Deutsch als Muttersprache und besitzen einen deutschen Pass. Die Bezeichnung »Migrationshintergrund« ist unscharf, wird womöglich als Stigmatisierung empfunden. Deshalb hat das Statistische Bundesamt 2021 ein neues Konzept eingeführt: »Eingewanderte und ihre (direkten) Nachkommen«.[44] Bisher hat sich dieser Begriff jedoch im alltäglichen Sprachgebrauch noch nicht durchgesetzt, daher verwende ich die allgemein verständliche und gebräuchliche Umschreibung »Migrationshintergrund«.
Waren es früher, in den 1950er- bis 1970er-Jahren, vor allem die Söhne und Töchter der sogenannten Gastarbeiter, die Sozialhilfe erhielten, wenn sie arm waren, kamen später Kinder aus osteuropäischen Staaten dazu. Seit 2015 sind es vor allem Kinder Geflüchteter aus Syrien, Afghanistan und dem Irak.[45] Und seit dem Angriff Russlands auf die Ukraine

im Februar 2022 sind über eine Million Ukrainerinnen und Ukrainer nach Deutschland geflohen, die hier bislang Anspruch auf Bürgergeld haben (Stand Juni 2024).

Kinder der ersten Generation, also alle, die selbst mit ihren Eltern und Geschwistern nach Deutschland eingewandert sind, leben häufiger in Armut als Kinder von Eltern mit Migrationshintergrund, die bereits in Deutschland geboren wurden. Dabei macht es einen erheblichen Unterschied, wann und aus welchem Herkunftsland eine Familie eingewandert ist. Ohne jetzt zu plakativ zu werden, kann sich jeder vorstellen, dass die Diplomatentochter französischer Eltern auf der Privatschule wahrscheinlich wohlhabender ist als der junge Afghane mit sieben Geschwistern, der in der Vorbereitungsklasse an einer staatlichen Hauptschule sitzt und lernt.

Entscheidend für die Integration und für die wirtschaftliche Perspektive ist vor allem, welchen Bildungsgrad und welche Jobs die Eltern haben und – ganz wichtig! – ob in den Familien Deutsch gesprochen wird. Viele neu eingewanderte Mütter und Väter haben keinen hohen Schulabschluss, sie sind daher nicht gut für den deutschen Arbeitsmarkt qualifiziert und arbeiten im Niedriglohnsektor. Häufig kommen geringe Sprachkenntnisse und ein niedriger Bildungsstand bei den Eltern zusammen.[46]

Neben dem Schulabschluss ist die Familiengröße ein wichtiger Faktor für Armutsgefährdung. Tendenziell haben Kinder mit Migrationshintergrund mehr Geschwister. Mit der Größe der Familien steigt auch die Armutsgefährdung – besonders bei Familien mit ausländischen Wurzeln: Familien mit drei und mehr Kindern sind hier mehr als doppelt so häufig betroffen (49 Prozent) als Familien mit einem Kind (24 Prozent).[47]

Zwar verbessert sich die Lage, je länger ein Kind mit seiner Familie in Deutschland lebt. Trotzdem haben Einwandererfamilien in der Regel ein geringeres Einkommen als Familien ohne Migrationshintergrund. Kinder und Jugendliche mit Migrationshintergrund wachsen daher häufiger in Familien auf, die von staatlicher Unterstützung leben.[48] Das wird eine der zentralen Fragen der Zukunft werden: Wie können die Kinder von Familien mit Migrationshintergrund besser gebildet und integriert werden?

Wie brisant das Thema Migration im Zusammenhang mit Kinderarmut ist, ließ sich im Spätsommer 2023 beobachten. Vorausgegangen war ein monatelanger öffentlicher Streit zwischen Finanzminister Christian Lindner (FDP) und Bundesfamilienministerin Lisa Paus (Grüne) um die Finanzierung der geplanten Kindergrundsicherung. Christian Lindner provozierte beim Tag der offenen Tür der Bundesregierung im August mit der Aussage, Kinderarmut sei vor allem das Problem von neu zugewanderten Familien, die seit 2015 nach Deutschland gekommen seien. Lindner sagte: »In Deutschland ist die Kinderarmut deutlich zurückgegangen – ganz, ganz deutlich spürbar zurückgegangen. Bei den ursprünglich deutschen Familien, die schon länger hier sind.« Es gebe einen »klaren statistischen Zusammenhang zwischen Zuwanderung und Kinderarmut«.[49] Lindner forderte, mehr in die Sprachförderung und Integration der Eltern auf dem Arbeitsmarkt sowie in Kitas und Schulen zu investieren. Was ist dran an diesem Argument? Hat Lindner recht?

Richtig ist, dass der Anteil an Kindern mit ausländischen Wurzeln, die Bürgergeld erhalten, gestiegen ist. Im Dezember 2010 erhielten rund 1,37 Millionen Kinder mit deutschem Pass Hartz IV (heute Bürgergeld) und 305 000 Kinder, deren Familien eingewandert sind. Im Dezember 2022 bekamen 895 000 deutsche Kinder Bürgergeld und 884 000 Mädchen und Jungen mit Migrationshintergrund. Diese Zahlen gehen aus der Antwort der Bundesagentur für Arbeit (BA) auf eine sogenannte Kleine Anfrage der AfD hervor. Das Verhältnis hat sich deutlich verschoben, denn in den letzten Jahren sind viele Menschen, darunter auch Kinder, nach Deutschland geflüchtet. Nach Berechnungen der BA erhielten im März 2023 als größte Gruppe rund 275 500 ukrainische Kinder und Jugendliche Bürgergeld. Die mit Abstand zweitgrößte Gruppe waren Mädchen und Jungen aus Syrien.[50]

Richtig ist sicher auch, dass Zugewanderte besser integriert und schneller in den Arbeitsmarkt gebracht werden könnten. Dazu brauchen sie Bildungsangebote und gute Sprachkenntnisse. Denn wenn die Eltern Jobs haben und genügend Geld verdienen, müssen ihre Kinder nicht in Armut aufwachsen. Und die Kinder brauchen bessere Bildungschancen. Doch die Forderungen von Christian Lindner werden allein nicht reichen, um das komplexe Problem struktureller Kinderarmut zu lösen. Denn bis Gesetze und der Arbeitsmarkt reformiert sind und die Erwachsenen entsprechende Jobs haben, dauert es Jahre. Kitas und Schulen sind bisher nicht in der Lage, die Benachteiligung durch Armut auszugleichen. Dagegen hätte die Politik längst etwas tun können – und müssen.

Bleiben wir zunächst bei der Frage: Hängen Migration und Kinderarmut zusammen? Schaut man auf die Zahlen, hat Christian Lindner offenbar recht. Der Anteil der deutschen Kinder, die Bürgergeld (vormals Hartz IV) erhalten, ist gesunken. Das geht aus der offiziellen Statistik hervor. Auch wenn er laut Berechnungen der BA inzwischen wieder gestiegen ist und im März 2023 bei 1,02 Millionen lag. Aber vielleicht ist die Rechnung ja gar nicht so einfach – wie so vieles in der Diskussion um Kinderarmut.

Armut ist relativ zum Einkommen vom Rest der Bevölkerung. Der Ökonom Marcel Fratzscher, Präsident des Deutschen Instituts für Wirtschaftsforschung (DIW), betont, es sei ein Mythos, dass Migration und Zuwanderung für den Anstieg von Kinderarmut verantwortlich seien.[51] Das mittlere Einkommen ist gesunken, weil seit 2015 viele noch ärmere Menschen hinzugekommen seien, argumentiert Fratzscher in seinem Blog und diversen Artikeln. Deshalb hat sich die Armutsgrenze (60 Prozent des Medians) nach unten verschoben. Dadurch sind einige deutsche Kinder mit ihren Eltern über die Medianmarke nach oben gerutscht und gelten statistisch nicht mehr als arm – ohne dass sich ihr Lebensstandard deshalb verbessert hätte. In einem Gastbeitrag für den *Spiegel* schreibt der Professor für Makroökonomie: »Wir machen es uns zu einfach, wenn wir glauben, dass es deutschen Familien, die aus statistischen Gründen durch die Zuwanderung aus der Armutsdefinition herausgerutscht sind, heute besser geht. In anderen Worten: Ohne Migration wäre die Kinderarmut bei deutschen Familien nicht so deutlich gesunken.«[52]

Bei der Debatte wird also übergangen, dass die Zahl der Kinder in Armut in Wahrheit eben nicht abnimmt. Es ist zynisch, wenn es wichtiger scheint, welchen Pass Mädchen oder Jungen haben, die hierzulande in prekären Verhältnissen aufwachsen, ob sie einen Migrationshintergrund haben oder nicht, statt generell darüber nachzudenken, wie strukturelle Kinderarmut in Deutschland bekämpft werden könnte. Neue Ansätze lieferte die Diskussion dazu nicht. Zum einen sind Mädchen und Jungen mit Migrationshintergrund, die hier leben, ganz sicher keine Menschen zweiter Klasse. Ihr Wohlergehen sollte so wichtig und auch so viel wert sein wie das eines jeden anderen Kindes. Zum anderen wird es für die Gesellschaft teuer, die Potenziale dieser Kinder nicht zu nutzen.

Ob es die Absicht des Finanzministers war, zu suggerieren, Kinderarmut sei eigentlich nur ein von Zugewanderten verursachtes Problem, lässt sich hier nicht klären. Schwer vorstellbar, dass ein erfahrener Politiker wie Lindner einfach nur ungeschickt formuliert haben könnte. Auf jeden Fall sind solche Mutmaßungen Wasser auf die Mühlen von Rechtspopulisten. Die AfD hat wohl auch nicht ohne Grund ihre Kleine Anfrage im Bundestag gestellt. Schnell waren sich dann auch Teile der Bevölkerung einig, dass die hohen deutschen Sozialleistungen Geflüchtete verleiten würden, nach Deutschland zu kommen, und daher reduziert oder ganz gestrichen werden müssten. Dass nicht alle Geflüchteten automatisch in Deutschland Anspruch auf Bürgergeld haben, sondern nur die Kriegsflüchtlinge aus der Ukraine, und dass die Sozialleistungen für Asylbewerber aus den übrigen Ländern der Welt niedriger sind, sei hier nur am Rande erwähnt.

Lindner hat also statistisch gesehen recht, schaut man allein auf die Zahlen der Bezieher von Bürgergeld. Der Anteil der Kinder, die in verdeckter Armut leben, ist aber wesentlich höher, wie wir auf den Seiten zuvor gesehen haben. Davon geht auch die Bundesregierung aus, der Finanzminister Lindner selbst angehört. Und sein Lösungsansatz klingt plakativ, greift aber zu kurz. Diese Debatte zeigt, wie aufgeladen das Thema Kinderarmut ist, wie mit Statistiken Stimmung und Politik gemacht werden – und wie wichtig es ist, die Hintergründe zu verstehen, um sachlich mitdiskutieren zu können.

Und raus bist du! Was es bedeutet, in Deutschland in Armut groß zu werden

Kein Geld im Portemonnaie

Bisher ging es viel um Einkommensgrenzen und Statistiken. Doch die sagen wenig darüber aus, was es bedeutet, in Armut groß zu werden. Wie sich das anfühlt und was es mit einem Kind macht, wenn es sich kurz vor dem Ausflug mit der Klasse krankmeldet, weil das Geld für den Kletterpark fehlt und es viel zu peinlich wäre, das offen zuzugeben. Hinter all den Zahlen stecken Schicksale.

Ihre Armut sieht man den Kindern nicht sofort an. Die meisten tragen Klamotten und Turnschuhe von angesagten Sportmarken. Denn sie wissen, bei welchen Kleiderkammern sie abgelegte T-Shirts, Schuhe und Hosen umsonst oder günstiger bekommen können. Geld für neue, angesagte Hoodies oder Sneaker haben die meisten Mädchen und Jungen nicht.

Bernd Siggelkow, der Gründer der Arche, beobachtet, dass sich die Mädchen und Jungen, denen er begegnet, schon sehr früh keine Spielsachen mehr wünschen, sondern Markenkleidung oder ein Handy. »Das macht etwas mit den Kindern, sie sind nicht mehr Kinder, sie hören früher auf zu spielen als andere.« Im Alter von acht Jahren entwickeln Kinder ein komplexeres Verständnis von Geld und damit ein Verständnis und Gefühl dafür, ob sie arm sind. Sie beobachten:

Was kann sich meine Familie leisten? Wofür geben wir Geld aus? Und wie viel haben andere?[53]

Gerade weil das Geld knapp ist, spielt es im Alltag eine große Rolle: Ständig müssen betroffene Mädchen und Jungen auf den Preis achten und überlegen, wo es etwas günstiger gibt. Selten werden ihre Wünsche einfach mal so erfüllt, ständig heißt es: »Nein, das geht nicht, das ist zu teuer!« Viele ihrer Träume platzen frühzeitig. Dennoch versuchen arme Familien beim Konsum mitzuhalten, erkaufen sich soziales Prestige – selbst wenn sie sich das eigentlich gar nicht leisten können. Teilweise überkompensieren Eltern die Wünsche ihrer Kinder dann, wenn mal Geld auf dem Konto ist, manche nehmen dafür sogar einen Kredit auf. So kann es vorkommen, dass es in einem armen Haushalt kaum Möbel, aber einen großen Flachbildschirm gibt, Kinder teure Spielkonsolen haben und das neueste Smartphone, aber keine passende Winterkleidung.[54]

Die Kinder erleben, dass ihre Eltern und sie selbst vom Jugendamt und vom Jobcenter abhängig sind. Andere entscheiden, was ihnen zusteht, wie viel sie ausgeben können – nicht ihre Eltern. In einer Gesellschaft, die persönlichen Erfolg und maximale Selbstverwirklichung als oberste Ziele setzt, wirken solche Väter und Mütter eher schwach und können nur schwer als Vorbild dienen.

Armut und Arbeitslosigkeit belasten das Klima in den Familien – und damit auch die Kinder. Das heißt nicht, dass arme Eltern liebloser mit ihren Kindern umgehen als reiche. Die allermeisten bemühen sich so gut, wie sie eben können, wie alle Väter und Mütter. Im besten Fall schaffen sie einen Raum voller Liebe, Geborgenheit und Sicherheit. Gerade in den ersten Jahren ist dieser Schutz wichtig für ein gutes Aufwachsen. Wenn dieser schützende Raum Risse bekommt, kann das zu erheblicher emotionaler Unsicherheit führen. Die Resilienzforschung zeigt, dass die Erfahrung von Armut und Ausgrenzung in frühen Jahren das Erlernen wichtiger Kompetenzen behindern kann. Aber teilweise sind arme Eltern mit ihrer Situation und der Verantwortung für ihre Kinder schlicht überfordert. In armen Familien gibt es deshalb häufiger Streit, das weiß man aus der Forschung. Viele arme Mütter und Väter kämpfen selbst mit psychischen Problemen, sind erschöpft und überlastet durch frühe Schwangerschaften oder Arbeitslosigkeit. Und arme Familien haben weniger Möglichkeiten, gemeinsam schöne Dinge zu erleben, beispielsweise einen Ausflug zu machen oder in den Urlaub zu fahren. Je länger die Armut dauert, desto mehr steigt der Druck auf arme Familien. Mädchen und Jungen aus armen Familien haben es schwerer, eine eigene Identität als autonome Persönlichkeit zu entwickeln, weil sie mit dem Gefühl aufwachsen, ein Leben in Abhängigkeit, Armut und Ausgrenzung sei normal.[55]

Arme Kinder wachsen deshalb oft weniger behütet auf als finanziell besser gestellte. Sie müssen früher selbstständig werden und Verantwortung übernehmen, auch für ihre Eltern. Viele arme Kinder versuchen, sich einzuschränken, sie wollen ihren Eltern nicht zur Last fallen. Teilweise drehen sich Rollen um, weil ältere auf ihre jüngeren Geschwister aufpassen, den Haushalt organisieren müssen, mit den Ämtern verhandeln, wenn es Probleme mit der Sprache gibt, oder sie haben bereits kleine Jobs, um sich Geld dazuzuverdienen, weil sie kein regelmäßiges Taschengeld bekommen.[56] So wie Cleo, die mit 14 anfing zu arbeiten und früh lernen musste, sich selbst zu versorgen.

»Ich kann mich an keine Sekunde in meinem Leben erinnern, in der ich nicht wusste, dass wir kein Geld haben«, Cleo, 25.

»Ich bin mit einer alleinerziehenden Mutter aufgewachsen. Ich habe einen post-migrantischen Hintergrund: Mein Vater stammt aus Nigeria, meine Mutter ist deutsch. Ich habe drei ältere und vier jüngere Halbgeschwister. Meine älteren Geschwister haben einen Weißen Hintergrund, die sind alle erheblich älter als ich, meine jüngeren Halbgeschwister sind komplett Schwarz. Wenn ich das erzähle, erlebe ich häufig Reaktionen wie: ›Krass, so viele?‹ Teilweise kommen auch dumme, rassistische Kommentare.

Die meiste Zeit habe ich allein mit meiner Mutter gelebt. Sie hat eine Umschulung zur Berufskraftfahrerin gemacht und im Schichtdienst gearbeitet, bis sie das wegen einer psychischen Erkrankung nicht mehr konnte. Wir haben dann Hartz IV beantragt. Davon haben wir ein bis zwei Jahre gelebt, bis ihre Rente zur Berufsunfähigkeit genehmigt wurde. Ab dem Zeitpunkt haben wir dann von Rente, Unterhalt von meinem Vater und Kindergeld gelebt.

Ich kann mich an keine Sekunde in meinem Leben erinnern, in der ich nicht wusste, dass wir kein Geld haben. Ich habe es daran gemerkt, dass uns ganz häufig Telefon, Fernseher und das Internet abgestellt wurden. Oder wenn ich einkaufen gehen musste, weil sie das nicht konnte, hat meine Mutter mir immer die Marke aufgeschrieben und wie teuer das Produkt sein darf. Ich erinnere mich an unzählige Male, als ich bei Aldi an der Kasse nicht genug Geld hatte. Dann musste ich entweder etwas zurücklegen, oder irgendwelche Leute haben für mich die Sachen mitbezahlt. Das war mir sehr unangenehm.

Bei uns gab es nur zu Weihnachten und zum Geburtstag Geschenke, andere Kinder haben auch mal zwischendurch was bekommen, zu Ostern oder so. Ich nicht. Es hieß immer: Dafür haben wir kein Geld. Ich habe sehr lange die abgelegten Klamotten von meiner Cousine getragen. Ich weiß noch, dass viele es komisch fanden, gebrauchte Schuhe zu haben. Secondhand war damals noch nicht cool. Sehr oft haben meine älteren Geschwister für mich mitbezahlt, mal ein Oberteil, eine Hose oder etwas zu essen. Meine große Schwester hat mir meinen Schulrucksack spendiert.

Ich bin auf dem Land groß geworden, da hatten alle ein Haus und große Gärten. Wir hatten nur eine Wohnung. Ich habe nur meine allerbeste Freundin mit nach Hause genommen. Ich konnte keine Bonbons anbieten wie andere. Das war mir unangenehm, als Kind will man einfach nur so sein wie alle. Bei uns gab es viel aus der Fritteuse, ich habe früh angefangen zu kochen, weil meine Mutter das nicht gemacht hat. Oft habe ich Rührei mit Brot gemacht. Und wenn wir nichts mehr hatten, dann gab es eben drei Tage Tütensuppe.

Einmal hatten mir meine Schwester und mein Schwager eine Tasche von Adidas gekauft. Alle meine Freundinnen haben mich aufgezogen: ›Die ist doch fake aus der Türkei‹, weil ich viele nachgemachte Sachen hatte und kein Original. Wir haben ein paarmal Urlaub in der Türkei gemacht, das war eigentlich zu teuer für uns. Aber meine Mutter hat bei vielen Menschen Schulden gemacht, damit ich auch mal etwas Schönes erlebe. Mit 14 habe ich angefangen, im Altenheim zu arbeiten, als Sonntagshilfe für vier Euro die Stunde, dann in der Eisdiele, später in der Gastronomie. Seitdem verdiene ich eigenes Geld.«

Wenn das kulturelle und das soziale Kapital fehlen

Das kulturelle Kapital, wie es der französische Soziologe Pierre Bourdieu beschrieben hat, also zum Beispiel die Fähigkeit, Geige zu spielen oder die Anzahl der Bücher zu Hause im Regal, fällt bei armen Kindern oft geringer aus als bei privilegierten. Denn arme Eltern können ihre Söhne und Töchter weniger unterstützen und fördern. Anders dagegen die Eltern aus der Mittelschicht: Sie sorgen dafür, dass ihre Kinder alle Möglichkeiten erhalten, und nehmen Rücksicht auf ihre Bedürfnisse. Sie bringen ihre Kleinen zum Malkurs, gehen mit ihnen zum Kinderturnen und zum Schwimmkurs, organisieren Besuche bei Freunden.

Auch das soziale Kapital ist in armen Familien laut Bourdieu geringer. Denn sie haben in der Regel ein kleineres soziales Netzwerk, das sie im Alltag und bei wichtigen Entscheidungen unterstützen kann. Sie verfügen oftmals über weniger »Vitamin B« – Beziehungen, die ihnen weiterhelfen: Zugänge zu Informationen, andere Erwachsene in wichtigen Positionen, wie der Anwalt im Bekanntenkreis, der kostenlos einen Rat gibt, ein Freund in einer einflussreichen Position, der einen Job vermitteln kann, oder eine Ärztin, die Termine bei einem Kollegen besorgt. Forschungen zeigen außerdem, dass arme Kinder weniger Freunde haben.[57]

Kinder aus sozial benachteiligten Familien werden oft ausgegrenzt, gehänselt, und sie erleben häufiger Gewalt. Sie fühlen sich in der Gesellschaft unsicher, weniger akzeptiert und wahrgenommen. Sie haben den Eindruck, eine niedrige Position zu haben, nicht wirklich dazuzugehören und denken, dass sie daran nichts ändern können.[58] »Ich hatte ganz klar das Gefühl, weniger wert zu sein als die Kinder aus ›besseren‹ Familien. Es stimmt einfach nicht, dass Kinder so etwas nicht merken und sich ganz unbeschwert mit allen Lebenssituationen arrangieren«, schreibt Jeremias Thiel.[59]

Wie kann man ernsthaft von jungen Menschen erwarten, dass sie es allein schaffen, aus der Armut zu kommen, wenn sie mit der Überzeugung groß werden: Ich stehe unten auf der sozialen Leiter, ich habe keine Chance, hinaufzuklettern und mein Leben so zu führen, wie ich es auf YouTube oder im Fernsehen sehe. Vielleicht erklärt das auch, warum arme Jugendliche selten im Chor singen oder bei der Schülerzeitung arbeiten: Sie trauen sich nicht, sich zu zeigen. Sie fühlen sich nicht ermutigt mitzumachen.

Vieles, was zu einer normalen Kindheit gehört, bleibt für arme Mädchen und Jungen unerreichbar. Sie können ihre Persönlichkeit nicht so entfalten wie Gleichaltrige aus privilegierteren Familien. Und das hat weitreichende Folgen für sie. Wer zum Beispiel nicht weiß, wie er sich bei einem Besuch in einem Restaurant verhalten soll, weil er mit seinen Eltern noch nie Essen gegangen ist, sondern höchstens mal bei McDonalds war, dem fehlen wichtige soziale Kompetenzen. Das klingt banal oder gar abstrus? Ist es aber nicht. Denn es fängt damit an, dass man sich bei den Erwachsenen abguckt, wie man die Karte im Restaurant liest und bei der Bedienung bestellt, und hört damit auf, selbstverständlich das Besteck in der richtigen Reihenfolge zu benutzen oder die Unterschiede bei der Wahl der Gläser zu kennen. Der Restaurantbesuch ist nur ein Beispiel. Auch im Theater, im Konzert oder auch im Stadion bei einem Fußballspiel lernt man wichtige Spielregeln für den Umgang in der Gesellschaft.

Das alles und noch viele andere Dinge, die jemandem, der privilegiert aufwächst, gar nicht weiter auffallen, machen den sozialen Habitus aus: Zu wissen, wie man sich in bestimmten Situationen bewegt und spricht, wie man sich angemessen verhält, oder wie man sich kleidet. Das lernt man in keinem Unterrichtsfach, es ist aber wichtig für die Art, wie man von anderen wahrgenommen wird, zunächst in der Schule, später in der Ausbildung oder an der Universität. Denn dieses Auftreten, der soziale Habitus, ist gewissermaßen die Eintrittskarte zum Erfolg. Schwierig wird es, wenn man als Kind entsprechende Erfahrungen nicht machen konnte. Soziale Aufsteiger berichten immer wieder davon, wie unwohl sie sich fühlen, weil ihnen in anderen, den sogenannten besseren Kreisen bewusst wird, dass sie manche ungeschriebenen Regeln nicht kennen, deshalb in Fettnäpfchen treten und anecken. Ihnen wird ständig vor Augen geführt: Du gehörst nicht dazu.

Armut äußert sich nicht überall gleich. Nicht alle armen Kinder wachsen bei ihren Müttern auf, ohne Kontakt zu ihrem Vater, haben schlechte Noten im Zeugnis und wenige Freunde, rauchen früh ihre erste Zigarette, müssen ihr Zimmer mit dem Bruder oder der Schwester teilen, bekommen kein Taschengeld, hängen stundenlang vor dem Rechner oder dem Fernseher und lesen nie ein Buch. Dennoch gelten diese Verhaltensmuster und Einschränkungen als typisch für arme Kinder – und eher selten bei reichen Kindern. Das zeigen zahlreiche Studien.[60]

»Die Sogwirkung von Armut ist groß für alle Lebensbereiche«, sagt der Soziologe Aladin El-Mafaalani mir im Gespräch. »Armut entscheidet über Erfolg oder nicht im Leben. Armut wirkt wie eine Potenz, sie macht alles noch schlimmer: arm und krank, oder arm und Migrationshintergrund. Armut sorgt dafür, dass die Diskriminierung dauerhaft bleibt und zu Resignation führt.« In seinem Buch *Mythos Bildung* beschreibt er, wie arme Kinder zu »Insolvenzverwaltern« ihres Alltags werden: Sie haben zu wenig Geld, zu wenig

Anerkennung, zu wenig Möglichkeiten bei der Gestaltung ihrer Freizeit und zu wenig Perspektiven. Sie entwickeln daher eine Mentalität, um mit diesem Mangel klarzukommen: Sie suchen kurzfristige Lösungen, vermeiden Risiken, passen sich an, sie brauchen Klarheit und Übersichtlichkeit. Ganz anders dagegen verhalten sich Kinder, für die alles im Überfluss vorhanden ist. Sie werden mit dem Luxus groß, zwischen Alternativen wählen zu dürfen und langfristig persönliche Ziele verfolgen zu können.[61] Wissenschaftler sind sich heute einig: Armut zählt zu den großen Risikofaktoren für die Entwicklung eines Kindes – und auch für seine Zukunft.[62] Je länger ein Kind in Armut leben muss, desto mehr sinkt seine Lebenszufriedenheit. Und desto schwieriger wird es, sich aus der Armut zu befreien.

»Ich liebe meine Mama, aber so wie sie will ich nicht leben«, Aliyah, 21.
Aliyah wächst mit zwei Schwestern im Plattenbau im Osten von Berlin auf. Sie ist die Mittlere. Der Vater hat die Familie früh verlassen, die Mutter zieht die drei Mädchen überwiegend allein groß. Liebevoll, wie Aliyah betont. »Ich war nie emotional arm. Meine Mutter hat uns immer Liebe gegeben, auch wenn es materiell schwierig war.« Aliyah denkt lange nach, bevor sie antwortet, aber dann erzählt sie mit Nachdruck: »Man bemerkt erstmals, dass man arm ist, wenn man in die Schule kommt. Man merkt es am Auftreten der anderen Kinder und ihren Eltern. Wie sie reden und sich verhalten. Viele Kinder hatten ordentliche Klamotten und schicke Schuhe, man hat gesehen, die Eltern gehen mit ihnen einkaufen. Meine Mutter konnte das nicht. Ich wurde in der Grundschule deshalb oft ausgegrenzt. Die anderen hatten so coole Mappen, Ranzen mit Rollen wie Koffer und so

Brotdosen, mit zwei belegten Sandwiches und kleinen Extras. Ich hatte immer nur eine einfache Stulle in Alufolie, kein Babybel. Wir haben natürlich gemerkt, wenn das Geld knapp wurde: Am Anfang des Monats war der Kühlschrank voll mit leckeren Sachen. Ab Mitte des Monats wurde er dann immer leerer. Ich fand es komisch, dass wir nicht den ganzen Monat einen vollen Kühlschrank hatten.

Mit sechs Jahren bin ich zum ersten Mal zur Arche gegangen. Ich habe mich damals gar nicht getraut zu sagen, dass ich dahin gehe, weil viele damit Armut verbunden haben: ›Wie, du gehst in die Arche? Da gehen doch nur Arme hin‹, hieß es. Als Kind verletzt das einen.

Durch einen Bericht in der Zeitung über die Arche wurde jemand auf uns aufmerksam. In der siebten Klasse, als ich zwölf wurde, hat jemand meiner Familie Geld gegeben. Bis heute weiß ich nicht, wer uns das Geld gegeben hat. Ich wollte das eigentlich nicht, es fühlte sich falsch an. Es war so ungewohnt, sich einfach kaufen zu können, was man möchte. Aber ich erinnere mich noch genau, als ich das erste Mal losging. Ich wollte nicht irgendwas holen. Damals gab es so Lippenstifte mit Geschmack, Erdbeere und so. Die habe ich genommen. Zu Hause war das eine riesengroße Enttäuschung. Mama war sauer, weil ich nichts Ordentliches geholt hatte. Ich habe mein Aussehen verändert und gemerkt: Krass, wenn man neue Klamotten trägt, die gerade im Trend sind, dann werden die anderen auf dich aufmerksam. Ich habe mich zum ersten Mal dazugehörig gefühlt. Es ist schon ein bisschen traurig, dass man sein Aussehen ändern muss, damit man dazugehört.

Mir war es peinlich, Kinder in meine Wohnung zu lassen. Überall stand etwas rum oder war kaputt. Wenn die Wohnung nicht schön ist, fühlt man sich unwohl. Deswegen habe ich Geburtstage nie bei mir gefeiert, sondern eher draußen. Ich habe,

bis ich ausgezogen bin, keine Freunde zu mir gelassen, nur in ganz seltenen Fällen, solche, die wussten, wie ich lebe.
 Einige meiner Freunde konnten sich mehr leisten. Wenn die in der Freizeit losziehen wollten, musste ich manchmal sagen: ›Ich kann das jetzt nicht. Ich habe kein Geld fürs Freibad oder fürs Kino.‹ Sicher war das schon manchmal doof. Manche lügen deshalb, aber ich habe eigentlich immer die Wahrheit gesagt. Man kann die Traurigkeit dahinter auch nicht immer verstecken. Das konnte ich nie, glaube ich.
 Mama hat oft geweint, als Kind habe ich das nicht so gemerkt, aber dann später, als ich älter wurde, weil das Geld fehlte, sie so eingeschränkt war durch ihre Krankheit Epilepsie. Sie hat früh Kinder bekommen, wurde vom Mann verlassen, war immer krank. Für sie ist es einfach doof gelaufen. Damals habe ich mir vorgenommen: Ich will so früh wie möglich ausziehen, damit ich nicht in Hartz IV reinfalle. Ich liebe meine Mama, und es tut mir leid, wie schwer sie es hatte. Aber so wie sie will ich nicht leben: Immer aufs Geld achten, die Probleme, die schlechte Laune dahinter. Ich möchte auch mal in den Urlaub fahren, spontan ins Kino gehen.«

Jeder braucht ein schönes Zuhause – und einen Schreibtisch

Es ist ein Privileg, eine schöne Wohnung zu haben oder in einem Haus zu leben – ein Zuhause, das man so einrichtet, wie man es möchte, und in dem man sich sicher fühlt. Ja, überhaupt entscheiden zu können, in welchen Stadtteil man zieht, wie viel Platz man sich leisten kann. Bei Sozialhilfeempfängern entscheidet das Jobcenter, wie viel Wohnraum einer Familie zusteht und ob die Miete angemessen ist. Bei

Bürgergeldempfängern darf die Wohnung für eine Person bis zu 50 Quadratmeter groß sein, für jede weitere Person darf die Wohnung 15 Quadratmeter größer werden. Eine vierköpfige Familie darf bis zu 85 Quadratmeter haben.[63]

In Armut aufzuwachsen bedeutet: In den weniger angesagten Vierteln zu wohnen, an Durchfahrtstraßen mit viel Verkehr, Lärm und schlechter Luftqualität, in engen und lauten Wohnungen. Manche haben Schimmel an der Wand, vielfach sind Möbel alt, teilweise fehlen sie ganz. Viele arme Eltern haben nicht genug Geld, um das kaputte Sofa zu ersetzen, teilweise gibt es kein Bettgestell und Lattenrost, die Matratze liegt einfach auf dem Boden.

Wohnen wird immer teurer. Arme Menschen müssen im Verhältnis viel mehr von ihrem Geld für die Miete ausgeben als Menschen aus der Mittelschicht. Das geht bei einigen Familien so weit, dass sich die Eltern Sorgen machen, ob sie die Miete überhaupt noch zahlen können, oder ob sie womöglich die Wohnung verlieren. Bereits im Herbst 2022 erzählte mir Arche-Gründer Bernd Siggelkow, unter den Eltern, die sich an die Arche wenden, seien auch viele alleinerziehende Mütter, die Angst vor Obdachlosigkeit hätten, weil sie sich eine Nachzahlung oder höhere Nebenkosten nicht leisten könnten. »Viele Eltern haben schon mal wegen Mietschulden ihre Wohnung verloren«, sagte Bernd Siggelkow mir damals. Den Kindern drohe dann das Heim, das sei ein häufiges Thema in diesen Familien.

Viele haben zu Hause kaum Platz für sich und wenig Privatsphäre, die für privilegiertere Gleichaltrige selbstverständlich ist. Denn arme Kinder müssen sich häufig ein Zimmer mit dem Bruder oder der Schwester teilen. Ihnen fehlt ein Raum nur für sich, den sie ganz nach ihren Bedürfnissen und ihrem Geschmack einrichten können, um sich zurückzuziehen, Freunde einzuladen oder in Ruhe zu spielen, zu lesen oder zu lernen.

Der zwölfjährige Hassan hat zwei Schwestern, sieben und 17 Jahre alt, und einen kleinen einjährigen Bruder. Die Familie lebt in einer Dreizimmerwohnung. Als ich Hassan vor zwei Jahren kennenlerne, teilt er sich ein Zimmer mit seinen beiden Schwestern. Begeistert wirkt er darüber nicht. Inzwischen schläft Hassan meist im Wohnzimmer, am Wochenende übernachtet er häufig in der Moschee. »Egal, wo man schläft, Hauptsache man schläft«, sagt er. Die drei älteren Geschwister teilen sich einen Schreibtisch. »Man braucht ja auch nicht mehrere. Wenn schon, dann für die Eltern«, sagt Hassan.

So wie Hassan besitzen viele arme Kinder keinen eigenen Schreibtisch und auch keinen passenden Stuhl dazu. Das macht doch nichts, könnte man hier einwenden, lernen kann man schließlich auch am Küchentisch. Aber so einfach ist es nicht. Denn für die Schule brauchen Kinder und Jugendliche heute einen Computer oder Laptop mit Internetanschluss, dazu Monitor und Drucker. Viele Schulen verlangen auch Tablets. Die haben aber nicht alle Schülerinnen und Schüler, weil sich nicht alle Eltern dieses technische Equipment leisten können. Hassans Familie besitzt zum Beispiel keinen Computer, sondern erst seit Kurzem ein Tablet. Den Kindern und Jugendlichen fehlen damit wichtige Voraussetzungen, um Hausarbeiten zu erledigen, Referate vorzubereiten oder sich schlicht zu informieren, wenn sich etwas im Stundenplan ändert. Damit sind arme Kinder bereits im normalen Schulalltag benachteiligt.

Richtig deutlich wurden diese sozialen Unterschiede während der Coronapandemie. Als die Schüler und Schülerinnen von einem Tag auf den anderen nach Hause geschickt wurden und während der Schulschließungen 2020 und 2021 wochenlang allein zu Hause lernen sollten, hatten viele Kinder aus armen Verhältnissen dafür gar nicht die Möglichkeiten. Öffentlich wurde das jedoch überhaupt nicht thematisiert. Offenbar kam es keinem der verantwortlichen Politiker überhaupt in den Sinn. Die sozial schwachen Kinder wurden einfach übersehen. Erst nach Ende der dreijährigen Ausnahmesituation dämmerte es Verantwortlichen, dass vor allem Kinder die Leidtragenden waren. Dabei sind die Studien über Armut nicht neu. Aber es fehlt am Bewusstsein.

Als im März 2020 die Schulen dichtmachten, wurde einfach stillschweigend davon ausgegangen, dass zu Hause ein Elternteil für das Kind sorgt, ihm die Aufgaben ausdruckt, die von der Lehrkraft per Mail verschickt wurden, und es dann bei den Schularbeiten unterstützt. Dass jede Schülerin und jeder Schüler einen geschützten Platz zum Lernen hat – so wie das in vielen Mittelschichtsfamilien auch der Fall ist, aber eben nicht bei armen Familien.

Sicher war diese Zeit für alle Eltern mit Schulkindern anstrengend und auch belastend. Aber eine Controllerin oder ein Werbetexter können ihren Job von zu Hause aus erledigen. Eine Kassiererin muss aus dem Haus gehen, um im Supermarkt zu arbeiten, ebenso können ein Busfahrer oder eine Putzfrau nicht im Wohnzimmer ihren Beruf ausüben. Ihnen bleibt keine Wahl. Sehr viele Menschen am unteren Rand der Gesellschaft mit Niedriglohnjobs und in engen Wohnungen konnten nicht im Homeoffice arbeiten. Sie konnten sich deshalb auch schlechter vor dem Virus schützen und sind häufiger und schwerer an Corona erkrankt.[64]

Kinder aus der Mittelschicht wurden während der Schulschließungen zu Hause in der Regel gut versorgt. Ihre Väter und Mütter haben häufig Abitur, viele ein Studium. Sie können daher leichter die Vergangenheitsform in Englisch abfragen, den Ablauf des Zitronensäurezyklus in Biologie erklären oder beim Referat über Schillers *Die Räuber* helfen, mit dem man seine Deutschnote noch etwas verbessern kann. Viele arme Kinder hatten im Lockdown nur ihr Smartphone, sie bekamen keine Unterstützung. Wenn sich nicht einzelne Lehrer und Lehrerinnen um sie gekümmert haben, ihnen die Aufgaben nach Hause gebracht und dabei vielleicht auch gefragt haben, wie es ihnen geht, wurden sie im Lernstoff abgehängt. Diese Zeit lässt sich nicht nachholen. Die ist weg. Gerade die Bildungsbiografien von armen Kindern haben während der Coronapandemie einen Knacks bekommen.

Das Beispiel vom nicht vorhandenen Schreibtisch und Computer illustriert, welche Auswirkungen es hat, wenn Dinge fehlen, die selbstverständlich zur Grundausstattung eines Kinderzimmers in einem durchschnittlichen deutschen Haushalt im 21. Jahrhundert gehören, und wie wenig es ein kollektives Bewusstsein dafür gibt, wie sich Armut auswirken kann. Wenn sich mehr Menschen eine Wohnung teilen müssen, die weniger Zimmer als Bewohner hat, in der Möbel und Rückzugsräume fehlen, führt die Enge häufiger zu Stress und Streit. Besonders wenn alle wochenlang zusammenbleiben müssen, die Wohnung in der Hochhaussiedlung aber keinen Garten hat, sondern höchstens einen Balkon. So wie während der Coronapandemie, als die Kinder nicht raus durften auf den Spielplatz. Für viele arme Familien war diese Zeit belastender als für wohlhabende.

Ernährungsarmut: Nicht genug Nährstoffe auf dem Teller

Beim Kinderhilfswerk Arche in Berlin-Hellersdorf gibt es einen Raum im Keller, durch eine schwere Tür gesichert. Dahinter stapeln sich bis unter die Decke Lebensmittel und Hygieneartikel in Regalen: Knäckebrot, Tomaten in Dosen, daneben Mehl und Windeln. Das alles sind Spenden. Bedürftige Familien erhalten hier Unterstützung, sie dürfen sich etwas aussuchen und mitnehmen. Trotzdem häuften sich im Winter 2022/23 die Anrufe verzweifelter Mütter, die weinend erzählten, sie hätten seit Tagen nichts mehr im Kühlschrank. Das Kinder- und Jugendhilfswerk sammelte daraufhin gezielt Geldspenden, um in Berlin Lebensmittel an Bedürftige verteilen zu können. An den Ausgabeterminen standen die Menschen in langen Schlangen auf der Straße und warteten zum Teil Stunden, um eines der Pakete zu bekommen. Insgesamt verteilten die Arche-Mitarbeiter in Berlin 2023 Lebensmittel im Wert von rund einer Million Euro. Das Angebot sprach sich herum, und der Andrang wurde so groß, dass die Arche das Angebot nicht länger aufrechterhalten konnte. Jetzt werden nur noch Sachspenden an bedürftige Familien von Arche-Kindern verteilt.

Die mehr als 970 Tafeln, die in Deutschland bis zu zwei Millionen Menschen mit Lebensmitteln unterstützen, melden, dass sie weniger Spenden vom Handel erhalten, gleichzeitig aber die Nachfrage gestiegen ist. Sie müssen also mit weniger Lebensmitteln mehr Bedürftige versorgen. Deshalb hat etwa ein Drittel der Tafeln in Deutschland eine Warteliste eingeführt oder einen temporären Aufnahmestopp verhängt. Manche Ausgabestellen haben auch ihre Öffnungszeiten geändert oder die Lebensmittelpakete verkleinert. Die Tafeln verrichten ihre Arbeit weitgehend ohne staatliche Unterstützung, die Organisation spricht davon, dass viele Freiwillige am Limit sind.[65]

Familien mit knappem Budget geben im Vergleich zu Reichen anteilig mehr Geld für Nahrungsmittel, Heizen und Wohnen aus. Gerade diese Bereiche sind besonders von dem Preisanstieg der letzten Jahre betroffen. Arme Familien leiden daher viel stärker unter der Inflation, können aber schlechter sparen.[66] Sie versuchen, sich bei Grundbedürfnissen wie Lebensmitteln, Kleidung und Schuhen zu beschränken, obwohl sie dafür sowieso schon wenig Geld im Budget haben.[67] Arche-Gründer Bernd Siggelkow erzählt von Müttern, die selbst auf Essen verzichten, damit sie ihren Kindern eine warme Mahlzeit kochen können.

Eine schlechte oder mangelhafte Ernährung wirkt sich negativ aus, gerade bei Kindern in der Wachstums- und Entwicklungsphase. Ernährungsarmut sieht man den Kindern in Deutschland nicht sofort an. Aber viele bekommen zu wenig Nährstoffe, die für die Entwicklung ihres Gehirns wichtig sind. Diese Unterversorgung ist nicht mehr aufzuholen, sie führt zu Entwicklungsstörungen und zeigt sich beim Wachstum. Auch Kinder mit krankhaftem Übergewicht leiden oft an Mangelernährung. Denn hoch verarbeitete Lebensmittel wie Fertiggerichte haben eine hohe Energiedichte, aber wenig Nährstoffe. Die XXL-Pizza ist billiger als frisches Obst oder Gemüse, und arme Kinder trinken mehr zuckerhaltige Limonade.[68]

»Wir haben hier teilweise extrem adipöse Kinder, ich betreue einen Jungen, der wiegt mit elf Jahren 86 Kilo«, sagt Annett Pfeiffer. Sie ist Kinderärztin in Billstedt, einem sozial benachteiligten Viertel in Hamburg. »Wir versuchen mit den Eltern über Ernährung zu reden, erklären, dass Chips und

Cola nicht gesund sind, und freuen uns schon, wenn die Kinder nicht weiter zunehmen.«
Jedes vierte Kind geht in Deutschland ohne Frühstück in die Schule. Dieser Anteil hat sich in den letzten sieben Jahren verdreifacht. Das ist das alarmierende Ergebnis der »Food Poverty Research«-Befragung, durchgeführt im Auftrag der Firma Kellogg in sieben europäischen Ländern (neben Deutschland in Frankreich, Großbritannien, Italien, Spanien, Belgien und Irland). Im Vergleich frühstücken hierzulande besonders wenige Kinder. Lehrkräfte beobachten, dass sich die Kinder deshalb schlechter konzentrieren können und sich weniger am Unterricht beteiligen. Viele Lehrerinnen und Lehrer bringen deswegen Kindern Essen mit. Die Studie zeigt auch, dass in Deutschland besonders prekäre Verhältnisse herrschen. In keinem anderen der sieben untersuchten europäischen Länder ist der Anteil der Eltern, die Schwierigkeiten haben, ihre Familien zu ernähren, so stark gestiegen wie hier: auf rund 20 Prozent.[69]

Arm sein ist ungesund

Entscheidend für ein gesundes Aufwachsen sind nicht nur die Gene, sondern die Situation in der Familie, in die ein Kind hineingeboren wird. Die ersten drei Lebensjahre sind extrem wichtig für die Entwicklung von Urvertrauen, Beziehungsfähigkeit, Empathie, Selbstvertrauen und Selbstbewusstsein. Söhne und Töchter armer Eltern haben schon bei der Geburt schlechtere Startchancen: Sie kommen eher zu früh und mit geringem Gewicht auf die Welt als die Kinder besser gestellter Eltern. Jedes fünfte arme Kleinkind entwickelt sich daher nicht altersgerecht. Die Unterschiede bestehen meist schon bei den Säuglingen, werden aber besonders sichtbar im Alter von ein bis drei Jahren. Zu diesem Ergebnis kommt eine bundesweit repräsentative Studie, bei der Eltern von kleinen Kindern und Kinderärzte befragt wurden.[70] Bei vielen Kleinkindern aus armen Familien ist die Entwicklung verzögert. Sie hinken hinter ihren Altersgenossen aus besseren Verhältnissen hinterher: beim Laufen und Sprechen, aber auch beim Malen, Ballspielen, Socken an- und ausziehen, Perlen auffädeln oder Dreiradfahren. Auch im Sozialverhalten werden arme Kleinkinder eher auffällig. Viele können schlechter Gefühle wie Wut oder Angst regulieren.

Junge Mütter und Väter in Armut zweifeln eher daran, ob sie gute und kompetente Eltern sind. Durch das Weinen oder Schreien ihres Kindes fühlen sich viele belastet und vermuten, ihr Sohn oder ihre Tochter würde das absichtlich tun, um sie ärgern. Viele sagen, sie hätten als Kind selbst schlechte Erfahrungen gemacht, seien hart bestraft worden. »Armut erzeugt Stress«, erklärt Kinderärztin Annett Pfeiffer aus Hamburg. »Und wenn man gestresst ist, fällt es schwerer, liebevoll mit seinem Kind umzugehen. Vor allem, wenn man das nicht gelernt hat, weil die eigene Mutter selbst schon überlastet war.« Ärmere Frauen werden häufig sehr jung Mutter, bei 43 Prozent war die Schwangerschaft nicht geplant. Eltern aus der Mittelschicht holen sich nach der Geburt eher die Hilfe einer Hebamme und haben mehr soziale Unterstützung. Sie besuchen auch häufiger Eltern-Kind-Gruppen. Arme Eltern kennen solche Angebote häufig gar nicht und nutzen sie daher auch seltener, wie die oben genannte Studie zeigt.

Durchwachte Nächte, Einkaufen mit Kinderwagen im Supermarkt, Besuche beim Arzt: Ein Baby oder Kleinkind zu versorgen, ist anstrengend – besonders, wenn man allein verantwortlich ist. Alleinerziehende Mütter (und natürlich auch Väter) haben eigentlich nie Pause, sie müssen alles allein regeln, können nicht abgeben, sind rund um die Uhr für ihr Kind zuständig. Das stresst nicht nur die Mütter, sondern wirkt sich auch negativ auf die Gesundheit und die Entwicklung der Kinder aus. Weil fast jede zweite Alleinerziehende in prekären Verhältnissen lebt, sind viele arme Kinder dadurch doppelt benachteiligt. Auch psychische Erkrankungen des Vaters oder der Mutter, wie etwa Depressionen, belasten arme Kinder stärker als wohlhabende. Insgesamt haben arme Kinder ein höheres Risiko, schon früh an einer chronischen Grunderkrankung zu leiden, die sie ihr ganzes Leben lang begleitet. Während der gesamten Kindheit, aber auch in der Jugend zeigen sich häufiger soziale und psychische Auffälligkeiten. Studien zeigen, dass arme Kinder sich öfter einnässen, Bauch- und Kopfschmerzen haben, an Schlafstörungen leiden, sie sind insgesamt unkonzentrierter und nervöser, haben eher depressive Symptomatiken als besser gestellte Gleichaltrige. Mit sechs Jahren, wenn die meisten Kinder eingeschult werden, sind arme Kinder häufiger noch nicht so weit, sie werden deshalb eher zurückgestellt und kommen ein Jahr später in die Schule. Arme Kinder bekommen häufiger Karies, fangen jünger und häufiger an zu rauchen. Sie probieren auch Alkohol früher aus. Als Erwachsene erkranken sie eher an Asthma, Lungenkrebs, Bluthochdruck, Diabetes und Allergien. Auch fällt auf, dass Kinder aus ärmeren Stadtteilen seltener an Vorsorgeuntersuchungen teilnehmen.[71]

»Unsere Familien kommen nicht immer regelmäßig zu allen Untersuchungsterminen, die Kinder werden nicht alle nach Plan geimpft, weil die Eltern häufig den zweiten Termin vergessen«, sagt Kinderärztin Annett Pfeiffer. Sie arbeitet in einem hausärztlichen Versorgungszentrum. Die meisten ihrer Patienten haben einen Migrationshintergrund. Sorge macht ihr die schlechte Versorgung mit Kinderärzten in sozial benachteiligten Stadtteilen wie Billstedt. Viele geben auf oder finden keine Nachfolger. »Wir sind drei Kinderärzte, total überlastet und nicht rentabel, weil auch durch die Sprachbarrieren die Termine viel länger dauern. Wenn wir schließen, gibt es hier in Billstedt keinen Kinderarzt mehr. Die nächste Praxis ist acht bis zehn Kilometer entfernt.« Rund 9 000 Kinder und Jugendliche hätten dann keine medizinische Versorgung mehr. »Für viele Kinder wären die Startbedingungen schlechter als ohnehin schon«, sagt sie.

Die Kinderärztin beobachtet in der Praxis: »Die Kinder werden hier weniger motorisch und kognitiv gefördert als Kinder begüterter Familien. Das liegt auch daran, dass die Frauen mehr Kinder haben. Sie gucken mit ihnen selten Bücher an, wir merken das an der Sprachentwicklung der Kinder. Manche Eltern können möglicherweise selbst nicht gut lesen, und die Mütter sprechen oft nicht gut Deutsch und haben keine Bücher in ihrer Sprache. Sie gehen mit ihren Kindern auch nicht auf den Spielplatz und üben selten mit ihnen Balancieren oder Ball spielen.«

Gut gestellte Familien geben für Medikamente, Arztkosten und therapeutische Behandlungen rund zehnmal mehr für ihre Kinder aus als arme Eltern.[72] Kindern aus armen Familien steht, wenn sie eine Brille brauchen oder kaputte Zähne haben, nur das zur Verfügung, was die Kasse zahlt. Also nicht die entspiegelten, dünnen Gläser mit coolem Gestell, sondern die dicken Gläser in der Fassung ohne Zuzahlung. Für viele Eltern ist es schwierig, eine Zahnklammer zu finanzieren. René aus Marzahn-Hellersdorf trägt seit über zwei Jahre eine Spange. Die Kosten dafür muss seine Mutter vorstrecken. »700 Euro in zweieinhalb Jahren – das ist für mich viel Geld«, sagt Daniela Schmitt. Wenn die Behandlung erfolgreich abgeschlossen ist, bekommt sie das Geld von der Krankenkasse wieder. Auch Renés kleine Schwester braucht eine Zahnklammer. »Aber sie weiß, das geht erst, wenn René durch ist. Zwei gleichzeitig kann ich nicht bezahlen«, sagt die Mutter.

Früher erkrankten die Menschen viel häufiger an schweren Infektionskrankheiten. Heute beeinträchtigen vor allem chronische Erkrankungen wie Herz-Kreislauf-Probleme oder Diabetes die Gesundheit. Vorsorge und vor allem das Verhalten jedes einzelnen werden wichtiger, die persönliche Situation entscheidet, wie gesund und fit jemand lebt. Ärmere treiben weniger Sport und werden häufiger fettleibig als Reiche. Es ist auch zu vermuten, dass die schlechte Gesundheit dazu führt, dass ärmere Menschen weniger verdienen. Weil viele von ihnen nicht belastbar genug sind, um langfristig einen gut bezahlten Vollzeitjob ausüben zu können.

Die Unterschiede bei der gesundheitlichen Belastung und den Möglichkeiten, auf sich zu achten und für sich zu sorgen, zeigen sich auch bei der Lebenserwartung: Sie ist bei armen Menschen deutlich geringer. Arme Männer und Frauen sterben im Durchschnitt zehn Jahre früher als wohlhabende. Männer mit einem Einkommen unterhalb der Armutsgrenze haben eine durchschnittliche Lebenserwartung von 70 Jahren, Männer, die sehr gut verdienen, können damit rechnen, 80 Jahre alt zu werden. Bei Frauen ist der Unterschied ähnlich groß, nur dass sie in der Regel sechs Jahre älter werden als Männer.[73]

Kein Geld für Hobbys: Das können wir uns nicht leisten!

Schon bei den Allerkleinsten geht es los: Mütter und Väter aus der Mittelschicht gehen mit ihren Kindern zum Babyschwimmen, zu PEKIP-Kursen oder Krabbelgruppen – arme Eltern tun das eher nicht. Sie haben weniger Möglichkeiten, ihren Kindern in der Freizeit Anregungen zu bieten und sie dadurch zu fördern.

Natürlich haben arme Kinder genauso Geburtstag wie Gleichaltrige aus der Mittelschicht. Aber sie können ihn häufig nicht feiern – für eine große Party ist kein Geld übrig. Sie schlagen deshalb oft auch Einladungen aus, weil das Geld für ein Geschenk fehlt, oder weil sie sich schämen, da sie selbst kein Fest geben können. Auch zu Weihnachten oder bei anderen religiösen Festen gibt es meist weniger Geschenke, und das Festessen mit der Familie fällt kleiner aus.

Bei einer Weihnachtsaktion des *stern* bat die Redaktion im Dezember 2022 Kinder, die in Hamburg oder Berlin zum Jugendhilfswerk Arche gehen, ihren Wunschzettel zu malen und zu schicken. Die Stiftung stern sammelte Spenden, um möglichst viele zu erfüllen. Es kamen viele bunte Bilder und Briefe. Sie zeigten, dass sich viele Mädchen und Jungen Dinge wünschten, die auch Altersgenossen aus wohlhabenderen Familien gern hätten: Markenturnschuhe, Bluetooth-Lautsprecher, ein Fahrrad, Reitstunden oder einen Kaufmannsladen. Andere Wünsche lassen dagegen ahnen, woran es armen Kindern mangelt: Die elfjährige Sharon malte zum Beispiel ein bunt-gestreiftes Haus und schrieb daneben mit rotem Filzstift: »ich wönsche mir eine größere Wohnung das ich ein Zimmer habe.« Mariam brauchte einen Schreibtisch »zum Lernen« und die 15-jährige Havagül träumte von einem vollen Kühlschrank mit Nutella, Pizza, Cola, Brot, Melone, Kuchen und Orangensaft. Sie hat die Nahrungsmittel nicht nur gezeichnet, sondern dazu auch noch beschriftet.

Andere wünschten sich, in einer Turngruppe mitzumachen oder mit der Familie einen schönen Urlaub zu machen. Alles Dinge, für die offenbar in diesen Familien das Geld fehlt.[74] Arme Mädchen und Jungen können seltener Sport im Verein treiben oder anderen Hobbys nachgehen, etwa in der Musikschule ein Instrument lernen. Denn es kostet ja nicht nur, Mitglied im Fußballverein zu sein, sondern es braucht Schuhe, Sportbekleidung und Geld für das Bahnticket bei Auswärtsspielen. Eigentlich sollte das Bildungs- und Teilhabepaket dafür sorgen, dass alle Kinder Sport machen oder ein Musikinstrument lernen können. Doch wie wir gesehen haben, werden weder alle Kosten gedeckt, die so ein Hobby mit sich bringt, noch ist es leicht, das Geld dafür zu beantragen.

Sie gehen so gut wie nie ins Kino, auf ein Konzert oder ein Festival. Zu teuer! Auch mit Freunden ausgehen, um etwas zu essen oder zu trinken, ist für sie nicht drin. Sie bekommen seltener regelmäßig Taschengeld als Gleichaltrige, die privilegierter aufwachsen, weil das Geld zu Hause knapp ist. Daher können sie auch viel schlechter etwas ansparen, um sich eigene Wünsche zu erfüllen, und so den Umgang mit Geld lernen.[75]

Arme Kinder machen selten Ausflüge. Viele waren noch nie mit ihren Eltern in einem Restaurant, im Theater oder in einem Museum. Auch eine Woche Urlaub im Jahr an einem anderen Ort mit der Familie kennen sie nicht. Damit fehlen ihnen wichtige Erfahrungen – und die Chance, sich abseits vom Alltag zu erholen, auszutoben oder auszuspannen. Sie haben seltener die Chance, Neues zu entdecken und kennenzulernen, weil sie aus ihrem Umfeld nicht herauskommen. In ihrer Freizeit müssen sie häufig zurückstecken und erleben, dass für Aktivitäten und Hobbys kein Geld da ist.

Diese traurige Geschichte erzählt mir Stephanie Koopmann, die Leiterin der Arche in Osnabrück: In den Sommerferien bietet die Organisation einen einwöchigen Segelausflug nach Kroatien an. Eine Woche auf dem Boot. Die Plätze sind begrenzt. Nur Kinder, die schwimmen können, dürfen mitkommen. Ein 13-jähriges Mädchen will auch unbedingt mit dabei sein. Sie schwindelt, klar, könne sie gut schwimmen. Dabei ist sie bei der Flucht mit dem Boot übers Mittelmeer mit ihrer Mutter über Bord gegangen. Ein traumatisches Erlebnis. Als die Lüge auffliegt, sagt sie, sie wollte Selfies für Instagram machen und nach den Ferien auch »mal was Schönes« in der Klasse erzählen können.

Arme und reiche Kinder leben in unterschiedlichen Welten, die sich immer weniger berühren. Während Kinder aus wohlhabenden Familien zahlreichen Hobbys nachgehen können, von ihren Eltern zum Klavierunterricht, zum Hockeytraining oder zum Malkurs gebracht werden, müssen arme Kinder auf solche Angebote häufig verzichten. Arme Kinder haben weniger Freunde als Gleichaltrige, die in wohlhabenderen Familien aufwachsen. Ihr soziales Netzwerk ist dadurch kleiner. Dabei sind gerade für Jugendliche Freundschaften enorm wichtig. Die Clique hilft bei Stress mit den Eltern oder Frust in der Schule und auch bei der Bewältigung von Zurücksetzung durch Armut.[76]

Jeder in seiner Blase: Armut sorgt für getrennte Welten – auch digital

Die Digitalisierung verändert das gesellschaftliche Leben fundamental, die Art, wie wir kommunizieren, uns informieren, arbeiten. Sie führt allerdings nicht dazu, dass die Gesellschaft gleicher und demokratischer wird – eher das Gegenteil scheint der Fall zu sein: Auch hier geht die Schere auf zwischen denen, die Zugang zu digitalen Räumen haben und sich darin sicher bewegen, und denen, die ausgeschlossen und abgehängt sind.

Alle Kinder und Jugendliche verbringen heute ganz selbstverständlich einen Großteil ihrer Freizeit im Internet, chatten mit Freunden per WhatsApp, schauen Filme auf YouTube oder Videos bei TikTok, egal ob arm oder wohlhabend. Je älter die Kinder, desto häufiger surfen sie mit eigenen Geräten im Netz. Das Smartphone ist ein wichtiges Statussymbol, es kommt darauf an, die richtige Marke und das neueste Modell zu haben. Ganz oben stehen die teuren Geräte von Apple. Selbstverständlich auch bei Mädchen und Jungen, deren Eltern sich das eigentlich überhaupt nicht leisten können. Das Handy war auch immer Thema bei meinen Gesprächen mit Kindern aus der Arche, die sich alle bestens auskannten – jedenfalls bemerkten sie sofort, dass meines schon ein paar Jahre alt ist. Manche erzählten sofort von sich aus, sie bräuchten gar kein teures Gerät. So wie Hassan, der mir bei unserem ersten Treffen vor zwei Jahren erklärte, sein einfaches altes Tastenhandy sei viel praktischer. Er erzählt das so routiniert, als hätte er diese Begründung schon häufiger angebracht.

**»Ein Handy ist mir nicht so wichtig,
das braucht man ja nur zum Anrufen«,
Hassan, 12.**

»Ich bin mit meinem Nokia-Handy zufrieden, weil das nicht so schnell kaputtgeht, wenn es runterfällt«, sagt Hassan bei unserem ersten Treffen. Zwei Jahre später hat er immer noch kein Smartphone, sondern ein altes Tastenhandy. »Das braucht man ja nur zum Anrufen. Fotos mache ich selten«, sagt er. Sein altes Nokia-Handy finden die Freunde angeblich cool. Jetzt wünscht sich der Zwölfjährige ein Smartphone und hofft, dass er eins zum Geburtstag bekommt. »Ich würde gern ein Samsung haben, iPhone mag ich nicht. Aber meine Mutter hat auch recht, ich gebe es zu. Es ist nicht gut, wenn man das so früh hat. Das lenkt voll ab. Meine Mutter sagt mir: Spiel nicht so viel. Ich spiele auf dem Handy meiner Mutter. Also ist schon scheiße, wenn kleinere Kinder als ich ein Handy haben und so richtig süchtig werden. Dann sind die auch nicht so richtig auf die Noten konzentriert, das ist nicht gut. Es ist schon besser, wenn man das erst mit mindestens 13 kriegt.« Wieder kaufe ich ihm das nicht so recht ab, es klingt zu erwachsen, wie eine Form von Selbstschutz.

Hassan wünscht sich nach wie vor eine Spielkonsole. Bereits vor zwei Jahren hat er mir erzählt, dass er eine bekommt, wenn seine Noten in der Schule besser werden. »Ich soll lauter Einsen und Zweien haben, keine Drei, keine Vier«, sagt er. »Meine Mutter hat recht, wenn man was verdienen will, muss man sich bemühen.« Inzwischen geht er in die sechste Klasse auf der Realschule, aber eine Playstation hat er immer noch nicht. »Die meisten Freunde haben eine Playstation und so.« Angeblich sparen seine Freunde seit zwei Jahren und wollen sich dann eine neue kaufen. »Die geben mir die alte als Geschenk«, sagt Hassan. Kann man das glauben?

Kinder werden nicht automatisch zu »Digital Natives«, weil sie mit sozialen Netzwerken groß werden oder schneller Textnachrichten tippen können als Erwachsene. Die Art und Weise, wie sie sich im Internet bewegen, wird davon geprägt, was ihre Eltern ihnen vorleben. Wie kompetent Mädchen und Jungen mit digitalen Medien umgehen, hängt dabei ganz entscheidend vom Bildungshintergrund der Eltern ab. Je niedriger der soziale Status, desto intensiver ist laut Studien die Nutzung von digitalen Medien. Arme Kinder und Jugendliche spielen in ihrer Freizeit häufig am Computer oder an der Konsole, sie chatten und daddeln am Handy, schauen YouTube, Filme oder Fernsehen. Sie machen dabei mehr riskante Erfahrungen im Internet als Kinder wohlhabender Familien.[77]

Das beobachtet auch Kinderärztin Annett Pfeiffer aus Hamburg-Billstedt: »Viele Eltern sind hier selbst ständig am Handy. Ich frage bei den Untersuchungen oft, ob sie ihren Kindern Bildschirmzeiten vorgeben. Nein, sagen viele, das kann ich ja gar nicht kontrollieren. Ich kann meinem Kind das Handy doch nicht wegnehmen! Eine Mutter kam mit ihrem Sohn nicht zum Impftermin, weil der lieber Playstation spielen wollte. Das geht nicht, habe ich ihr gesagt. Aber die Frau war total überlastet, hatte keine Kraft für die Auseinandersetzung mit ihrem Kind. Jugendliche frage ich oft, ob sie mir ihre Bildschirmzeit zeigen, manche kommen auf bis zu 14 Stunden pro Tag und sind dann selbst ganz betroffen.«

Noch eine Erkenntnis aus der Coronapandemie: Mobiles Arbeiten im Homeoffice können nur Berufstätige, die in ihrem Job mit digitalen Geräten arbeiten und damit zu Hause ausgestattet sind. Dadurch sind sie nicht nur bei ihrer Arbeit privilegiert, sondern sie lernen dazu noch selbstverständlich ständig neue digitale Fähigkeiten, sie halten sich technisch auf dem Laufenden und können daher auch ihre Kinder besser unterstützen. In vielen Bereichen wird digitale Kompetenz heute als selbstverständlich vorausgesetzt: bei der Stellen- und Wohnungssuche, im Kontakt mit der Schule und auch bei Behörden. Viele armutsbetroffene Eltern können das aber nicht. Auch ein Grund, warum sie Leistungen, die ihnen zustehen, nicht beantragen. Erinnern wir noch einmal kurz daran, dass Zugang zum Internet ein Aspekt von sozialer Teilhabe ist und heute zum allgemeinen Lebensstandard dazugehört. Ein Fünftel aller armen Menschen hat jedoch keinen Zugang zum Netz. Sie sind vom digitalen Leben ausgeschlossen.[78] Wenn in Zukunft die Digitalisierung weiter voranschreitet und noch mehr Lebensbereiche erfasst, sollte darauf geachtet werden, dass der digitale Graben nicht tiefer und breiter wird.

Hilft Bildung gegen Armut?

Jeder hat das Recht auf freie Entfaltung seiner Persönlichkeit

Es ist eine Binsenweisheit, ein Kalenderspruch – aber es muss in diesem Zusammenhang noch einmal in aller Deutlichkeit (und mit etwas Pathos) gesagt werden: Bildung ist der Schlüssel zu einem selbstbestimmten Leben. Die Chance für jeden Einzelnen, seine oder ihre Talente zu entfalten. Voraussetzung für einen guten Job. Das Abitur gilt als Eintrittsticket für die Karriere. Dazu noch ein Studium, und das Gehalt steigt, gleichzeitig sinkt die Wahrscheinlichkeit, arbeitslos zu werden – das gilt für das gesamte Berufsleben. Bildung ist eine Versicherung gegen persönliches Scheitern.

Darüber hinaus ist Bildung entscheidend für die Zukunftsfähigkeit Deutschlands. Je mehr schlaue Köpfe Deutschland hat, desto besser! Für die vielen kleinen Start-ups, die Firmen im Mittelstand und die großen Konzerne, aber auch für wissensintensive Dienstleister ist es elementar wichtig, aus einem möglichst großen Pool von exzellent ausgebildeten Fachkräften rekrutieren und einstellen zu können. Unsere nationale Wettbewerbsfähigkeit hängt entscheidend davon ab, dass es viele kluge Menschen gibt, die innovative Produkte und Technologien entwickeln, die sich nicht nur international vermarkten und verkaufen lassen, sondern die auch Lösungen bieten für Herausforderungen der Zukunft, wie die Digitalisierung oder den Klimawandel. Besonders gilt dies für ein rohstoffarmes Land wie Deutschland. Auch für den Zusammenhalt einer demokratischen Gesellschaft ist es wichtig, dass jeder und jede darauf vertrauen kann, dass sich individuelle Leistung lohnt und auszahlt. Gute Schulen können also enorme gesellschaftliche Potenziale freisetzen.

Es sollte Chancengerechtigkeit in der Schule und im gesamten Bildungssystem herrschen. Chancengerechtigkeit ist nicht zu verwechseln mit Chancengleichheit – die kann und wird es vermutlich nie geben (häufig wird dazwischen jedoch nicht differenziert). Gleiche Chancen für alle wären der Idealzustand einer Gesellschaft, bleiben aber eine Utopie: Wie bei einem Brettspiel stehen alle Menschen zu Beginn ihres Lebens auf dem Los-Feld und starten zu gleichen Bedingungen. Ihre individuellen Leistungen entscheiden darüber, wie gut sie vorankommen, wer als Erster das Ziel erreicht. Doch so läuft es nicht. Denn wie wir sehen, hängt es ganz entscheidend von der sozialen Herkunft ab, wie jede und jeder Einzelne im Spiel startet und wie viele Schritte sie oder er von Feld zu Feld gehen kann. Die Chancen beim Würfeln sind nicht gleich. Arme Kinder können nicht mit gut situierten Kindern mithalten. Sie haben zum Beispiel nicht die Möglichkeit, sich einen Vorteil zu verschaffen, weil ihre Eltern Kontakte haben, die beim Vorankommen helfen. Diese »Beziehungskarte« ziehen nur reichere Kinder. Die armen müssen stattdessen häufiger aussetzen und zusehen, wie die gut situierten sie überholen. Die Startbedingungen lassen sich kaum ändern, weil sich niemand aussuchen kann, in welche Familie er oder sie hineingeboren wird. Aber die Spielregeln, nach denen alle spielen, schon.

Gerechte Chancen bedeuten, dass jeder Mensch, unabhängig vom Geschlecht, der Religion, der Herkunft oder des familiären Hintergrunds die gleichen Möglichkeiten haben sollte, die eigenen Talente und Potenziale zu entfalten. Um beim Bild des Brettspiels zu bleiben: Wer aus eigener Kraft nicht gut vorankommt, bekommt Unterstützung, darf quasi zweimal würfeln und ziehen – als Ausgleich für den Nachteil beim Start. Dabei geht es nicht darum, dass alle Abitur machen. Aber die Herkunft und der Kontostand der Eltern sollten nicht darüber entscheiden, welche Schullaufbahn ein Junge oder ein Mädchen einschlägt, ob er oder sie studiert oder eine Ausbildung macht.

Die Idee von der Chancengerechtigkeit steht sogar im Grundgesetz, gleich im Artikel 2 der Grundrechte. Dort heißt es: »Jeder hat das Recht auf die freie Entfaltung seiner Persönlichkeit.« Und in Artikel 3 heißt es weiter: »Niemand darf wegen seines Geschlechts, seiner Abstammung, seiner Rasse, seiner Sprache, seiner Heimat und Herkunft, seines Glaubens, seiner religiösen oder politischen Anschauung benachteiligt oder bevorzugt werden.« Demnach sollten also alle Menschen den gleichen Zugang zu Bildung haben, Ungleichheiten und Nachteile müssten im Schulsystem ausgeglichen werden.

Auch die Richterinnen und Richter des Bundesverfassungsgerichts plädieren für mehr Gerechtigkeit. In einem Urteil stellten sie 2021 klar: Alle Kinder haben ein Grundrecht auf schulische Bildung. Als Begründung heißt es: »Das Grundgesetz sichert nicht nur die elterliche Pflege und Erziehung der Kinder gemäß Artikel 6 Absatz 2 Grundgesetz, sondern gewährleistet darüber hinaus eine staatliche Schulbildung als weitere Grundbedingung für die chancengerechte Entwicklung der Kinder zu einer eigenverantwortlichen Persönlichkeit.« Dem Staat komme die Aufgabe zu, »ein Schulsystem zu schaffen, das allen Kindern und Jugendlichen gemäß ihren Fähigkeiten die dem heutigen gesellschaftlichen Leben entsprechenden Bildungsmöglichkeiten eröffnet, um so ihre Entwicklung zu einer eigenverantwortlichen Persönlichkeit innerhalb der sozialen Gemeinschaft umfassend zu fördern und zu unterstützen«. Das höchste deutsche Gericht fordert »unverzichtbare Mindeststandards von Bildungsangeboten«.[79] Auch wenn vieles in dem Urteil vage bleibt, gilt es unter Juristen und Bildungsforschern als Sensation. Für die Schülerinnen und Schüler hat sich dadurch bisher allerdings nichts geändert.

Zwar haben alle die Chance, zur Schule zu gehen und zu lernen. Doch das Bildungssystem verstößt jeden Tag gegen die Grundrechte von Heranwachsenden, denn es unterstützt eben nicht jeden Jungen und jedes Mädchen dabei, sich frei zu entfalten, sondern zementiert die Chancenungleichheit und Benachteiligung, die mit der Geburt gegeben ist. Somit werden die Unterschiede nicht angeglichen, im Gegenteil: Sie werden verstärkt.

In den 1950er- und 1960er-Jahren fand in Deutschland eine enorme Bildungsexpansion statt, von der vor allem Frauen profitierten: Viel mehr Mädchen als zuvor kamen aufs Gymnasium, machten höhere Schulabschlüsse und gingen an Universitäten und Fachhochschulen, um zu studieren. In den letzten Jahrzehnten wurden zahlreiche Bildungsreformen vorgenommen. Der Anteil der Mädchen und Jungen, die einen Kindergarten besuchen, ist auf über 90 Prozent gestiegen, immer mehr Jugendliche machen Abitur und studieren. Das zeigt also, dass sich Schule weiter entwickeln kann. Und doch wurde bislang ein Problem nicht gelöst: Nach wie vor hängt der Bildungserfolg in Deutschland viel stärker als in vielen anderen Industrieländern vom Einkommen und von der Bildung der Eltern ab. Die Bildungsexpansion hat zwar eine Verbesserung der Chancen aller bewirkt, aber die Ungleichheiten zwischen den sozialen Schichten wurden dadurch nicht aufgehoben. Armut bedeutet Bildungsarmut, an dieser Gleichung hat sich kaum etwas geändert. Bildungsarmut beschreibt eine Unterversorgung an Bildung, genau wie bei materieller Armut. In der Regel wird Bildungsarmut an der Menge von Kompetenzen und Abschlüssen gemessen. Wichtig in einer Leistungsgesellschaft, bei der vor allem die Liste der Zertifikate im Lebenslauf entscheidet, ist, welche Ausbildung man macht, welchen Job man bekommt und was auf dem Gehaltszettel steht. Galt in den 1960er-Jahren noch das katholische Arbeitermädchen vom Land als besonders armutsgefährdet, sind es heute vor allem Kinder aus armen, bildungsfernen Familien.[80]

Wir müssen draußen bleiben: Zu wenig Kita-Plätze für arme Kinder

Es geht bereits in der Kita los. Hier wäre der ideale Ort, um auf spielerische Art Dinge zu lernen, die zu Hause vielleicht zu kurz kommen oder ganz fehlen. Denn in der Kita spielen die Kleinen nicht nur, sondern sie malen, basteln, lernen Zahlen und Buchstaben kennen und auch den Umgang mit anderen Kindern. Dazu wird auch noch auf ihre Ernährung geachtet. Alles wichtige Voraussetzungen für die Schule und das spätere Leben. Und bei wem zu Hause nicht richtig oder kaum Deutsch gesprochen wird, der kann die Sprache beim Spielen mit den anderen Kindern oder beim Vorlesen und Geschichten erzählen in der Kita fast nebenbei lernen. Dazu gibt es gezielte Förderangebote für Kinder, die entsprechenden Bedarf haben. Die bräuchten vor allem Mädchen und Jungen aus armen Familien, denn sie hinken in ihrer Entwicklung oft hinterher, wie wir im Kapitel über die Gesundheit gesehen haben. In der Kita hätten die Kleinen drei bis vier Jahre Zeit, den schwierigeren Start ins Leben wettzumachen, das Versäumte aufzuholen, um dann gestärkt und gereift in die Schule zu kommen. Doch das passiert nicht. Weil Kinder aus benachteiligten Familien seltener und kürzer in die Kita gehen als die aus privilegierteren Elternhäusern. Dabei müsste es eigentlich andersherum sein. Wie internationale Studien zeigen, wirkt frühkindliche Bildung doppelt: Je früher und je länger Kinder eine Kita besuchen, desto mehr kognitive und soziale Kompetenzen lernen sie, und desto besser sind ihre späteren Leistungen in der Schule.[81] Vor allem Kinder aus Familien, die zu Hause nicht Deutsch sprechen, würden enorm profitieren. Geflüchtete Kinder beispielsweise lernen nicht nur besser Deutsch, auch ihre Mütter werden besser integriert, lernen andere Eltern kennen, haben Kontakt zu Erziehern und Erzieherinnen. Also je früher der Start in die Kita, desto besser für benachteiligte Kinder.

Der Besuch einer Kindertagesstätte ist in Deutschland freiwillig. Anders als die Schule, in die müssen alle gehen. Die Gebühren für einen Platz richten sich meist nach dem Einkommen der Eltern. Je jünger die Kinder, desto teurer die Betreuung. Wie viel Eltern zahlen müssen, entscheidet jedes Bundesland und jede Kommune. Wie so vieles in der Bildung ist das bundesweit nicht einheitlich geregelt. Einige Länder haben die Kosten für die letzten beiden Kita-Jahre oder für das Jahr vor der Einschulung abgeschafft. Für sozial benachteiligte Kinder ist der Besuch in der Regel umsonst, trotzdem können Kosten für die Eltern entstehen, etwa für das warme Mittagessen, Ausflüge oder spezielle Regen- oder Sportkleidung. Hinzu kommt: Die Eltern müssen sich selbst um den Platz kümmern, sich eine passende Einrichtung suchen, sich anmelden und dann ihren Sohn oder Tochter eingewöhnen, wenn die Zeit in der Kita beginnt. Aber offenbar wollen oder können das nicht alle Mütter und Väter. Vielleicht wissen sie nicht, welche Vorteile es für ihr Kind mit sich bringt, wenn es zusätzliche Angebote bekommt und regelmäßig Zeit mit Gleichaltrigen verbringt.

Vor allem die Mädchen und Jungen aus gebildeten Elternhäusern gehen in eine Kita. Eigentlich nicht überraschend, denn hoch qualifizierte Mütter haben häufig einen gut bezahlten Job und wollen nach der Geburt schnell wieder in den Beruf einsteigen. Diese Frauen wissen in der Regel, wie sie einen der raren Plätze für ihr Kind bekommen. Und das ist auch von der Volkswirtschaft so gewollt – Fachkräfte mit einer guten Ausbildung sind schließlich heiß begehrt.

Kita-Plätze sind knapp. Laut Berechnungen der Bertelsmann Stiftung fehlten 2023 bundesweit 430 000 Plätze.[82] Zwar gibt es seit 2013 ein Recht auf einen Kitaplatz für Kinder ab zwei Jahren. Aber auch in den Kitas fehlen Fachkräfte. Mehr als 300 000 zusätzliche Erzieherinnen wären nötig für einen kindgerechten Betreuungsschlüssel und pädagogische Angebote. Bei einer Befragung des Deutschen Kitaleitungskongresses sagten 87 Prozent, dass ihre Einrichtung wegen Personalmangels pädagogische Angebote ausfallen lassen musste. Vielerorts herrscht Notbetrieb, die Wartelisten für einen Platz sind lang.[83]

Auch arme Eltern würden ihr Kleinkind gern in eine Kita geben, das zeigen Umfragen, wenn auch nicht ganz so häufig wie Akademiker. Dieser »Kita-Nutzungs-Gap« ist seit

Einführung des Rechtsanspruchs vor über zehn Jahren nicht kleiner, sondern größer geworden.[84] Das heißt, diejenigen, die eigentlich zur besseren Förderung und Bildung dringend einen Platz für ihr Kleinkind bräuchten, haben das Nachsehen. So kommen Kinder aus armen Familien in der Regel erst später in den Kindergarten, häufig erst im Jahr vor der Einschulung. Oder sie besuchen eine Vorschule. Dann reicht die Zeit aber oft nicht, die Verzögerung bei der Entwicklung vor dem Schulbeginn auszugleichen. Dazu sind Kitas in sozial benachteiligen Vierteln häufig schlechter ausgestattet als in wohlhabenden.

Was vielfach vergessen wird: Auch die Kitas waren während der Coronapandemie wochenlang geschlossen, die Kleinen mussten zu Hause bleiben, nur wer Eltern in systemrelevanten Berufen hatte, durfte kommen. Die Erzieher und Erzieherinnen beobachten nach dem Ende der Pandemie, dass durch die Schließung der Anteil der Kinder mit Förderbedarf gestiegen ist und mehr Mädchen und Jungen zurückgestellt werden, also nicht mit sechs Jahren, sondern später eingeschult werden. Davon sind – mal wieder – besonders die Kinder aus sozial benachteiligten Familien betroffen.[85] Wie sich diese zusätzlichen Benachteiligungen und Belastungen auf die »Generation Corona« auswirken wird, kann sich erst im Verlauf der nächsten Jahre zeigen.

Armutszeugnis für Deutschland – nicht nur bei der PISA-Studie

Die Kita könnte Nachteile ausgleichen, aber es gibt keine Kita-Pflicht. Und so starten die Kinder bereits mit einem Unterschied in ihrer Entwicklung von einem Jahr und mehr in die Grundschule. Erstklässler aus wohlhabenden Familien sind den Gleichaltrigen aus schwierigen Verhältnissen häufig überlegen: Während die einen bereits die ersten Worte buchstabieren können, haben andere noch Schwierigkeiten, sich allein ihre Jacke anzuziehen und den Reißverschluss zuzumachen. Während die einen schon Menschen in Landschaften mit Bäumen oder das Meer zeichnen, malen andere noch wie Vierjährige »Kopf-Füßer« – Figuren ohne Hälse oder Oberkörper, bei denen der Kopf direkt auf den Füßen sitzt, auch Arme fehlen häufig.

Nun wäre es an der Schule, für gerechte Chancen zu sorgen. Hierhin müssen schließlich alle gehen, denn in Deutschland gilt die allgemeine Schulpflicht. Vor allem in der Grundschule, die alle Mädchen und Jungen besuchen, bevor sie nach der vierten Klasse im Alter von zehn, elf Jahren auf die weiteren Schulzweige aufgeteilt werden[86], böten sich Möglichkeiten, Versäumtes aufzuholen, auszugleichen und dann gemeinsam mit den Altersgenossen die Grundlagen zu lernen: Rechnen, Schreiben und insbesondere Lesen. Doch das passiert häufig nicht. Obwohl Kinder aus armen Familien ohnehin schon mit einem Rucksack voller Schwierigkeiten und Defizite in ihre Schullaufbahn starten, wird das Gewicht in den ersten vier Jahren in der Grundschule auf ihrem Rücken nicht leichter, sondern zusätzlich schwerer. Es hängt wie Blei an ihnen, hindert sie am Lernerfolg und beim Übergang auf die weiterführende Schule.

Eigentlich sollten in der Schule alle Kinder gleichbehandelt werden, jedes Mädchen, jeder Junge nach seinen Möglichkeiten gefördert werden. Aber Kinder aus armen Familien haben nicht die gleichen Chancen wie Kinder aus finanziell besser gestellten Familien. In kaum einem Land geht es so ungerecht zu wie in Deutschland.

Auch das ist kein neuer Befund, sondern geht seit über 20 Jahren aus so ziemlich allen wichtigen internationalen Bildungsstudien hervor. Experten und Expertinnen stellen dem deutschen Bildungssystem immer wieder ein schlechtes Zeugnis aus: Kinder aus sozial benachteiligten Familien schneiden schlechter ab als Gleichaltrige aus besser gestellten Familien. Die Benachteiligung zieht sich wie ein roter Faden durch die gesamte Schulzeit. Ändert sich dadurch etwas? Regt sich überhaupt noch irgendjemand darüber auf? Und hat das irgendwelche grundsätzlichen Konsequenzen für die Schule und das deutsche Bildungswesen? Nein. Nach ein paar Tagen legt sich das öffentliche Interesse wieder. Konsequente, langfristige Strategien zur Änderung sucht man vergeblich. Dabei hatte Bundeskanzlerin Angela Merkel (CDU) 2008 die »deutsche Bildungsrepublik« ausgerufen. Doch es gibt bislang keine nationale Strategie gegen die Diskriminierung durch soziale Herkunft in der Schule. Dabei wäre eine solche Kraftanstrengung nicht nur moralisch geboten und längst überfällig – sie würde auch allen nützen.

Die Mehrheit der Deutschen ist zunehmend besorgt über die Ungleichheit im Bildungssystem: 61 Prozent halten die Chancenungleichheit zwischen Kindern aus guten und aus sozial schwierigen Verhältnissen für ein ernsthaftes Problem. Und 62 Prozent sehen mit Sorge die Ungleichheit zwischen Kindern mit und ohne Migrationshintergrund.[87] Aber das tatsächliche Ausmaß der Ungerechtigkeit dürfte den meisten Menschen gar nicht bewusst sein. Deshalb sammeln wir zunächst weiter Beweise für die systematische Benachteiligung armer Kinder und Jugendlicher im Bildungssystem. Und die sind leider erdrückend.

Den Anfang machte die PISA-Studie (Programme for International Student Assessment).[88] Als Mitglied der OECD

(Organisation für wirtschaftliche Zusammenarbeit und Entwicklung) vergleicht sich Deutschland alle drei Jahre mit anderen Staaten, ähnlich wie bei sportlichen Wettkämpfen. Leider steht Deutschland nicht auf dem Siegertreppchen. Bei der ersten Veröffentlichung im Jahr 2000 gab es einen lauten Knall im deutschen Bildungswesen, den sogenannten PISA-Schock. Die Studie bescheinigte den deutschen Schülern und Schülerinnen erstmals, dass sie im internationalen Vergleich nur Mittelmaß sind – und wie sehr der Bildungserfolg in Deutschland vom Elternhaus abhängt. Bei der Chancengerechtigkeit war Deutschland Schlusslicht.

Nach dem PISA-Schock wurden einige Reformen beschlossen, im Unterricht gab es mehr individuelle Unterstützung, Bildung war plötzlich ein wichtiges Thema. In den ersten zehn Jahren danach wurden die deutschen Schüler und Schülerinnen systematisch besser, und tatsächlich sank sogar die soziale Ungleichheit etwas. Inzwischen hat sich dieser Trend umgekehrt, die Leistungen stagnieren und nehmen wieder ab. Bei der neuesten PISA-Studie, die im Dezember 2023 veröffentlicht wurde, schnitten die deutschen Schüler und Schülerinnen sogar noch schlechter ab als bei der ersten vor über 20 Jahren. Der Anteil der schwachen Schüler und Schülerinnen steigt. Der Bildungsökonom Ludger Wößmann vergleicht die Lernkurve des deutschen Schulsystems mit einem traurigen Smiley – die ersten zehn Jahre ging sie hoch, die letzten zehn Jahre runter.

Mindestens ebenso alarmierend ist: Die Ungleichheit im deutschen Schulsystem nimmt weiter zu. Die Reformen haben nichts an der Abhängigkeit des Schulerfolgs von der sozialen Herkunft geändert. Bereits Analysen der PISA-Studien 2012 zeigen, dass 15-Jährige aus armen Elternhäusern im Fach Mathe vier Schuljahre hinter Gleichaltrigen aus besser gestellten Familien hinterherhinken.[89] »Wir haben nach wie vor sehr, sehr große soziale Ungleichheiten«, sagt Bildungsforscher Olaf Köller. Der Professor für Empirische Bildungsforschung leitet das Leibniz-Institut für die Pädagogik der Naturwissenschaften und Mathematik in Kiel und ist Co-Vorsitzender der Ständigen Wissenschaftlichen Kommission der Kultusministerkonferenz. »In der sogenannten Risikogruppe haben wir sehr viele sozial benachteiligte Jugendliche. Das ist die Gruppe, die in Mathematik, Naturwissenschaften und auch beim Lesen nur die Kompetenzstufe Eins erreicht.« Inzwischen gehört fast jedes dritte Schulkind in Mathematik zu dieser Risikogruppe, beim Lesen jedes vierte. »Diese Schülerinnen und Schüler können nicht flüssig lesen, sie verstehen zum Teil nicht mal die einzelnen Worte eines Satzes und können daher den Gesamtzusammenhang des Textes nicht decodieren. In Mathematik fehlen ihnen elementare Kenntnisse über den Zahlenstrahl, über Größer-Kleiner-Verhältnisse. Viele wissen nicht, was sind Zehner, was Hunderter. Darunter sind auch sehr viele 15-Jährige, die zur ersten Generation Zugewanderter gehören und die große Sprachprobleme haben«, sagte mir Olaf Köller im Gespräch für dieses Buch.

Nach dem ersten PISA-Schock wurde in Berlin das Institut zur Qualitätsentwicklung im Bildungswesen (IQB) gegründet. Es definiert bundesweite Bildungsstandards. Auch Untersuchungen des IQB zeigen eine deutliche Zunahme der Bildungsarmut in Deutschland. Laut IQB-Bildungstrend erreicht fast jedes fünfte Kind am Ende der vierten Klasse beim Lesen nicht das von der Kultusministerkonferenz festgelegte Mindestniveau. Bei der Rechtschreibung schafft das jedes dritte Kind nicht, und in Mathematik sind es 22 Prozent. Bereits vor der Pandemie bewältigten viele Kinder den Lernstoff der Grundschule nicht, das zeigen die Ergebnisse der Untersuchungen aus den Jahren 2011 und 2016. Durch die Coronapandemie wurden die Probleme noch verstärkt. Die Ergebnisse lieferten ein »besorgniserregendes Bild«, so das Fazit der sonst so zurückhaltenden Wissenschaftler. Die Kinder, die das Klassenziel nicht erreichten, waren vor allem solche aus sozial benachteiligten Familien oder mit Migrationshintergrund.[90]

Wie werden diese Mädchen und Jungen ihre Kompetenzen in den nächsten Jahren weiter entwickeln können? Es wäre eine große Überraschung, wenn ausgerechnet die armen Kinder beim Lesen enorm aufholen würden. Denn die Neuntklässler wurden vom IQB ebenfalls getestet. Schon jetzt scheitert von den Älteren, den Schülern und Schülerinnen in der neunten Klasse, fast jeder und jede Dritte im Fach Deutsch an den Mindeststandards für den Mittleren Schulabschluss. Das heißt, wenn diese Jugendlichen im zehnten Schuljahr den Realschulabschluss machen wollen und sie den Rückstand nicht aufholen, könnten viele in Deutsch durchfallen. Ein Drittel liest so schlecht, dass sie Informationen aus komplexen, längeren Texten nicht miteinander verknüpfen können. Und ein Fünftel beherrscht die Rechtschreibung nicht. Fazit der Experten: »Die Koppelung zwischen sozialer Herkunft und erreichtem Kompetenzniveau hat sich weiter verstärkt.«[91] Wenn also bereits jetzt die Viertklässler schlecht sind im Lesen und Schreiben, dann werden vermutlich in ein paar Jahren noch mehr in der neunten Klasse im Fach Deutsch scheitern, wenn sie nicht rechtzeitig gefördert werden.

Diese Befunde decken sich mit den Ergebnissen der beiden internationalen Studien IGLU (Internationale Grundschul-Lese-Untersuchung) und TIMSS (Trends in International

Mathematics and Science). Auch sie zeigen, dass Kinder aus armen Familien am Ende ihrer Grundschulzeit schlechter lesen und rechnen können als Gleichaltrige aus besser gestellten Familien.

Wer nicht lesen kann, bleibt dumm

Die Entwicklung der Ergebnisse der IGLU-Studien zeigt, dass sich die Kluft zwischen guten und schlechten Lesern und Leserinnen in den letzten 20 Jahren vergrößert hat. Kinder, denen zu Hause selten oder gar nicht vorgelesen wird, haben es deutlich schwerer. Dabei besteht ein direkter Zusammenhang zwischen der Anzahl der Bücher im Regal und der Kompetenz, Texte lesen und verstehen zu können. Studien zeigen: Akademiker und Akademikerinnen lesen ihren Kindern deutlich häufiger vor oder erzählen ihnen Geschichten als gering qualifizierte Mütter und Väter. Auch in vielen fremdsprachigen Familien wird deutlich weniger vorgelesen.

Ein Ergebnis der neuesten PISA-Studie: Deutsche Jugendliche haben immer weniger Lust zu lesen. Auch wenn viele von ihnen ständig im Internet surfen, auf Instagram posten, Nachrichten per WhatsApp verschicken. 25,5 Prozent der 15-Jährigen können inzwischen nicht mehr ausreichend lesen – jeder und jede Vierte![92] Bei diesen Statistiken muss man sich vor Augen führen, dass dies Mittelwerte sind. Das bedeutet, an einem Gymnasium im begüterten Hamburger Westen können vermutlich die meisten 15-Jährigen flüssig lesen, wahrscheinlich sind hier deutlich weniger als 25 Prozent schlechte Leser. An Schulen in sozial benachteiligten Gegenden werden hingegen weit mehr nicht richtig Texte entziffern und verstehen können.

In kaum einem anderen reichen Land hängt die Fähigkeit, gut und richtig lesen zu können, so sehr vom Elternhaus ab wie in Deutschland. Dabei zeigen die PISA-Untersuchungen, dass es anders geht, denn Schulen anderer Länder gelingt es ja offenbar, die Leselust besser zu fördern.[93] Aber in Deutschland, dem Land der Dichter und Denker, fehlt eine nationale Lesestrategie. Vielerorts gibt es Initiativen, etwa Lesepatenschaften an Grundschulen, bei denen Väter, Mütter oder auch Großeltern vorlesen oder in den Klassen Kinder beim Lesenlernen unterstützen. Aber es ist kein erklärtes nationales Ziel, dass jeder Mensch, der in Deutschland die Schule besucht hat, anschließend flüssig lesen kann, obwohl seit 20 Jahren bekannt ist, dass die Schule diese Fähigkeit nicht allen vermittelt. Bundesweite Programme wie BiSS (Bildung durch Sprache und Schrift) finden gerade mal an 1 100 Grundschulen und Kitas statt, in Deutschland gibt es aber über 15 000 Grundschulen und fast 60 000 Kitas.

Dies ist keine bildungsbürgerliche, akademische Diskussion. Wer am Ende seiner Schulzeit ein schlechter Leser oder eine schlechte Leserin ist, also gerade einmal so Texte auf Grundschulniveau mühsam buchstabieren kann, der wird sich auch in allen anderen Schulfächern und vielen Lebensbereichen schwertun. Lesen zu können, ist buchstäblich der Schlüssel zu weiteren Fähigkeiten wie Schreiben und auch Rechnen. Dabei geht es nicht nur darum, wie gut er oder sie Textaufgaben lösen kann. Wer nicht lesen kann, wird auch Schwierigkeiten haben, die Aufgaben im Englischbuch zu verstehen oder ein Referat in Geschichte vorzubereiten.

Schlecht lesen zu können, wirkt sich auf alle Bereiche des Lebens aus: Er oder sie wird kaum ein Formular richtig ausfüllen können. Wer schlecht liest, kann auch nicht die Preise von Produkten im Internet recherchieren und vergleichen.

Er oder sie gibt womöglich zu viel Geld aus, fällt auf Werbeversprechen herein und kann sich auch kaum ein Urteil über den Inhalt von Posts und Nachrichten in den sozialen Medien bilden. Echt oder Fake: Wie soll man das beurteilen, wenn man nicht richtig lesen kann?

Wenn jeder vierte Jugendliche in Deutschland nicht richtig lesen kann, bedeutet das eine große Gefahr für den Zusammenhalt einer Gesellschaft und auch für die Demokratie. Knapp die Hälfte der 15-Jährigen kann im Internet Meinung nicht von Fakten unterscheiden. Dazu sagte mir Andreas Schleicher, Direktor für Bildung und Kompetenzen bei der OECD und internationaler Koordinator der PISA-Studien: »Wenn Schüler im 20. Jahrhundert eine Frage hatten, konnten sie im Lexikon nachschlagen. Heute finden sie bei Google Tausende Informationen, sie müssen filtern, was richtig oder falsch ist. Lesekompetenz ist nicht mehr die Extraktion von Wissen, sondern die Konstruktion von Wissen.«[94] Wer sich nicht richtig informieren kann, dem fällt es schwer, sich eine eigene Meinung und Haltung zu bilden, die auf objektiven Sachlagen beruhen.

Hauptsache, Abitur: Wer darf aufs Gymnasium?

In Deutschland ist der Wechsel von der vierten Klasse der Grundschule in die fünfte Klasse der weiterführenden Schule von großer Bedeutung. Im Alter von zehn bis elf Jahren entscheidet sich die Zukunft, die Weichen für den Lebensweg werden gestellt: Wer darf aufs Gymnasium und bekommt das Ticket für den Erfolg, das Abitur? Und wer landet auf der Hauptschule? Diese Zuweisung auf die Schulform eröffnet Chancen – oder versperrt sie. Sie macht Kinder zu Aufsteigern oder zu Absteigern. Theoretisch gibt es die Möglichkeit, zwischen den Schulzweigen zu wechseln, tatsächlich passiert das in der Regel immer nur in eine Richtung: nach unten. Zahlreiche Studien belegen, dass bei der Empfehlung für die weiterführende Schulform nicht allein die Leistungen des Grundschülers oder der Grundschülerin entscheiden, sondern auch die soziale Herkunft.[95]

Wie groß der Einfluss von Bildungshintergrund und Einkommen der Eltern beim Wechsel von der Grundschule auf die weiterführende Schule ist, zeigt der »Chancenmonitor« des ifo Instituts in München. Dafür werten Wissenschaftler Daten des Mikrozensus aus, um die Chancengerechtigkeit im Bildungssystem zu messen. Die Diagnose der Bildungsökonomen fällt eindeutig aus: Wer arm ist und wessen Eltern kein Abitur haben – und wie schon gezeigt wurde, besteht da in den allermeisten Fällen ein Zusammenhang –, der hat viel schlechtere Chancen, aufs Gymnasium zu kommen und selbst Abitur zu machen. Dabei hat der familiäre Hintergrund (Bildungsabschluss, Einkommen, alleinerziehend) einen wesentlich stärkeren Einfluss als die Frage, ob das Kind aus einer Familie mit Migrationshintergrund stammt.

Und das sind die Ergebnisse des Chancenmonitors im Detail: Haben Vater und Mutter beide kein Abitur, kommen 28,2 Prozent der Kinder aufs Gymnasium. Haben beide Elternteile die Hochschulreife sind es hingegen 75,3 Prozent. Verdienen die Eltern weniger als 2 600 Euro im Monat, besuchen 26,8 Prozent das Gymnasium. Liegt es bei über 5 500 Euro im Monat, sind es 60,8 Prozent. Oft kommen mehrere Faktoren zusammen: So haben Söhne oder Töchter von Alleinerziehenden ohne Abi mit Migrationshintergrund, die weniger als 2 600 Euro verdienen, lediglich eine Wahrscheinlichkeit von 21,5 Prozent, in der fünften Klasse in einem Gymnasium zu sitzen. Haben beide Eltern Abitur, keinen Migrationshintergrund und ein monatliches Einkommen von über 5 500 Euro, dann hat ihr Sohn oder ihre Tochter dagegen eine viermal höhere Chance (80,3 Prozent), aufs Gymnasium zu wechseln. Die Forschung zeige deutlich, heißt es im Chancenmonitor, »dass Chancenungleichheit im Bildungssystem in Deutschland allgegenwärtig ist«.[96] Die Chancen, aufs Gymnasium zu kommen, hängen auch davon ab, in welchem Bundesland ein Kind zur Schule geht, das zeigt ein Vergleich der Bundesländer. Demnach haben benachteiligte Jungen und Mädchen in Berlin, Brandenburg und Rheinland-Pfalz bessere Chancen.[97] Niedriger stehen sie dagegen in Sachsen und Bayern. »Selbstverständlich ist es nicht für jedes Kind die beste Bildungsentscheidung, auf ein Gymnasium zu gehen. Aber die Chance sollte nicht von der Herkunft des Kindes abhängen«, schreiben die Autoren der Studie »Ungleiche Bildungschancen: Ein Blick in die Bundesländer«.[98]

Dabei finden sich unter armen Kindern natürlich nicht weniger intelligente Jungen und Mädchen als unter reichen und privilegierten. Aber sie bekommen weniger Unterstützung, weniger Förderung – zu Hause und in der Schule. Die Lehrer und Lehrerinnen trauen ihnen insgesamt offenbar weniger zu. Hochbegabung übersehen sie häufiger bei Mädchen sowie bei Kindern aus bildungsfernen Familien, Jungen aus Akademikerfamilien werden eher für Förderprogramme vorgeschlagen.[99] Und für eine Gymnasialempfehlung müssen Kinder von Arbeitern (unselbstständig Beschäftigte mit überwiegend körperlicher Tätigkeit) in der vierten Klasse erheblich besser lesen können als Gleichaltrige, deren Eltern einer höheren Dienstklasse (zum Beispiel führende Angestellte oder höhere Beamte) angehören.[100]

Eine der größten Ungerechtigkeiten im deutschen Schulsystem ist, dass fest einkalkuliert wird, dass Eltern ihre Kinder aktiv unterstützen. Kinder, die diese Hilfe zu Hause nicht bekommen, haben Pech. Vielleicht ahnen Lehrkräfte instinktiv, dass armen Schülerinnen und Schülern zu Hause die Unterstützung fehlen könnte, um das Abitur zu schaffen. Denn Eltern, die es sich leisten können und dazu selbst Akademiker sind, investieren zunehmend Zeit und Geld in die Bildung ihrer Kinder: Sie helfen abends bei den Hausaufgaben, üben mit ihren Söhnen und Töchtern für Tests, kaufen Übungsmaterial zur Vorbereitung auf Prüfungen, gehen mit ihnen in die Bibliothek und leihen dort gezielt Bücher aus, und sie bezahlen teure Nachhilfe, damit statt der Drei in Englisch im nächsten Zeugnis eine Zwei steht. Ohne diese materielle, aber vor allem inhaltliche Hilfe ihrer Eltern würden viele Schülerinnen und Schüler den Stoff und das Pensum am Gymnasium wohl nicht schaffen.

Cleo, die bei ihrer alleinerziehenden Mutter aufwuchs und mit 14 anfing zu arbeiten, fiel es leicht in der Schule. Sie hatte immer gute Noten, wollte Ärztin werden. In der neunten Klasse hätte sie Nachhilfe in Mathe gebraucht. Ihre Mutter sagte: »Das können wir uns nicht leisten.« In der Oberstufe wurde im Unterricht mehr Selbstständigkeit von den Schülern und Schülerinnen erwartet. »Ich habe das irgendwie nicht gepeilt. Ich hatte niemanden, der mir gesagt hat: Jetzt konzentriere dich auf die Schule, Wissen ist auch Arbeit, mach dir mal einen Plan. Mir hat keiner gezeigt, wie das geht: selbstständig zu lernen«, sagt Cleo heute rückblickend. Die Lehrer an der Schule hätten kein Verständnis für ihre Situation gezeigt, hätten nicht armutssensibel reagiert. Manche waren herablassend und sogar rassistisch. »Ich spüre heute noch, wie meine Deutschlehrerin in der elften Klasse zu mir sagt: ›Du bist mit sehr viel Selbstbewusstsein in den Leistungskurs gekommen. Ich glaube, es tut dir ganz gut, wenn du jetzt merkst: Du bist gar nicht so gut!‹«, erzählt sie. Bei einer Notenbesprechung sagte sie zu ihrem Biolehrer: »Ich habe das Gefühl, Sie halten mich für dumm.« – »Ja«, antwortete der Lehrer. Cleo sagt: »Bei einer Mitschülerin, Weiß, Akademikereltern, hätten sie das nicht gemacht. Wenn eine Ann-Marie gesagt hat, sie will Ärztin werden, wurde sie gelobt – ich dagegen wurde belächelt. Die Lehrer hatten kein Wissen über mich, haben aber auch nicht gefragt. Zu Hause gab es Probleme. Dabei hätte ich Unterstützung gebraucht. Wahrscheinlich wäre mein Abischnitt dann besser. Mit 2,4 kann ich schlecht Medizin studieren. Diese Erfahrungen haben bei mir zu tiefsitzenden Ängsten geführt, ich habe mir kaum mehr etwas zugetraut. Es kostet so viel Kraft, sich diesen Ängsten zu stellen, wenn man keine Unterstützung hat, sich unsicher fühlt. Das kann sich niemand vorstellen, der privilegiert aufwächst. Erst jetzt, nach sieben Jahren und einer Ausbildung, finde ich den Mut, mich auf den Medizinertest vorzubereiten.«

Auch viele arme Eltern versuchen, ihre Kinder zu unterstützen, sie geben anteilig gesehen sogar mehr Geld aus für die Nachhilfe in Mathe als wohlhabendere Eltern. Aber in der Summe können sie mit den privilegierteren Akademikereltern nicht mithalten, die erheblich mehr in die Bildung ihrer Kinder investieren und Freizeitangebote wie zum Beispiel das Erlernen eines Instrumentes oder die Mitgliedschaft im Hockeyclub zahlen können. Dadurch erhalten Kinder, die grundsätzlich schon bessere Chancen haben, noch bessere Möglichkeiten.[101]

Lehrkräfte wissen das – und sie kalkulieren das kulturelle Kapital der Familien mit ein. Wahrscheinlich behandeln mehr Lehrerinnen und Lehrer, als man meinen mag, gleich gute Schüler deshalb sogar in guter Absicht unterschiedlich, vielleicht wollen sie die armen Kinder vor dem Frust eines Versagens am Gymnasium schützen. Andererseits hegen viele Vorurteile – oft sicher unbewusst – gegenüber Schülerinnen und Schülern aus nichtakademischen, armen Elternhäusern. Sie denken vielleicht, ein Kind passe nicht aufs Gymnasium, oder sie haben Ressentiments gegenüber Eltern, die im Plattenbau oder einer Sozialwohnung leben.

»Kevin ist kein Name, sondern eine Diagnose« – Vorurteile von Lehrkräften

Es beginnt häufig beim Vornamen: Jungen, die Kevin oder Justin und Mädchen, die Mandy oder Vanessa heißen, verhalten sich in den Augen ihrer Lehrerinnen und Lehrer eher frech und auffällig und stammen aus einem bildungsfernen Milieu. Justin oder Mandy trauen Lehrkräfte weniger Leistung zu. Bei Marie, Charlotte oder Katharina erwarten sie hingegen eher ein braves und freundliches Mädchen mit bürgerlichem Hintergrund und guten Bildungsvoraussetzungen zu Hause. Heißt ein Junge Jakob, Alexander oder Simon hat er Chancen, in der Arbeit eine bessere Note zu bekommen als Kevin. Denn bei einem Simon vermuten Lehrer gute Leistungen. Das ergaben zwei Vornamensstudien der Arbeitsstelle für Kinderforschung der Universität Oldenburg. Dazu wurden Lehrkräfte von Grundschulen befragt. »Kevin ist kein Name, sondern eine Diagnose«, schrieb eine Lehrkraft als Kommentar in den Fragebogen. Fast 70 Prozent der befragten Lehrkräfte sagten, ihre Einschätzung beruhe auf persönlichen Erfahrungen mit Kevins oder Mandys.[102]

Was sie über Namen wie Mustafa oder Aishe denken, wurde nicht gefragt, wäre aber sicher interessant. Erhellend wäre bestimmt auch ein Vergleich der Namenslisten von Fünftklässlern am Gymnasium und an der Hauptschule. Wahrscheinlich würde man am Gymnasium viele bürgerliche Doppelnamen wie Marie-Sophie finden, und an der Hauptschule eher Namen wie Marvin und Murat. In jedem Fall belegen die beiden Studien, wie unreflektierte Vorurteile Lehrer und Lehrerinnen beeinflussen – letztlich auch die Entscheidung, wem sie eine Empfehlung fürs Gymnasium geben und wem nicht. Kinder haben aber keinen Einfluss auf die Auswahl ihres Vornamens und daher auch nicht auf die Vorurteile, mit denen ihnen Lehrer und Lehrerinnen begegnen. Das sollten sich Lehrkräfte immer wieder vor Augen führen.

Jeremias Thiel hatte gute Noten in der Grundschule und bekam trotzdem keine Empfehlung fürs Gymnasium, weil er aus einem bildungsfernen Elternhaus stammte. In seinem Buch schildert er die Situation: »Auf dem Etikett, das man mir aufgeklebt hatte, stand: schlauer Kerl, aber arm, keine Unterstützung aus der Familie, schlechte Prognose. In der Schule glaubte man einfach nicht an mich. Nix mit Gymnasium.«[103] Obwohl der Junge wissbegierig war, so viel las, wie er nur konnte, bekam er nur eine Empfehlung für die Realschule oder Gesamtschule. Jeremias Thiel hatte Glück, denn an der Gesamtschule hatte er einen Lehrer, der ihn förderte. Rückblickend schreibt er: »Kaum etwas hat mich in meinem Leben so sehr aus der Fassung gebracht wie das Gefühl, dass all diese Menschen, die da über meinen zukünftigen Weg bestimmten, nicht an mich glaubten. Dass sie mir das, was ich mir so sehnlichst wünschte, nicht zutrauten: den bestmöglichen Bildungsweg.«[104]

Auch Aliyah, die nachdenkliche junge Frau aus Berlin,

hat das erlebt. »Bildung ist total wichtig. Das sehe ich an meiner Mama, die keinen Abschluss hat. Man muss was im Kopf haben und zeigen, man will das durchziehen. Aber wenn man immer wieder hört: Du bist dumm, du bist arm, du schaffst das eh nicht, Hartz-IV-Empfänger sind faul und wollen nicht arbeiten, dann glaubt man das irgendwann«, sagt sie.

Wer in einer wohlhabenden Familie aufwächst, trägt nicht nur die angesagten Klamotten, Turnschuhe und fährt mit einem schicken Fahrrad zur Schule, kann selbstverständlich mit auf Klassenfahrt und muss nicht darüber nachdenken, woher das Geld dafür kommen soll. Auch der teure Sprachurlaub oder der Schüleraustausch – kein Problem. Er oder sie bekommt auch eine große Portion Selbstbewusstsein mit auf den Lebensweg. Die fehlt den meisten armen Kindern. Dabei bräuchten sie viel mehr davon, um sich durchzusetzen.

»Du hast nicht genug Talent! Du kannst es nicht!« – Solche Rückmeldungen von Lehrern und Lehrerinnen färben ab. Denn arme Schülerinnen und Schüler halten sich – bei gleichen Leistungen und Noten – selbst für weniger klug und talentiert. Das wiesen Sozialpsychologinnen der Universität Wien und der Freien Universität Berlin in einer Studie mit über 3 000 Menschen in verschiedenen Ländern nach. Die verzerrte Selbstwahrnehmung trägt dazu bei, dass sich schon Schülerinnen und Schüler weniger zutrauen und häufig auch schlechter zeigen können, was in ihnen steckt – auch wenn sie ebenso gute Noten haben wie ihre Mitschüler. Dieses negative Selbstbild trägt zu weiterer Benachteiligung bei.[105]

Sie bräuchten Bestärkung und gezielte professionelle, pädagogische Unterstützung. Darauf werden Lehrkräfte aber in ihrer Ausbildung gar nicht vorbereitet und können solche individuellen Hilfestellungen daher nicht leisten. Der Bildungsforscher Aladin El-Mafaalani kritisiert: »Die Lehrerausbildung ist im Hinblick auf die Diagnose des individuellen Potenzials eines Kindes – optimistisch ausgedrückt – mangelhaft, vielleicht sogar nah am Dilettantismus. Und noch entscheidender: Die soziale Herkunft spielt bei dem wenigen, was man im Bereich Diagnostik lernt, praktisch keine Rolle. Die Ausbildung diagnostischer Kompetenzen ist blind für die soziale Herkunft. Wo man blind ist, kann man auch nicht fördern.«[106] Das bestätigt auch Bildungsforscher Olaf Köller: »Lehrkräfte haben keine wirklich fundierte diagnostische Ausbildung, oft fehlt auch das Bewusstsein. Sozial benachteiligte Schüler haben ja nicht automatisch eine Lernstörung oder eine emotionale Störung, sondern wachsen in einem ungünstigen Milieu auf.« Es wäre aber wichtig, dass Lehrkräfte selbstkritisch ihren Umgang mit Leistung prüfen und sich ihre Vorurteile bewusst machen.

So werden bereits Zehnjährigen Zugänge zu Bildung versperrt, Schüler und Schülerinnen werden in »gute« und »schlechte« sortiert, es werden entscheidende Weichen für das gesamte weitere Leben gestellt. Kinder aus besser gestellten Familien haben eine rund 2,5-mal höhere Wahrscheinlichkeit, aufs Gymnasium zu gehen, als Mädchen und Jungen aus Arbeiterfamilien – bei gleichen schulischen Leistungen. In der Hauptschule sitzen dann vor allem Kinder, deren Eltern einen Hauptschulabschluss haben, im Gymnasium lernen vor allem die Söhne und Töchter von Abiturienten.[107]

Keine schöne Schulzeit

Die Schullaufbahn von armen Kindern verläuft selten geradlinig: Sie bleiben häufiger sitzen, landen auf Haupt- oder Sonderschulen, bekommen in allen Fächern bis auf Sport schlechtere Noten. Schaffen es Kinder aus bildungsfernen Elternhäusern trotzdem aufs Gymnasium, weil sie in der Grundschule lauter Einsen im Zeugnis hatten, fallen sie im Lauf der Schuljahre bei ihren Leistungen zurück. Sie können mit den Klassenkameraden aus akademischen Elternhäusern nicht Schritt halten. Diese überholen sie im Laufe der Gymnasialschulzeit bis zur neunten Klasse. Das zeigen Auswertungen des Nationalen Bildungspanels (NEPS).[108] Die Unterschiede durch den Bildungshintergrund werden also in der Schule nicht ausgeglichen, sondern noch verstärkt.

Auch Finja hätte Lehrerinnen und Lehrer gebraucht, die genauer hingeschaut und sie unterstützt hätten. Die heute 24-Jährige erinnert sich nicht gern an ihre Schulzeit. Eigentlich war sie eine gute Schülerin. Doch auf dem Gymnasium wird sie zur Außenseiterin. Finja stammt aus sehr einfachen Verhältnissen. Ständig wird zu Hause gestritten wegen Geld, die Eltern haben Schulden. Doch die Lehrer wissen davon nichts. Finja erzählt: »Hungern musste ich als Kind nie, aber für den Urlaub oder die Klassenfahrt hat es nicht gereicht. So richtig gekümmert haben sich meine Eltern nicht, ich bin oft in dreckiger Jogginghose und ungekämmten Haaren in die Schule.« Mehrfach wird sie darauf angesprochen, warum sie so ungepflegt rumlaufe. Auf dem Gymnasium wir sie gemobbt, weil sie nicht die richtigen Klamotten trägt.»Die Marke Hollister war sehr angesagt. Die musste man haben. Bei Gruppenarbeiten wurde ich ausgegrenzt, mir wurde gesagt: Mit dir wollen wir nichts zu tun haben, du gehörst nicht dazu! Ich habe dann gespart, all mein Geld zusammengekratzt, aber es hat nicht gereicht, weil ich nur einen Pulli von Hollister hatte, die anderen aber die ganze Ausstattung, Taschen, Schuhe und so weiter. Und ich habe meine Schulbücher geliehen und nicht gekauft, weil das kostenlos war. Dafür wurde ich in der Klasse ausgelacht. Ab der siebten Klasse habe ich die Pausen meist auf der Toilette verbracht, mich eingeschlossen und gewartet, bis sie zu Ende waren.« Freunde hat Finja keine auf dem Gymnasium, nur außerhalb der Schule. Sie beginnt sich selbst zu verletzen. »Ich wollte, dass die Lehrer das sehen, mich ansprechen, das Jugendamt informieren und ich von zu Hause wegkomme. Aber niemand kam auf mich zu oder hat irgendwas gesagt. Durch das Mobbing wurden meine Noten schlechter. Zu Hause gab es auch Ärger, weil meine Eltern sich getrennt hatten. Das war eine wirklich schlimme Zeit für mich.«

Kein Pausenbrot, kein Federmäppchen: Anzeichen für Kinderarmut im Klassenzimmer

Häufig sind es kleine Signale: Hier fehlt das Vokabelheft, da Stifte in der Federmappe oder der Tuschkasten. Finja erinnert sich noch gut daran: »Im Kunstunterricht hatte ich immer den billigen Malkasten und die billigen Pinsel, die so schnell die Haare verlieren. Dafür habe ich mich sehr geschämt.« Viele Kinder kommen ohne Frühstück in die Schule, oft fehlt ein ausgewogenes, gesundes Pausenbrot. Annika, die junge Frau, die im Obdachlosenheim schläft, beobachtete in der Schule: »An Brotboxen sieht man, wer Geld hat. In meiner Klasse in der Grundschule war ein Mädchen, ihre Mutter war Ärztin. Die hatte schönes dunkles Brot mit Käse oder Wurst und Salat, in einer Dose. Obst und Gemüse. Und Süßigkeiten. Ich hatte immer nur Toast mit Margarine und Mortadella zusammengeklappt in Folie, vielleicht noch eine Banane dazu. Aber nie eine Dose.« Dabei sehen Lehrer und Lehrerinnen durchaus, welche Spuren Armut bei Kindern hinterlässt. Arme Kinder melden sich häufiger vor Klassenfahrten oder Ausflügen kurzfristig krank, weil das Geld fehlt. Aus Sicht vieler Lehrkräfte ist Kinderarmut heute in allen sozialen Schichten präsenter als in den Jahren zuvor, das zeigt das Deutsche Schulbarometer, eine Untersuchung im Auftrag der Robert Bosch Stiftung. Erstmals wurden dafür im Juli 2023 mehr als 1000 Lehrkräfte nach Anzeichen von Armut in ihren Klassen gefragt.[109]

Fast ein Drittel der Lehrer und Lehrerinnen beobachtet, dass ihre Schüler im Vergleich zum Schuljahr zuvor häufiger ohne Frühstück in die Schule kamen. An Schulen in sozial benachteiligten Vierteln sagt das sogar jede zweite Lehrkraft. Auch das Essensgeld für die Mensa können viele Schüler und Schülerinnen nicht zahlen oder nur verspätet. Ein Drittel der Lehrkräfte sagt, dass sich die Mädchen und Jungen in ihrer Klasse vermehrt Sorgen machen, weil zu Hause das Geld knapp ist. An den Grundschulen fällt dies bereits jeder vierten Lehrkraft auf, an Förder- und Sonderschulen sagt dies sogar jede zweite. Sorgen um die schwierige finanzielle Situation der Eltern gehört also in vielen Klassen zum Alltag – Gedanken, die sich Kinder und Jugendliche eigentlich nicht machen sollten. Viele Pädagogen beobachten bei ihren Schülern nicht nur allgemein mehr Ängste, sondern sie nehmen verstärkt Konzentrations- und Motivationsprobleme sowie Unruhe wahr – vor allem sagen dies Lehrer an Schulen in sozial schwieriger Lage. Dort gibt es auch mehr Konflikte unter den Schülern und mehr aggressives Verhalten als an anderen Schulen.

Die Ergebnisse des Schulbarometers spiegeln in beeindruckender Weise die Verteilung der Schüler und Schülerinnen wider: Beobachtungen von steigender Armut und Sorge vor finanzieller Not machten vor allem Lehrkräfte, die an Grund-, Haupt-, Real- und Gesamtschulen unterrichten – also Schulen, die eher arme Kinder und Jugendliche besuchen. Pädagogen an Gymnasien und Berufsschulen konnten dagegen die finanzielle Situation ihrer Schüler und Schülerinnen nicht einschätzen. Auch fiel ihnen nicht so häufig wie Kollegen an den anderen Schulformen auf, dass bei Jugendlichen in ihrer Klasse Hefte, Bücher oder Sportbekleidung fehlen, weil zu Hause das Geld knapp ist.

Eine armutssensiblere Haltung an Schulen könnte bedeuten, dass Lehrkräfte bei Schulmaterialien explizit darauf achten, keine teuren Aufgabenhefte oder Taschenrechner zu fordern. Sie könnten mehr Sorge dafür tragen, dass Ausflüge möglichst wenig kosten, damit alle teilnehmen können und arme Kinder nicht vor den Klassenkameraden bloßgestellt werden, weil sie sich outen müssen, dass eine Anschaffung oder ein Ausflug für sie zu teuer ist. Dazu müssten die Pädagogen wissen, in welchen Verhältnissen Kinder aufwachsen. Wo es zu Hause Schwierigkeiten gibt, weil ein Elternteil arbeitslos ist. Und wer nachmittags auf die kleinen Geschwister aufpassen muss, weil die Mutter die Kinder allein großzieht und erschöpft ist.

Hauptsache, mein Kind geht auf eine »gute Schule« – warum Eltern soziale Unterschiede verstärken

Aber nicht nur die Lehrkräfte, sondern auch Eltern verstärken den Effekt der sozialen Herkunft. Denn am Ende der vierten Klasse können die Lehrkräfte in den meisten Bundesländern lediglich eine Empfehlung für die weiterführende Schule aussprechen. Diese ist nicht bindend. Ambitionierte Eltern aus dem gutbürgerlichen akademischen Milieu setzen sich darüber eher hinweg, wenn diese »nur« für die Realschule reicht und melden ihr Kind an einer Gesamtschule oder einem Gymnasium an. Arme Eltern zögern dagegen, ihren Sohn oder ihre Tochter aufs Gymnasium zu schicken. Sie weichen eher nach unten aus und wählen für ihr Kind eine Realschule. Selbst wenn ihr Kind mit dem Zeugnis eine Empfehlung für das Gymnasium erhält, liegt die Wahrscheinlichkeit, dass es nach den Sommerferien tatsächlich in der fünften Klasse zwischen lauter Gymnasiasten sitzt, nur bei 20 Prozent. Vermutlich spielen bei dieser Entscheidung auch Gefühle von Unterlegenheit und Scham eine Rolle.[110]

Arme Kinder gehen auch häufiger auf »schlechtere« Schulen: Die Leistungen an Schulen in sozial schwierigen Stadtteilen sind oft schwächer als an Schulen in Wohngebieten, wo Familien mit hohem Einkommen leben, die ihre Kinder tendenziell mehr fördern. Vor allem in Nordrhein-Westfalen, Bremen, Hamburg und Berlin ballen sich Schulen mit hohen Anteilen armer Kinder.[111] Darüber hinaus gibt es in den ärmeren Städten und insbesondere in den ärmsten Stadtteilen weniger Gymnasien als in den reichen. »Diese Stadtteile sind sozial benachteiligt, sie wirken aber auch sozial benachteiligend«, schreibt Bildungsforscher El-Mafaalani.[112]

Hinzu kommt der Lehrermangel: An allen Schulformen

fehlen pädagogische Profis, aber vor allem an Grundschulen und Schulen in schwierigen Lagen. Dort fallen mehr Stunden aus, und dort unterrichten mehr Quer- und Seiteneinsteiger. »Die Fluktuation ist höher, denn in Zeiten von Fachkräftemangel können sich qualifizierte junge Lehrkräfte die Stellen aussuchen«, erklärt Bildungsexperte Olaf Köller. »Ich sage es mal etwas überspitzt: Die suchen sich eher die angenehmen Schulen aus, wo sie vergleichsweise einfache Kinder aus bürgerlichen Haushalten im Unterricht haben und nicht die Schule im Brennpunkt, wo die 15-Jährigen nicht lesen, schreiben und rechnen können. Am besten ausgestattet sind Gymnasien. Dort sind die Verhältnisse noch relativ komfortabel. Durch den Fachkräftemangel wird sich diese Situation in den nächsten Jahren vermutlich noch verschärfen – zu Lasten der sozial Schwachen, wenn die Politik hier nicht einschreitet.«

Dortmunder Forscher fanden heraus, dass Kinder mit unterschiedlichem sozio-ökonomischen oder ethnisch-kulturellen Hintergrund in Grundschulen oft stärker voneinander getrennt sind als in ihren Wohnvierteln. Der Grund: Selbst wenn privilegierte Familien in gemischten Stadtvierteln leben, wählen sie für ihre Kinder häufig eine Schule außerhalb dieser Nachbarschaft. Denn wenn es um die Schule geht, kennen Eltern kein Pardon; überspitzt gesagt, wollen viele da kein »multikulti«, kein internationales Flair, sondern eine solide Lernumgebung mit möglichst wenig »Ausländerkindern«. Subjektiv gesehen treffen Eltern mit höherem Einkommen die richtige Entscheidung, wenn sie ihr Kind auf die vermeintlich »bessere Schule« mit gutem Ruf schicken. Dabei meiden sie vor allem Grundschulen mit hohem Migrationsanteil und vielen muslimischen Kindern. Ärmere Familien achten bei der Schulwahl darauf, dass es Unterstützungsangebote für ihre Kinder gibt, teure AGs schrecken sie eher ab. Durch die freie Grundschulwahl vielerorts zementieren die Eltern die soziale Ungleichheit.[113] Und so setzt sich die Trennung der beiden Welten in der Schule fort, die bestehenden Unterschiede werden sogar noch verstärkt, statt ausgeglichen. Die schwachen und die starken Schüler bleiben jeweils unter sich. Dabei würden vor allem bildungsferne Schüler und Schülerinnen von einer Durchmischung profitieren.

Die neue »Superdiversität« in der Klasse

Die Zusammensetzung von Klassen hat sich in den letzten Jahren enorm verändert: Über 40 Prozent aller Grundschulkinder in Deutschland haben inzwischen Migrationshintergrund. Schaut man nur nach Westdeutschland, ist der Anteil wesentlich höher. In den Ballungsgebieten hat mittlerweile die Mehrheit der Mädchen und Jungen in Kitas und Grundschulen einen Migrationshintergrund. Gab es früher zwei bis drei Gruppen, deren Familien nicht aus Deutschland stammten, sondern aus der Türkei, Italien oder Griechenland zugewandert waren, werden heutzutage in den Klassen teilweise 20 verschiedene Sprachen und mehr gesprochen. Der Soziologe Aladin El-Mafaalani nannte das in einem Interview mit mir »eine neue Superdiversität«, auf die das Bildungssystem bisher noch gar nicht eingestellt sei.[114]

Aber auch wenn Kinder mit zugewanderten Eltern hier geboren sind, also zur zweiten Generation gehören, erreichen sie oft nicht das gleiche Bildungsniveau wie Gleichaltrige ohne Migrationshintergrund. Dabei haben Eltern mit Migrationshintergrund sogar besonders hohe Bildungsziele für ihre Kinder. Viel mehr Mütter mit ausländischen Wurzeln als deutsche Mütter wünschen sich für ihre Söhne und Töchter, dass sie fleißig lernen und Abitur machen. Trotzdem sind ihre Kinder im Vergleich in der Schule oftmals nicht so erfolgreich.[115] Kinder mit Migrationshintergrund weisen bereits häufig während der Grundschulzeit Defizite auf. Oft fehlt ihnen zu Hause die Unterstützung, wenn die Eltern schlecht Deutsch sprechen und selbst keine höhere Bildung haben. Viele zugewanderte Mütter und Väter verstehen vermutlich auch das deutsche Schulsystem und die Lehrkräfte nicht. Ihre Kinder sind deshalb mehrfach benachteiligt. In Deutschland geborene Kinder mit Migrationshintergrund gehen seltener aufs Gymnasium als Gleichaltrige ohne ausländische Wurzeln. Allerdings holen vor allem die Mädchen inzwischen auf: 2022 gingen 38 Prozent der 15-Jährigen mit Migrationshintergrund aufs Gymnasium, von den gleichaltrigen Mädchen ohne Migrationshintergrund macht das jedoch fast jedes zweite (47 Prozent).[116] Kinder, die selbst zugewandert sind, haben schlechtere Chancen, sie gehen besonders häufig auf Haupt- oder Förderschulen. Dies liegt vor allem an den ungünstigen sozialen Bedingungen, unter denen sie aufwachsen.[117]

Besonders problematisch ist es, wenn Mädchen und Jungen zu Hause kaum oder gar kein Deutsch sprechen. Denn wer die Sprache nicht beherrscht, versteht auch nicht, was die Lehrerin im Matheunterricht erklärt, oder die Aufgabenstellung im Kunstunterricht. Die Sprache ihrer Herkunftsländer versteht hier kaum jemand außerhalb ihrer Community. Arabisch und Türkisch gelten verglichen mit Französisch oder Englisch als minderwertige Sprachen. Meist übersehen wir, was zugewanderte Kinder leisten: Sie müssen sich in einer neuen Umgebung zurechtfinden, eine neue Sprache erlernen, häufig übernehmen die Älteren Verantwortung für die jüngeren Geschwister, dolmetschen für die Eltern bei Behördengängen.

So wie Hawal. Der 19-jährige Iraker ist der älteste Sohn. Er hat vier Geschwister. Seine Familie gehört zur verfolgten Religionsgruppe der Jesiden. Über die Türkei flohen sie 2015 aus dem Irak nach Deutschland. Hawal ist sehr ehrgeizig und spricht gut Deutsch. Er geht in die Oberstufe eines Gymnasiums, will Abitur machen und Deutscher werden. Aber er erlebt auch Zurücksetzung in der Schule.

»Man ist hier in Sicherheit, hat Meinungsfreiheit und kann lernen. Das ist nicht selbstverständlich«, Hawal 19, geboren im Irak.

»Bevor wir nach Deutschland kamen, hatte ich natürlich ein komplett anderes Bild von Deutschland. Ich war ja erst neun, ging in die dritte Klasse, in den Sommerferien mussten wir dann flüchten. Ich dachte, wir kriegen direkt ein zweistöckiges Haus, ein Auto. Aber vor allem habe ich mir unter Deutschland Freiheit vorgestellt, mehr Möglichkeiten, was Lernen angeht. Am Anfang war es natürlich sehr schwer, weil alles komplett neu war: das Klima, das Essen, die Sprache. Aber ich war nie schüchtern, wollte immer mehr und mehr lernen. Jeden Tag noch einen weiteren Schritt Richtung Zukunft machen.

Ich wollte schon immer mein Abitur hier in Deutschland absolvieren. Aber in der zehnten Klasse, es war während Corona, ging es mir richtig schlecht. Ich konnte mich gar nicht mehr aufs Lernen konzentrieren, ich habe es einfach vernachlässigt. Wir hatten ein Handy und ein Laptop für fünf Kinder. Damit mussten alle lernen. Damals waren wir noch in einer kleineren Wohnung, ich habe auf dem Fußboden auf einer Matratze geschlafen, das Internet war schlecht. Die Lehrer haben mir gesagt: ›Du kannst die zehnte Klasse wiederholen, wenn deine Noten nicht gut sind.‹ Aber dann ein oder zwei Wochen vor den Sommerferien haben die mir plötzlich gesagt: ›Du kannst jetzt doch nicht wiederholen, deine Noten sind zu schlecht. Du musst jetzt raus aus der Schule.‹ Zwei Wochen vor den Ferien hatte ich nichts: keine Ausbildung, nur meinen Hauptschulabschluss! Ich habe mich so verraten gefühlt. Und natürlich auch schlecht, weil meine Eltern so enttäuscht von mir waren. Sie haben gesagt: ›Von dir hätten wir was anderes erwartet. Jetzt reiß dich mal zusammen.‹ Das ist schlimmer als schimpfen. Ich wusste einfach nicht mehr weiter. Ich bekam dann Hilfe von der Arche, durch einen Mutmacher: Matthias, ein Erwachsener, er hat mit mir geredet, mich beraten. Das hat mich motiviert, mich an einer anderen Schule zu bewerben. Ich habe die zehnte Klasse wiederholt und kann jetzt mein Abi machen.

Wenn ich das schaffe, dann gehe ich zu den Lehrern von meiner alten Schule, die mir gesagt haben: ›Du bist so schlecht, du wirst es nicht schaffen.‹ Ich gehe zur Chemielehrerin, bei der ich eine Fünf hatte. Und dann zeige ich ihnen mein Zeugnis: Hier, ihr habt so einen kleinen Jungen wie mich, der damals nicht weiterwusste, einfach so runtergezogen. Ihr solltet nicht solche Vorurteile haben.

Es gibt Rassismus in Deutschland auch in der Schule. In meiner Klasse werden zum Beispiel in manchen Fächern die Leute, die biodeutsch sind, besser bewertet als die anderen, das ist nicht nur bei mir so. Wenn einer einen guten Beitrag in der Klasse geleistet hat, zum Beispiel beim Referat oder sich meldet, dann wird das nicht so angesehen, als hätte es ein Biodeutscher gesagt. Die Leute mit Migrationshintergrund machen viel mehr. Ich muss zum Beispiel Spanisch lernen, Englisch und Deutsch – drei Sprachen auf einmal. Und dann werden wir trotzdem so behandelt, als wäre das nichts. Letzten Monat habe ich bei einer Deutscharbeit zehn Punkte bekommen. Und alle sagen zu mir: Wirklich zehn Punkte? Hast du doch nicht verdient! Wie hast du es geschafft? Als wäre das nichts Normales. Bei mir gibt es welche mit Migrationshintergrund in der Klasse, die trauen sich schon nicht mehr, was zu sagen.

Oft wird mir gesagt: Du bist doch ein Flüchtling! Aber ich bin doch gar kein Flüchtling mehr. Ich lebe jetzt hier. Ich gehöre hier hin. Ich will auf jeden Fall Deutscher werden. Ich habe Pläne: Erst wollte ich Polizist werden, dann Maschinenbau studieren, aber momentan will ich etwas in Richtung BWL studieren und für ein Unternehmen im Bereich International Management arbeiten, so mit Anzug und so. Meine ältere Schwester hat ihr Abi schon gemacht und fängt jetzt an zu studieren.

Wir haben eine Wohnung, vier Zimmer, es ist ein bisschen schwierig, weil ich mein Zimmer mit zwei von meinen kleinen Geschwistern teile. Die müssen ja früh schlafen, und ich muss manchmal in der Nacht für die Schule lernen. Bisher leben wir von Bürgergeld. Aber mein Vater hat seit Kurzem einen Job, er fährt Sachen aus für ein Reha-Team, Rollstühle und sowas. Mein größter Wunsch ist, meiner Mutter ein Haus zu schenken. Und meinem Vater ein Auto. Natürlich, wenn jetzt ein Junge in deinem Alter zum Beispiel mit dem Auto zur Schule kommt oder so teure Sachen hat, natürlich will man das auch haben, aber ich bin nie neidisch. Nein. Ich glaube, man sollte dankbar sein, für das, was man bekommt. Man ist hier in Sicherheit, hat Meinungsfreiheit. Das ist nicht selbstverständlich.«

Wie Armut zu Bildungsarmut führt

Fassen wir noch einmal zusammen: Die Kinder kommen mit großen Unterschieden in die erste Klasse. Vor allem arme Mädchen und Jungen sowie Kinder mit Migrationshintergrund haben Defizite. Aber eine Antwort auf die Frage: Wie sollen diese Kinder integriert werden?, haben bisher weder die Gesellschaft noch das Schulsystem gefunden. Die Schule ist nicht in der Lage, diese Unterschiede auszugleichen, sondern verstärkt sie teilweise sogar noch. Insgesamt wird das deutsche Schulsystem bereits jetzt dem Anspruch nicht gerecht, alle Kinder unabhängig von ihrer Herkunft gleichermaßen zu fördern. Sind arme Kinder genauso leistungsstark und wissbegierig wie Gleichaltrige aus begüterten Verhältnissen, so haben arme Mädchen und Jungen dennoch schlechtere Chancen, aufs Gymnasium zu gehen. Weil sie oftmals schlechtere Noten bekommen, aber auch weil ihre Eltern zögern, sie aufs Gymnasium zu schicken. Selbst wenn sie es aufs Gymnasium schaffen, stehen ihre Chancen schlechter, Abitur zu machen. Sie sind also doppelt benachteiligt. So wird Armut zur Bildungsarmut: Kinder aus armen Familien, deren Eltern keine Akademiker sind oder die zugewandert sind, gehen eher auf die Haupt- oder Realschule als aufs Gymnasium. Aus Akademikerkindern werden dagegen in der Regel selbst wieder Akademiker, sie profitieren von ihrer Herkunft und ihrem Status.

Zahlreiche Untersuchungen kommen immer wieder zum gleichen Ergebnis: Deutschland ist ungerecht, arme Kinder haben nicht die gleichen Chancen wie finanziell besser gestellte Kinder. Es ist auch bekannt, dass Jahr für Jahr Tausende in der Schule scheitern. Das wird in Kauf genommen, denn es passt zu der Vorstellung, die wir als deutsche Gesellschaft haben: Jeder ist für sich, seine Zukunft, seine Karriere allein verantwortlich. Und wer es nicht packt, der hat selbst Schuld.

Vor allem, wenn er oder sie keinen Abschluss macht. Zeugnisse, Urkunden, Diplome sind in unserem Land wichtig, sie markieren Etappen, öffnen die Türen zur nächsten Qualifizierung. Wer die nicht hat, dem bleiben sämtliche Türen verschlossen. 2022 verließen über 52 000 Jugendliche die Schule ohne Hauptschulabschluss.[118] Sie machten sich nicht schick für den Abschlussball, ihnen wurde kein Zeugnis feierlich vor Familie und Freunden überreicht, für sie hielt niemand eine Rede, keiner spendete Beifall. Bei den allermeisten führt dieses Versagen zu einer großen Kränkung. Es hinterlässt eine Narbe, die womöglich nie mehr ganz heilt. Denn ohne Schulabschluss wird es schwer, eine Lehrstelle zu finden und anschließend eine gut bezahlte Arbeit. Es sind vor allem Jungen, die keinen Abschluss schaffen, der Anteil der Jugendlichen mit Migrationshintergrund ist dabei deutlich größer als der Anteil deutscher Heranwachsender. Und fast die Hälfte der Jugendlichen, die den Hauptschulabschluss verfehlen, scheitern in Förderschulen.[119] Auch hier zeigt sich wieder: In Deutschland verlassen mehr junge Menschen als in anderen europäischen Ländern vorzeitig das Schul- und Ausbildungssystem, und bei uns steigt diese Quote, während sie allgemein in Europa sinkt.[120] Dabei haben sich alle EU-Länder, also auch Deutschland, verpflichtet, die Schulabbrecherquoten bis 2020 auf unter zehn Prozent zu senken. Wie viele solcher negativen Nachrichten braucht es eigentlich noch, bis dieses Land endlich aufwacht und reagiert?

Die Situation ist in Folge der Coronapandemie, während der die Schulen fast 40 Wochen geschlossen waren, noch dramatischer geworden. Die zitierten Schulstudien zeigen alle, dass vor allem sozial benachteiligte Schüler und Schülerinnen weiter abgehängt wurden. Die Leistungsunterschiede haben sich verstärkt. Kinder aus sozial schwachen Familien und mit Migrationshintergrund gehören zu den Bildungsverlierern. Die Schulen kommen gar nicht dazu, den fehlenden Lernstoff und die Defizite im sozialen Miteinander aufzuarbeiten, denn sie ächzen unter den vielen zusätzlichen Aufgaben.

Insgesamt steht das deutsche Bildungssystem vor großen Herausforderungen: Die Folgen der Coronapandemie sind nur unzureichend aufgearbeitet. Der Fachkräftemangel führt in den Schulen zu Engpässen, vielerorts fehlen qualifizierte Lehrkräfte. In den letzten Jahren sind weitere Kinder und Jugendliche zugewandert, seit 2022 viele Kinder und Jugendliche aus der Ukraine. Vermutlich werden auch in den kommenden Jahren infolge der Flüchtlingsbewegungen weltweit weitere Kinder aus anderen Ländern nach Deutschland kommen. Der Anteil der Kinder, die zu Hause nicht Deutsch sprechen, wird weiter steigen. Sie alle sollen hier zur Schule gehen, Deutsch lernen, integriert werden und einen Schulabschluss machen. Gelingt das nicht, könnten sich die sozialen Unterschiede weiter verstärken.

Geschlossene Gesellschaft auch nach der Schule

Nach Abschluss der Schule beginnt der Start ins Erwachsenenleben: Endlich frei sein und unabhängig von den Eltern! Aber auch in dieser Phase haben es junge Erwachsene aus armen Verhältnissen schwerer als Kinder privilegierter Eltern. Für die Zukunft sparen, für den Führerschein oder auch für den Auszug bei den Eltern – für sie ist das schwierig bis undenkbar. Ihnen fällt es daher besonders schwer, selbstständig zu werden, sich vom Elternhaus zu lösen, eine Ausbildung zu machen und einen Job zu finden, von dem sie leben können.[121]

Viele Abiturienten und Abiturientinnen machen heute nach der Schule zunächst mal ein »Gap Year«: ein Jahr, in dem sie reisen, jobben oder einfach chillen, ausspannen, frei von Lernstress, bevor es in die Ausbildung oder an die Universität zum Studieren geht. So ein freiwilliges soziales Jahr im Ausland macht sich später auch gut im Lebenslauf. Da inzwischen fast 40 Prozent Abitur machen, werden solche Auslandsaufenthalte, Praktika, exotische Hobbys, das richtige Auftreten und vor allem Beziehungen immer wichtiger. Ein Jahr in Neuseeland oder Kanada zur Schule gehen, um anschließend perfekt Englisch zu sprechen, nach der Schule im Waisenheim in Thailand arbeiten – damit können junge Erwachsene, die in Armut aufwachsen, nicht punkten. Denn einen Freiwilligendienst oder ein unbezahltes Praktikum, für das man obendrein häufig Kontakte braucht, um es zu bekommen, können sich arme Jugendliche gar nicht leisten, weil ihre Eltern das nicht finanzieren können. Ihnen fehlen diese wichtigen Erfahrungen, ihr Horizont ist enger als der von Gleichaltrigen, die in begüterten Verhältnissen groß werden.

Weil sie meist ein kleineres soziales Netzwerk haben, fehlen ihnen auch wichtige Gesprächspartner und Vorbilder, die ihnen Anregungen für ihre Zukunft geben könnten, Erwachsene, die sie bei der Berufs- oder Studienwahl unterstützen und die Möglichkeit haben, ihre Beziehungen für sie spielen zu lassen. »Privilegierte Kinder wachsen durch ihre Eltern mit einem großen Netzwerk an Erwachsenen auf, die sie beraten. Arme Kinder haben dagegen ein winzig kleines Netzwerk«, sagt der Soziologe Aladin El-Mafaalani. Die Bekannten der armen Eltern sind in der Regel auch arm, haben keinen gesellschaftlichen Einfluss, kennen niemanden in der Vorstandsetage, der mal eben ein Praktikum, einen Ausbildungsplatz oder gar einen Job vermitteln könnte. Um sich aus der Armut zu befreien, müssen junge Erwachsene, die aus armen Verhältnissen stammen, viel mehr wagen. Denn sie bewegen sich auf unbekanntem Terrain, ihr Weg ist steinig, sie müssen ihre Herkunft hinter sich lassen. Dabei sind sie häufig ganz allein. Die Chance, dabei zu straucheln oder gar zu scheitern, ist groß. Aliyah hat nach dem Abi ein duales Studium angefangen, Sozialpädagogik und Management, den praktischen Teil der Ausbildung macht sie bei einem der Arche-Standorte in Berlin. Von dem Gehalt kann sie sich eine kleine Wohnung leisten. Aliyah hat es geschafft, sie ist stolz, schmiedet Pläne für ihre Zukunft, spart für eine Gitarre. Doch dann kommt die Krise: Alles wird ihr zu viel. Sie hat eine Depression, kämpft mit Panikattacken, ist ständig müde. Der Erwartungsdruck wurde einfach zu viel. Den enttäuschten Gesichtsausdruck ihrer Mutter kann sie kaum ertragen. Wochenlang denkt sie darüber nach, dann schmeißt Aliyah ihr Studium nach fünf Semestern. »Mein Hauptthema war, dass ich alle stolz machen wollte, weil sie gesehen haben: Ich arbeite, ich schaffe das, ich gehe auf die Uni. Aber ich habe für mich gemerkt, dass es mir gar keinen Spaß mehr macht. Und das hat mich ziemlich runtergezogen.« Aliyah sucht sich einen Therapeuten und erkennt: »Es hat viel damit zu tun, was in meiner Kindheit passiert ist.« Inzwischen hat sie eine Ausbildung zur Erzieherin angefangen, dafür braucht sie kein Studium. Damit geht es ihr besser.

So setzt sich die Ungleichheit nach der Schule fort: 79 Prozent der Akademikerkinder beginnen ein Studium. Von den Söhnen und Töchtern von Nichtakademikern geht nur jeder vierte an die Hochschule (27 Prozent). Akademiker und Akademikerinnen können ihre Kinder bei der Entscheidung für ein Studium besser beraten, sie können ihnen helfen, das Fach auszuwählen und die Bewerbung zu schreiben, sie können später im Studium die Hausarbeiten gegenlesen oder dabei helfen für den Statistikschein zu büffeln. Dieser Vorteil zeigt sich bei der Abschlussquote: 43 Prozent aller Akademikerkinder schließen einen Master-Studiengang ab, aber nur elf Prozent der Nicht-Akademikerkinder.[122]

Können sich nur noch die Kinder reicher Eltern heute ein Studium leisten?

Auf dem Campus steigt die Armut. Und das ist beileibe nicht so, weil zum Studium arm sein quasi dazugehört wie langweilige Vorlesungen und lauwarmes Essen in der Mensa – was ältere Semester vielleicht denken mögen. Vor allem Akademiker und Akademikerinnen verkennen die Lage und verklären im Nachhinein ihre eigenen Erfahrungen im Studium, wenn sie zu Zeiten der Bildungsexpansion studiert haben. Sicher sind unter den 18- bis 25-Jährigen viele Studierende und Auszubildende aus privilegierten Familien, die zwar zeitweise mit einem knappen Budget klarkommen müssen (und nebenbei immer mal etwas Geld von den Eltern oder Großeltern zugesteckt bekommen), aber nach ihrem Abschluss die Aussicht auf einen lukrativen Beruf haben. Das erklärt in Teilen die hohe Armutsquote dieser Gruppe. Allerdings sollte diese Tatsache keinesfalls darüber hinwegtäuschen, dass diese Phase am Beginn ihres Erwachsenenlebens für viele junge Menschen äußerst prekär ist. Im Jahr 2021 waren laut Statistischem Bundesamt 37,9 Prozent aller Studierenden armutsgefährdet, sie mussten von weniger als 1 251 Euro im Monat leben. Geht das Laptop oder das Fahrrad kaputt, bricht bei ihnen die finanzielle Katastrophe aus: Jeder zweite Studierende, der allein oder mit Kommilitonen in einer WG lebte, konnte schon vor der Inflation unerwartete größere Ausgaben nicht aus eigener Tasche zahlen.[123]

In den letzten Jahren ist auch das Leben von Studierenden deutlich teurer geworden. Vor allem, weil die Mieten steigen und das Budget strapazieren. In München kostet ein durchschnittliches WG-Zimmer 760 Euro im Sommersemester 2024, in Frankfurt am Main 670 Euro und in Berlin 650 Euro.[124] Die Wohnkostenpauschale des BAföG beträgt bisher 360 Euro. Nach monatelangem Streit in der Ampelregierung soll sie zum Wintersemester 2024/25 auf 380 Euro steigen. Auch die BAföG-Sätze werden erhöht. So soll der Grundbedarf von 452 Euro auf 475 Euro im Monat angehoben werden. Studierende unter 25, die vor dem Studium Bürgergeld bekommen haben, oder die Eltern für sie den Kinderzuschlag, sollen zum Studienstart 1 000 Euro erhalten. Aber man muss kein Experte sein, um auszurechnen: Auch nach dieser Erhöhung reicht das nicht zum Leben.

Nur 11,5 Prozent aller Studierenden bekommen derzeit überhaupt diese Finanzierungshilfe für angehende Akademiker. Neun von zehn Studierenden werden von den Eltern finanziell unterstützt, mehr als zwei Drittel arbeiten neben dem Studium. Das zeigt eine Untersuchung des Centrums für Hochschulentwicklung (CHE).[125] Es bestehe dringender Handlungsbedarf, kritisiert Studienautor Ulrich Müller:

»Wenn wir das System der Studienfinanzierung in Deutschland so lassen, wie es momentan ist, hängt der Studienerfolg zukünftig immer mehr davon ab, ob man reiche Eltern hat oder in einem flexiblen Studiengang eingeschrieben ist, der nebenjobkompatibel ist. Beides hat mit einer chancengerechten Beteiligung an hochschulischer Bildung nicht viel zu tun.«[126]

Wie die Schüler und Schülerinnen werden auch die Studierenden immer wieder übersehen. Während der Coronapandemie waren die Universitäten und Fachhochschulen ebenfalls wochenlang geschlossen. Bei den Entlastungspaketen während der Energiekrise im Winter 2022/23 wurden sie fast vergessen, Studenten und Studentinnen erhielten erst im Frühjahr 2023 je 200 Euro Energiepauschale. Das zeigt einmal mehr: Junge Menschen haben in Deutschland keine starke politische Lobby, ihr Status hängt vom Status ihrer Eltern ab.

»BAföG reicht kaum zum Überleben, die Mieten steigen so dramatisch, ebenso die Kosten zum Leben«, sagt Finja. Sie ist die Erste in ihrer Familie, die Abitur hat. Die 24-Jährige studiert Management. Ihre Eltern zeigen kein Verständnis für ihren Wunsch zu studieren. BAföG zu beantragen, ist jedes Mal ein Kampf mit ihrem Vater, seit Kurzem hat Finja ein Stipendium. »Ich kenne viele Menschen, die so wie ich in schwierigen Verhältnissen aufgewachsen sind, wo die Eltern sagen: ›Ich unterstütze dich nicht, ich fülle keinen BAföG-Antrag aus.‹ Die müssen entweder einen Studienkredit aufnehmen zu absurd hohen Zinssätzen, oder sie sagen sich: Dann eben nicht, ich mache lieber eine Ausbildung. Ich kann das gut verstehen.«

»Ich habe keine Eltern, die mich unterstützen, ich muss allein klarkommen«, Finja, 24.

»Weil ich auf dem Gymnasium wegen meiner Herkunft gemobbt wurde, meine Eltern sind beide einfache Arbeiter, bin ich auf die Realschule gewechselt. In der zehnten Klasse war ich bei einer Berufsberaterin. Ich habe ihr gesagt, dass ich später gern mal im Büro arbeiten möchte. Obwohl ich mit 16 noch gar keine Ahnung hatte, was ich will. Sie meinte zu mir: ›Das schaffst du nie!‹ Weil ich ja eine Vier in Mathe habe, könnte ich nicht Bürokauffrau werden. Stattdessen solle ich zur Post gehen oder zum Süßwarenhersteller. Das wären die perfekten Berufe für mich. Ich war so sauer! Denn ich wollte doch weiter zur Schule gehen und Abitur machen. Aber sie hat mir gesagt: ›Das bringt doch nichts.‹

Ich bin dann trotzdem weiter auf eine berufsbildende Schule gegangen, auch weil ich gar nicht wusste, was für eine Ausbildung ich machen könnte. Dann wurde es besser, weil ich Unterstützung von meinen Lehrern bekam. Zum ersten Mal hatte ich wieder Erfolge und gute Noten. Wirtschaftslehre hat mir Spaß gemacht, also habe ich mich entschlossen: In diese Richtung will ich gehen. Meine Lehrer haben mir dann bei der Bewerbung fürs Studium geholfen.

Ich bin die Erste aus meiner Familie mit Abitur. Im Studium war ich dann komplett auf mich allein gestellt und vom BAföG-Amt abhängig. Meine Eltern zeigten kein Verständnis für meinen Wunsch zu studieren. Mein Vater sagte zu mir: ›Mach lieber eine Ausbildung!‹ Ich habe während der Abizeit gejobbt und Geld gespart. Für meinen Vater habe ich die BAföG-Unterlagen ausgefüllt, weil der nicht mal wusste, wie er seine Steuern macht. Das ist total unangenehm, emotional aufwühlend und belastend. Viele wollen diesen Stress mit den Eltern nicht, die machen lieber eine Ausbildung. Als ich während der

Coronapandemie meinen Job verloren habe, hatte ich nur noch 650 Euro BAföG im Monat, davon gingen 400 Euro für mein WG-Zimmer drauf. Ich wusste nicht, wovon ich Essen bezahlen sollte. Zur Tafel konnte ich nicht gehen, die nehmen keine Studenten. Da hatte ich wirklich Existenzängste. Hinzu kam, dass ich krank wurde, ich entwickelte eine Autoimmunerkrankung. Die Ärzte rieten mir: ›Nehmen Sie sich ein Urlaubssemester!‹ Aber das ging ja nicht, weil ich dann kein BAföG bekomme. Wovon soll ich dann leben? Mir ging es nicht gut, ich dachte: ›Vielleicht bin ich zu blöd zum Studieren.‹ Ich habe keine Eltern, die mich unterstützen. Ich muss allein klarkommen. Freunde haben mir Geld geliehen, vor allem mein Freund unterstützt mich.

Im Studium oder auch im Arbeitsleben bekomme ich manchmal Selbstzweifel. Bei einem Praktikum ist es mir besonders aufgefallen. Als die anderen erzählt haben, wo sie schon überall im Urlaub waren, welche Hobbys sie so haben, da wurde mir bewusst: Die kommen aus einer ganz anderen Schicht, haben eine völlig andere Lebensweise. Als Kind war ich nie im Urlaub. Meine erste Reise war mit 18, übers Wochenende bin ich mit einer Freundin im Flixbus nach Amsterdam gefahren. Die Fahrt war grauenhaft lang, im Bus war es heiß und stickig. Aber für mich war es überwältigend, zum ersten Mal in einer so großen Stadt zu sein. Irgendwie habe ich mich auch fehl am Platz gefühlt. Auf der anderen Seite habe ich gemerkt, dass die Welt so viel mehr zu bieten hat. Ich würde gern reiten oder mit einer teuren Kamera fotografieren. Ich bin nicht neidisch, aber da bekommt man dann schon mal einfach Angst, dass man nicht wirklich dazugehört und dass es auffällt. Ich kann mir auch kein monatelanges Praktikum leisten, denn die werden in der Regel nicht bezahlt. Für die meisten braucht man auch Kontakte über Bekannte. Die habe ich nicht. Oder ein Auslandssemester: Wie sollte ich die Kaution für eine Wohnung bezahlen? Ich habe keine 500 Euro auf meinem Konto. Dafür braucht man Eltern, die das stemmen können. Man versucht, wo es geht zu sparen: Kleidung kaufe ich gebraucht. Das ist ja gerade Trend, das funktioniert gut. Ich puzzle gern, das ist so eine Art Hobby von mir. Auch die Puzzles kaufe ich gebraucht und verkaufe sie wieder. Auf Dauer ist das aber super anstrengend, es grenzt natürlich aus, wenn man nicht mitgehen kann, weil zwei Euro für einen Kaffee zu viel sind. Jetzt habe ich ein Stipendium und nicht mehr den Stress mit dem BAföG. Ich kann tatsächlich überlegen, ob ich meinen Traum verwirklichen kann und ein Semester im Ausland studiere.«

Viele Kinder und Jugendliche mit ausländischen Wurzeln, die ich bei der Arche kennengelernt habe, erzählten mir, dass sie davon träumen, später mal Ärztin zu werden oder Lehrerin. Obwohl weniger junge Erwachsene mit Migrationshintergrund Abitur machen, beginnen sie anteilig häufiger ein Studium als solche ohne ausländische Wurzeln. Das wirkt zunächst überraschend, lässt sich aber mit den hohen Bildungsansprüchen erklären, mit denen sie aufwachsen. An den Müttern und Vätern, die ihnen immer wieder sagen: »Streng dich in der Schule an und lerne! Nutz die Chance, bring gute Noten mit nach Hause, damit du es später mal besser hast und studieren kannst! Dann hast du ein schönes Leben.« Abiturienten mit Migrationshintergrund lösen ihr Ticket für eine vielversprechende Zukunft, die Zulassung für die Hochschule, häufiger ein und gehen an die Uni.[127]

So steigt in den Hörsälen der Anteil junger Menschen mit Migrationshintergrund, vor allem bei den jungen Frauen: 30 Prozent der 25-Jährigen mit Migrationshintergrund studieren. Das klingt nach viel, allerdings sind es bei den 25-Jährigen ohne Migrationshintergrund 36 Prozent.[128] Außerdem brechen viele junge Erwachsenen mit Migrationshintergrund ihr Studium wieder ab. Bildungsforscher Aladin El-Mafaalani erklärt das so: »Migranten, die aufsteigen wollen, besonders männliche, tendieren dazu, etwas zu studieren, das ihren Status steigert, zum Beispiel Jura oder Ingenieurwissenschaften. Aber wenn einem das Studium nicht liegt, dann macht das einen Abbruch wahrscheinlicher.« Auf jungen Frauen laste dagegen weniger Erfolgsdruck, sie müssen weniger statusorientiert handeln. Viele Studienabbrecher mit Migrationshintergrund beginnen anschließend keine Ausbildung und bleiben daher letztlich sogar ohne Berufsabschluss.[129]

Ganz unten auf der Karriereleiter

Aber nicht nur beim Studium, auch der erfolgreiche Abschluss einer Ausbildung ist an den Bildungsstand der Eltern gekoppelt: Je höher dieser ist, desto mehr junge Erwachsene schließen eine Lehre ab (76 Prozent bei Jugendlichen mit Eltern, die einen hohen Bildungsabschluss haben). Bei niedrigem Bildungsstand der Eltern beenden lediglich 55 Prozent die Ausbildung erfolgreich.

Ob Ausbildung oder Studium: Die Kinder von Akademikern sind auch nach der Schule erfolgreicher. Beim Berufseinstieg erhalten sie höhere Löhne, und sie profitieren von besseren Zugängen zu familiären Netzwerken.[130] Dieser »Class Pay Gap« setzt sich im Berufsleben weiter fort, Kinder aus armen Verhältnissen starten tiefer auf der Karriereleiter, werden bei Beförderungen übergangen und schaffen es seltener bis nach ganz oben in die Vorstandsetagen. Natalya

Nepomnyashcha, selbst Tochter von ukrainischen Einwanderern und mit Hartz IV groß geworden, hat das »Netzwerk Chancen« gegründet. Damit unterstützt sie Erwachsene aus unterprivilegierten Familien bei ihrer Karriere. Trotz ihres eigenen Erfolgs – sie verdient gut bei einer Unternehmensberatung, ist erfolgreiche Gründerin – bleibt die Angst vor dem finanziellen Ruin: »Diese Angst, die mich seit meiner Kindheit begleitet, überwiegt jeglichen Wohlstand, den ich inzwischen erreicht habe. Diese Angst ist präsent in *allen* Lebensentscheidungen«, schreibt sie in ihrem Buch *Wir von unten*.[131]

Keine Chance auf einen Aufstieg haben Jugendliche ohne Hauptschulabschluss. Sie landen meist im sogenannten Übergangssystem. Zwar gibt es für sie zahlreiche Programme, die sie für eine Ausbildung qualifizieren sollen, und im günstigsten Fall holen sie ihren Abschluss nach. Doch die meisten schaffen das nicht. Und so steigt auch die Zahl der Ungelernten seit zehn Jahren. 2022 erreichte sie den historisch hohen Wert von 19,1 Prozent. Das bedeutet: In Deutschland hatten 2,86 Millionen junge Erwachsene im Alter von 20 bis 34 Jahren keine Berufsausbildung. Junge Männer sind häufiger betroffen als junge Frauen. Bei Migrantinnen und Migranten, die nicht in Deutschland geboren sind, beträgt die Quote der Ungelernten 39 Prozent. Ungelernte verdienen deutlich weniger und sind viel häufiger arbeitslos als Menschen mit einem Studium oder einer Ausbildung. Für sie gibt es immer weniger Jobs.[132]

Armut lässt sich nicht einfach ablegen wie ein zu klein gewordenes Kleidungsstück. Wenn es schlecht läuft, dann prägt die Armutserfahrung der Kindheit ein Leben lang, und Jugendliche können sich nicht aus ihren prekären Verhältnissen befreien. Sie werden selbst zu armen Erwachsenen.

Deshalb ist die Phase nach der Schule, der Eintritt in Ausbildung oder Studium so wichtig. Erinnern wir uns noch einmal an die Zahlen aus dem Kapitel über Statistik: Jeder Vierte im Alter von 18 bis 24 Jahren ist arm, rund 1,55 Millionen junge Erwachsene. Die Arbeiterwohlfahrt hat arme Kinder im Alter von sechs Jahren bis ins Erwachsenenalter begleitet. Die AWO-Studie zeigt: In der Phase als junger Erwachsener könnten Armutsbiografien durchbrochen und die Folgen von Armut kompensiert werden.[133] Doch dafür brauchen arme Jugendliche Unterstützung.

Warum wir uns Kinderarmut in Zukunft nicht mehr leisten können

Verschenkte Potenziale: Wir brauchen mehr Fachkräfte

Alle Bildungsstudien der letzten Jahre zeigen: Deutschland macht seine Hausaufgaben nicht. Kinder und Jugendliche können schlechter lesen, rechnen und schreiben als die Generationen vor ihnen oder Gleichaltrige in anderen Ländern. Mehr noch: Die Schule gleicht nicht aus, was einem Teil der Kinder von zu Hause aus fehlt. Ganz im Gegenteil, das Bildungssystem verstärkt die Unterschiede.

Die Strukturen sind historisch gewachsen. Die Aufteilung des deutschen Schulsystems in Grund-, Mittel- und Oberschule wurde Ende des 19. Jahrhunderts entwickelt. Damals reichte es, eine breite Masse von Arbeitern und Arbeiterinnen für den Akkord am Fließband heranzuziehen (und Soldaten fürs Militär) sowie eine kleine, vor allem männliche Elite auszubilden. Die meisten Menschen hatten lediglich Volksschulbildung, viele arbeiteten in der Landwirtschaft, und Frauen, so das allgemeine Bild, brauchten nicht so viel Bildung wie Männer.

Heute gibt es zwar in allen 16 Bundesländern zusätzlich auch neue Schulformen wie die Gemeinschafts- oder Gesamtschulen, aber völlig abgeschafft oder grundsätzlich reformiert wurde diese inzwischen verstaubte Schulstruktur nie. Kein Unternehmen, kein Forschungsinstitut arbeitet heute noch so wie zu Kaisers Zeiten. Wie sollte man auch mit einer Kutsche zum Mars fliegen können? Über das alte Bildungssystem wundert sich aber niemand. Und so haben wir uns eben auch an die Ungerechtigkeiten gewöhnt, die in der Schule herrschen. Wir lassen es einfach so laufen.

Der Soziologe Aladin El-Mafaalani sagt: »Ungleichheit wird von den Betroffenen selbst nicht thematisiert. Und die anderen übersehen sie, ihnen geht es ja schließlich gut. Sie sorgen dafür, dass ihre Kinder einen guten Platz in der Gesellschaft bekommen und haben oft keinen Schimmer, wie Kinder in Armut aufwachsen.« Diese Ignoranz kommt uns alle teuer zu stehen: Die Organisation für wirtschaftliche Zusammenarbeit und Entwicklung (OECD) schätzt die Folgekosten durch vergangene und aktuelle Kinderarmut für Deutschland auf mehr als 100 Milliarden Euro jährlich. Das entspricht etwa 3,4 Prozent des Bruttoinlandsprodukts.[134] Gleichzeitig gibt die Gesellschaft 2024 rund 26,5 Milliarden Euro für Bürgergeld aus.[135]

Es dürfte eine der wichtigsten sozialen Fragen der nächsten Jahre werden: Wie viele Kinder schaffen es, der Armutsspirale zu entkommen? Wie viele von ihnen werden später keine Sozialhilfeempfänger sein, sondern dringend benötigte Steuer- und Rentenzahler? Bereits jetzt zeichnet sich ein Fachkräftemangel ab, weil die Babyboomer in Rente gehen und die nachwachsende Generation sie schon rein zahlenmäßig nicht ersetzen kann.

Um Wirtschaft und Sozialstaat am Laufen zu halten, müsste statistisch gesehen in den nächsten 15 Jahren ein Kind mit seiner Arbeitskraft zwei Babyboomer ersetzen. Doch so wie das Bildungssystem derzeit funktioniert, wird das kaum möglich sein. Jahrzehntelang gab es genügend Nachwuchs. Die Boomer drängelten sich in den Klassenräumen und an den Universitäten, sie konkurrierten um Ausbildungsplätze und Jobs. Anschließend dominierten die geburtenstarken Jahrgänge den Arbeitsmarkt, es gab mehr Menschen als Arbeit. Daher konnte es sich die Gesellschaft leisten, nicht alle gleichermaßen zu fördern und auf Talente zu verzichten. Ein Teil der Gesellschaft war nicht produktiv, sondern wurde vom Rest bezahlt und alimentiert.

In Zukunft wird das nicht mehr gehen. Anders als bisher wird in Zukunft das Potenzial aller gebraucht. Von jedem und jeder. Denn die Alterspyramide ist längst gekippt. Sie wird zu einem Pilz: Oben die dicke Schicht der Alten, unten der zarte Stängel der Jungen. Bald knickt er ein. In den Schulen fehlen bereits Lehrkräfte, Kitas schicken Kinder nach Hause, es gibt lange Wartelisten. Es fehlen Pflegekräfte in den Krankenhäusern und in der Altenpflege, Restaurants und Kneipen bleiben geschlossen, weil Personal fehlt. Und das ist erst der Anfang.

Alle diskutieren darüber, wie man mit mehr Arbeitsstunden oder vielleicht auch einem späteren Renteneintritt die Löcher stopfen kann. Journalisten schreiben Reportagen über »Best Ager«, die nicht in Rente gehen, weil die Jüngeren ohne sie nicht klarkommen. Eine offensichtlichere und nachhaltigere Lösung wäre es, in die nachkommenden Generationen zu investieren. Dafür zu sorgen, dass sie nicht weiter in einem Schulsystem von gestern lernen, sondern bestens auf die Zukunft vorbereitet werden. Nicht frühzeitig auszusortieren, sondern alle mitzunehmen. Und nicht zu akzeptieren, dass dieses System so viele Verlierer produziert, von denen viele aus armen Familien stammen.

Hier wird enormes Potenzial verschenkt. Doch bisher

stößt sich kaum jemand öffentlich daran. Dabei wird es viel teurer, diese Jugendlichen nach der Schule so weit fit zu machen, dass sie eine Ausbildung beginnen können. Jährlich landen fast 250 000 junge Menschen im sogenannten Übergangsbereich. Sie absolvieren Kurse, in denen sie Schulabschlüsse und versäumtes Wissen nachholen. Solche Hilfsangebote kosten Staat und Steuerzahler Milliarden. Noch kostspieliger wird es für die Gesellschaft, wenn junge Menschen keinen Job finden und auf Sozialhilfe angewiesen sind.

Auch wenn sich bereits jetzt ein großer Mangel an Fachkräften in vielen Branchen abzeichnet, bedeutet das nicht automatisch, dass alle Schulabgänger in Zukunft einen Job finden werden. Das Ticket für den Eintritt in die Wissensgesellschaft ist eine abgeschlossene Ausbildung oder ein Studium. Das heißt nicht, dass alle Heranwachsenden Abitur machen sollen. Es sollen auch nicht die Standards in den Abschlussprüfungen gesenkt werden und gute Zeugnisse »verschenkt« werden. Es heißt schlicht, dass alle Mädchen und Jungen die Chance erhalten sollten, die elementaren Grundkompetenzen zu lernen, damit sie ihre Fähigkeiten entfalten, einen Abschluss machen und einen Beruf erlernen können.

Wir brauchen keine unqualifizierten Arbeitskräfte, sondern hervorragend ausgebildete Fachkräfte. Denn die Arbeitswelt ist mitten in einem Umwälzungsprozess, einer weiteren industriellen Revolution. Die Anforderungen steigen, einfache Tätigkeiten werden durch Roboter ersetzt, durch den Einsatz von KI werden sich viele Berufe verändern, teilweise auch ganz verschwinden und neue entstehen. Es würde sich also lohnen, wenn in Zukunft alle mehr Wissen und Kompetenzen hätten. Bildung ist kein Kuchen, bei dem das Stück für den einzelnen kleiner wird, wenn jeder und jede davon etwas abbekommt. Vielmehr ist es so, dass die gesamte Gesellschaft profitiert, wenn jedes Kind in der Schule wichtige Kompetenzen lernt, um dann erfolgreich einen Beruf zu erlernen und so am wirtschaftlichen und gesellschaftlichen Leben teilzunehmen. Der Kuchen wird also für alle größer.

Wer einen Schulabschluss macht und anschließend eine Ausbildung oder ein Studium, hat gute Chancen, sich einen passenden Job auszusuchen und ein gutes Gehalt zu verhandeln. Er oder sie kann für sich selbst sorgen, zahlt Steuern, Beiträge zur Krankenkasse, in die Rentenkasse und in die Arbeitslosenversicherung. Er wird seltener krank, braucht weniger Sozialleistungen, lebt gesünder und länger. Wer arbeitet, wird auch seltener straffällig. Tatsächlich besteht ein Zusammenhang zwischen Bildung und Kriminalität, in deutschen Gefängnissen sitzen vor allem Menschen mit Hauptschulabschluss oder ganz ohne.[136] Der Anstieg der registrierten Straftaten in den letzten Jahren hängt auch mit Armut, fehlender Bildung und wachsender Ungleichheit zusammen.

Halten wir fest: Gut ausgebildete Bürger und Bürgerinnen geben der Gesellschaft etwas, sie zahlen in die Sozialsysteme ein und bekommen selbst etwas dafür – ein selbstbestimmtes Leben.

Ausgerechnet jetzt zeigen aber alle Studien für Deutschland einen allgemeinen und sehr deutlichen Abwärtstrend bei der Bildung. Das heißt: Es gibt nicht nur zahlenmäßig weniger Kinder, die schon rein rechnerisch die frei werdenden Stellen in Wirtschaft und Gesellschaft nicht besetzen können, sondern sie sind dazu auch noch schlechter ausgebildet als die Generationen vor ihnen. Dabei müsste es eigentlich andersherum sein.

Deshalb ist es nicht trivial und auch keine alltagsferne

Punkterechnerei von abgehobenen Bildungsforschern im Elfenbeinturm, wenn bei der PISA-Studie im Dezember 2023 herauskommt, dass die heute 15-Jährigen teilweise lediglich den Wissensstand von 14-Jährigen haben. Bei PISA wird nicht Wissen abgefragt, sondern es wird getestet, wie es um die Fähigkeiten von 15-Jährigen steht. Ziel der Studie ist es herauszufinden: Können die Schüler und Schülerinnen komplexe Fragen begreifen? Bringt ihnen die Schule bei, eigenständig Lösungen zu entwickeln? Gut lesen zu können, ist dabei fundamental, aber ebenso ein Verständnis für Mathematik und die Naturwissenschaften. Das alles bildet die Basis, um die Welt zu erforschen und zu verstehen. Nur wer Mathe, Physik, Chemie und Informatik begreift, ist in der Lage, komplexe Technologien zu entwickeln – und kann hoffentlich Lösungen und Strategien für drängende Probleme wie den Klimawandel finden.

Wir schlittern sehenden Auges in eine fundamentale Krise. Wir lassen zu, dass die Zukunft Deutschlands gefährdet ist. Kinderarmut und Bildungsarmut zu bekämpfen, wäre daher nicht nur aus moralischen Gründen sinnvoll, sondern auch aus gesellschaftlichem Eigennutz.

Nach dem ersten PISA-Schock, als Deutschland 2001 beim ersten internationalen Vergleich erfuhr, dass unser Bildungssystem nicht so gut war wie gedacht, sondern bestenfalls mittelmäßig, gab es zunächst Anstrengungen. Und die zeigten auch Wirkung. So wurden die deutschen Schülerinnen und Schüler stetig besser. Das bewies: Es geht. Es lohnt sich, wenn nationale Strategien entwickelt werden. Doch damit ist es vorbei. Seit zehn Jahren sinken die Leistungen der deutschen Schülerinnen und Schüler wieder.

Meine Interviews mit den Experten und Expertinnen dazu verlaufen in den letzten Jahren mehr oder weniger gleich: Es hapert nicht an der Analyse, es ist klar, was zu tun ist. Doch es passiert nichts. Gefragt, ob ihn das frustriere, antwortet Bildungsexperte Olaf Köller: »So fühlen sich wahrscheinlich auch Klimaforscher. Die weisen auch permanent auf ihre Forschungsergebnisse hin, und langsam dämmert der Öffentlichkeit: Die haben ja recht mit ihren pessimistischen Prognosen! Trotzdem macht die Politik im Bereich Klimapolitik zu wenig, sondern wir taumeln in die Katastrophe. So ist es auch in der Bildungspolitik. Es fehlt die langfristige Strategie, um den Karren aus dem Dreck zu ziehen. Und ja, ich finde es frustrierend, wenn jedes Jahr 200 000 Jugendliche von der Schule abgehen, die Schwierigkeiten im Leben bekommen und wahrscheinlich von Sozialhilfe leben müssen, weil sie nicht ausreichend lesen, schreiben und rechnen können. Die sind mir nicht egal!«

Bringt ein Schüler oder eine Schülerin schlechte Noten nach Hause und weigert sich dann auch noch zu lernen, fordern Eltern und Lehrkräfte garantiert, er oder sie solle sich hinsetzen und einen Plan entwickeln, wie das Versäumte nachzuholen sei. Wer keine Leistung bringt, bleibt sitzen und muss die Klasse wiederholen. Doch in der Bildungspolitik gibt es das nicht. Und so fehlt eine ganzheitliche Strategie, die zu mehr Leistung und Chancengerechtigkeit für alle Kinder beiträgt.

»Schule kann nicht pleitegehen«, sagte Bildungsforscher Olaf Köller mir in einem Interview. Unternehmen und Betriebe schon. Die brauchen dringend fitte Azubis und Uni-Absolventen. Denn gut ausgebildete Fachkräfte sorgen nicht nur für eine hohe Produktivität, sondern können auch neue Technologien und Innovationen entwickeln. Deshalb alarmieren die schlechten Ergebnisse der deutschen Schüler und Schülerinnen beim PISA-Test die deutsche Wirtschaft.

Alle profitieren davon, wenn kein Kind mehr in Armut aufwächst

Ludger Wößmann leitet das ifo Zentrum für Bildungsökonomik und forscht zu diesem Thema. Er ist außerdem Professor für Volkswirtschaftslehre an der Ludwig-Maximilians-Universität München. Ich konnte in den letzten Jahren mehrfach mit ihm über den Zusammenhang zwischen Bildung und Wohlstand sprechen und habe dabei gelernt: Bildung ist die Basis, und je höher die Bildung eines jeden einzelnen, desto höher die Wirtschaftsleistung eines Landes. Das lässt sich weltweit beobachten und erklärt, warum zum Beispiel viele ostasiatische Staaten heute wirtschaftlich so erfolgreich sind – weil sie vor Jahrzehnten in ihre Bildungssysteme investiert und sich systematisch verbessert haben. Über die schlechten PISA-Ergebnisse sagt der Volkswirt: »Das ist ein Desaster für Deutschland. Für unsere wirtschaftliche Zukunft ist es von existenzieller Bedeutung, dass die Kinder und Jugendlichen in den Schulen die Basiskompetenzen Lesen, Rechnen und Schreiben lernen, damit sie sich in der Arbeitswelt der Zukunft behaupten können. Wenn sie weniger lernen, zerstört das nicht nur die Chancen von jedem Einzelnen, weil er oder sie schlechtere Chancen hat, einen vernünftigen Job und ein gutes Einkommen zu bekommen. Sie verringern auch das Wirtschaftswachstum und damit das zukünftige Wohlstandsniveau unserer Gesellschaft.«

Zusammen mit seinem amerikanischen Kollegen Eric Hanushek hat der Bildungsökonom ausgerechnet, wie die Wirtschaft wachsen könnte. Die Ergebnisse sind eindeutig: Würde es gelingen, die Bildungsleistungen der Schülerinnen und Schüler um 25 PISA-Punkte zu verbessern – das entspricht in etwa dem Lernstoff, den man innerhalb eines Schuljahres lernt –, könnte die deutsche Wirtschaft langfristig um 7,3 Prozent steigen. Über den Lebenszeitraum eines heute geborenen Kindes wären das rund 14 Billionen Euro zusätzlich bis zum Rest dieses Jahrhunderts. Das ist eine enorme Summe, eine Billion hat zwölf Nullen! Die beiden Wirtschaftsexperten haben die Studie für alle Länder der EU berechnet. Für Deutschland wäre der Effekt am größten, wenn sich die Leistungen der Schüler und Schülerinnen steigern ließen.[137] Doch selbst wenn es sofort Reformen gäbe, bräuchte es Zeit, bis erste Effekte sichtbar werden. Es ist wie bei einer langen Reihe mit Dominosteinen: Wenn man den ersten anstupst, dauert es, bis der letzte Stein umfällt. Die Bildungspolitik und -programme müssten angepasst werden, der Unterricht in den Schulen müsste sich ändern. Bis die Kinder und Jugendlichen davon profitieren und ihre Leistungen steigen würden, würden Jahre vergehen. Und für die Gesellschaft würden die Effekte erst spürbar, wenn der hoch qualifizierte Nachwuchs die Schule abschließen würde und nach und nach auf den Arbeitsmarkt käme und die Wirtschaft dadurch anziehen könnte.

Etwa zehn bis 20 Jahre würde es dauern, bis erste Effekte einer solchen Reform sichtbar würden, schätzt Ludger Wößmann. Wahrscheinlich würde die Übergangsphase, bis schließlich alle Fachkräfte im Arbeitsmarkt höher qualifiziert wären, 40 bis 50 Jahre betragen. Es geht nicht nur darum, das sogenannte Humankapital zu steigern, sondern jeder Junge und jedes Mädchen würde in Zukunft davon profitieren. Laut Schätzung von Ludger Wößmann könnte jeder und jede acht bis zehn Prozent mehr verdienen. Bei einem Einkommen von 60 000 Euro im Jahr wären das 6 000 Euro zusätzlich. Jahr für Jahr. Im Laufe eines Berufslebens käme da ganz schön was zusammen.

Um noch einmal auf das Bild vom Bildungskuchen zurückzukommen: Hätten alle mehr Bildung, wäre der Kuchen eine Torte mit Sahne und Kirsche obendrauf. Und alle könnten davon abbekommen. Ein richtig dickes Stück Torte. Kuchen satt für alle. Klingt doch sehr verlockend. Man fragt sich: Worauf wartet Deutschland noch? Ob er glaubt, dass Deutschland die Geduld hätte und zu solchen Reformen fähig wäre, habe ich den Bildungsökonomen gefragt. Ludger Wößmann antwortet: »Ja, das müssen wir! Denn es ist ja Wahnsinn, was wir uns da leisten: Wenn wir den Turnaround nicht schaffen, dann geht uns umgekehrt diese Wirtschaftskraft verloren! Wir brauchen mehr Spitzenleistung, wir wollen ja hier die Technologie für die grüne Transformation entwickeln und dass IT-Innovationen nicht immer aus den USA kommen.« Dabei geht es Wößmann nicht nur um die Steigerung der Wirtschaft: »Durch Bildung lernen Kinder einen gemeinsamen Kanon von Werten, selbstverantwortlich zu handeln, und sie entwickeln ein staatsbürgerliches Bewusstsein.« Die Konsequenzen für diese Bereiche lassen sich kaum berechnen, aber sie sind wichtig für die Zivilgesellschaft. Deshalb wünscht sich auch Ludger Wößmann einen »neuen PISA-Schock«: »Schule muss nun oberste Priorität haben in Politik, Verwaltung, Familien – in der ganzen Gesellschaft!«

Unsere Freiheit hängt davon ab, ob die Armut sinkt und alle gerechte Chancen bekommen

Es ist nicht nur wichtig, armen Kindern und Jugendlichen die gleichen Chancen zu gewähren wie allen anderen Kindern, damit sie die Lücke schließen können, die durch den

Fachkräftemangel entsteht. Bildungsungleichheiten und mangelnde Teilhabe wirken sich auch darauf aus, wie sehr sich Menschen als Teil einer demokratischen Gesellschaft fühlen. Arme Menschen, auch Kinder und Jugendliche, fühlen sich unsicherer, weniger akzeptiert und wahrgenommen. Sie haben das Gefühl, eine niedrige Position zu haben, nicht wirklich zur Gesellschaft zu gehören und daran nichts ändern zu können. Wenig überraschend haben mehr Menschen, die dauerhaft in Armut leben, das Gefühl, ihre Mitmenschen würden auf sie herabsehen, als Menschen mit einem hohen Einkommen.

Das ist nicht nur ein zutiefst frustrierendes Gefühl für den einzelnen, sondern eine gefährliche Entwicklung für die Demokratie. Wenn Arme weniger zufrieden sind mit ihrem Leben, verlieren sie dadurch auch grundsätzlich das Vertrauen in die Gesellschaft, den Staat und die Politiker. Wer sich nicht gesehen und gehört fühlt, geht auf Distanz. Weil arme Menschen die Erfahrung machen, dass ihre Bedürfnisse nicht selbstverständlich von der Politik vertreten werden, sondern eher die von reicheren Menschen, wenden sie sich ab.

Jedes Jahr untersucht das Wirtschafts- und Sozialwissenschaftliche Institut (WSI) der Hans-Böckler-Stiftung in seinen Verteilungsberichten die soziale Ungleichheit. Die Analysen zeigen: Je niedriger das Einkommen, desto größer das Misstrauen gegenüber staatlichen und politischen Institutionen. Mehr als die Hälfte der Armen misstraut den Parteien sowie Politikern und Politikerinnen. Rund ein Drittel hat nur geringes Vertrauen in das Rechtssystem, und nur jeder Fünfte hält die Polizei für vertrauenswürdig.» Wenn sich Menschen gesellschaftlich nicht mehr wertgeschätzt fühlen und das Vertrauen in das politische System verlieren, dann leidet darunter auch die Demokratie«, schreiben die Autoren der Studie Jan Brülle und Dorothee Spannagel.[138] Der Anteil der Armen, die glauben, dass Politiker alles zerreden und nur zu ihrem eigenen Vorteil handeln, ist deutlich höher als beim Rest der Bevölkerung. Menschen aus der Mittelschicht oder Reiche vertrauen zwar auch nicht allen Politikern, aber ihr Misstrauen ist bei Weitem nicht so ausgeprägt. Auch die politische Beteiligung hängt mit dem sozialen Status zusammen: Je niedriger dieser ist, desto geringer die Wahlbeteiligung. Daniela Schmitt, die alleinerziehende Mutter, geht wählen, aber sie ist skeptisch gegenüber Politikern: »Vor der Wahl Blablaba und hinterher kannst du alles vergessen. Die sollten sich mal mehr um die eigenen Leute kümmern und dafür sorgen, dass genug Geld für die Kinder da ist. Sonst müssen die sich nicht wundern, wenn die Leute die AfD wählen.«

Wenn die Erwachsenen so wenig Vertrauen in staatliche Institutionen haben, überträgt sich das auf ihre Kinder. Sie übernehmen in der Regel zunächst die Vorstellungen ihrer Eltern – auch die politischen. Von ihnen lernen sie, wie Mitbestimmung und Demokratie funktionieren. Ob man sich informiert, wie über Politik gesprochen wird und ob man überhaupt zur Wahl geht. Schüler und Schülerinnen, die von Haus aus über ein hohes Maß an Bildung verfügen, bei denen es viele Bücher gibt und Zugang zu Zeitungen oder Zeitschriften, bekommen mehr Angebote politischer Bildung als arme Kinder. Hinzu kommt: Viele arme Eltern machen schlechte Erfahrungen mit dem Staat – zum Beispiel mit seinen Vertretern, den Angestellten im Jobcenter.

Und so wachsen viele arme Kinder in Haushalten auf, die nur wenig Zutrauen in die Demokratie haben. Nur 59 Prozent der Armen in Deutschland glauben, dass die Demokratie im Großen und Ganzen noch gut funktioniert, lediglich 68 Prozent halten sie für die beste Staatsform. Zum Vergleich: bei der Gesamtbevölkerung vertrauen 70 Prozent darauf, dass der Staat funktioniert und 82 Prozent halten die Demokratie für die beste Staatsform.[139] Wahrscheinlich ist das auch ein Grund dafür, warum arme Jugendliche sich eher von ehrenamtlichen und politischen Aktivitäten fernhalten.[140] Wenn ich nicht dazugehöre, dann scheint es egal zu sein, ob ich mich engagiere, meine Stimme erhebe – die zählt ja eh nicht. Dadurch werden die Interessen von jungen und alten Menschen, die in Armut leben, weniger in der Gesellschaft und der Politik wahrgenommen.

Warum der Rechtspopulismus profitiert, wenn die Kinderarmut steigt

Geht die soziale Schere weiter auf, geraten die Grundwerte unseres Zusammenlebens weiter ins Wanken. Und genau das passiert im Moment. Gerade in Zeiten einer zunehmenden Polarisierung sollte das ein Warnsignal sein. Diese Entwicklung wurde durch die Erfahrungen während der Coronapandemie verstärkt, als der Staat plötzlich die Schulen dichtmachte, Läden schloss, das öffentliche Leben herunterfuhr und alle nach Hause schickte. Seitdem befindet sich die ganze Gesellschaft in einer Art Burn-out, viele haben diese grundsätzliche Erfahrung, dass der Staat plötzlich tief in ihr Leben eingreift, noch gar nicht richtig verarbeitet. Hinzu kommen die Unsicherheit, die der Krieg in der Ukraine ausgelöst hat, und die Inflation bei Lebensmittelpreisen und Energiekosten. Denn die gestiegenen Preise treffen vor allem ärmere Haushalte. Auch wenn die Entlastungspakete der Bundesregierung hier kurzzeitig geholfen haben, waren sie eben nur ein Tropfen auf den heißen Stein. Es ist daher davon auszugehen, dass das Vertrauen in die staatlichen Institutionen weiter gesunken ist, als die zitierten Studien bisher zeigen.

Rechte Gruppierungen nutzen das Thema der sozialen Ungleichheit und schüren den Konflikt zwischen oben und unten. Rechtspopulistische Tendenzen verfestigen sich in der deutschen Bevölkerung. Viele lassen Sympathien mit Verschwörungstheorien erkennen. Das Vertrauen in die Demokratie sinkt, und 43 Prozent denken: »Leute wie ich haben sowieso keinen Einfluss darauf, was die Regierung tut«.[141]

Wer sich sozial bedroht fühlt, schottet sich ab. Arme Erwachsene, aber auch Kinder und Jugendliche, reagieren eher skeptisch auf die Aufnahme von Geflüchteten.[142] Daniela Schmitt, alleinerziehende Mutter aus Berlin, sagt: »Familien, die flüchten müssen, sollten wir aufnehmen, kein Thema. Vor allem die Kinder können nichts dafür. Aber die Politik sollte dafür sorgen, dass genug Geld für die eigenen Leute da ist. Und wer hierher kommt, sollte zügig arbeiten können.«

Keine Partei bedient die Gefühle von Benachteiligung und Entfremdung so gut wie die AfD. Aus Umfragen weiß man, dass die AfD-Wählerschaft erheblich unzufriedener mit dem Wirtschafts- und Gesellschaftssystem Deutschlands ist als der Durchschnitt. Der Aufwind für die AfD ist daher kein Zufall, sondern hängt auch damit zusammen, dass sich immer mehr Menschen abgehängt fühlen und Angst haben zu verarmen. Dass die AfD harte Einschnitte in der Sozialpolitik vornehmen würde, ist vielen Sympathisanten anscheinend nicht bewusst. 2021 hat sich die AfD gegen die Erhöhung des Mindestlohns ausgesprochen, sie würde das Bürgergeld am liebsten beschneiden und auf sechs Monate begrenzen, außerdem Langzeitarbeitslose zu Bürgerarbeit zwangsverpflichten. Es ist paradox: Obwohl die AfD für eine neoliberale Finanz- und Wirtschaftspolitik steht, wird das Thema soziale Gerechtigkeit in erster Linie von rechts vereinnahmt. Die AfD schafft es offenbar, ihren Sympathisanten einzureden, sie würden profitieren, wenn soziale Leistungen und Grundrechte für Migranten eingeschränkt würden. Dass vor allem Menschen mit niedrigen Einkommen erheblich benachteiligt würden, übersehen viele.[143] Wächst der Frust bei ärmeren Schichten, weil sie wirtschaftlich abgehängt werden, bekommen rechtsradikale Parteien Zulauf. Das lässt sich nicht nur in Deutschland beobachten. Ein Forscherteam hat nachgewiesen, dass radikale Rechte seit dem Jahr 2000 Stimmen bei Wahlen weltweit gewinnen, weil die soziale Ungleichheit weiter zunimmt. Die Experten, zwei Ökonomen und ein Politikwissenschaftler, kommen zu dem Schluss: Da die zunehmende Ungleichheit kein natürliches Phänomen, sondern Ergebnis politischer Entscheidungen sei, müsse der Aufstieg von Rechtspopulisten in den vergangenen Jahren bis zu einem gewissen Grad als hausgemachtes Problem betrachtet werden. Umverteilung und eine inklusive Politik könnten dazu beitragen, die politische Polarisierung einzudämmen.[144] Die Wahlerfolge von Rechtspopulisten wie Giorgia Meloni in Italien und Geert Wilders in den Niederlanden erscheinen damit in einem anderen Licht. Auch in Schweden und Frankreich machen rechte Parteien Druck, in den USA zerbricht darüber die Republikanische Partei und mit ihr das ganze Land. In Deutschland könnte eine Sparpolitik des Staates die Rechte weiter stärken.[145]

Armut ist ein gesamtgesellschaftliches Problem und nicht nur das einer einzelnen Gruppe oder eines Individuums. Dies wird nicht nur von Armen selbst so gesehen, sondern auch die gesamte Bevölkerung nimmt dies als Bedrohung wahr: 70 Prozent der Deutschen sagen, dass sie eine zunehmende soziale Spaltung fürchten.[146]

Diese Erkenntnisse über den fehlenden politischen und gesellschaftlichen Zusammenhalt sind nicht neu. Umfragen und Studien weisen immer wieder auf die wachsende Demokratieskepsis hin.[147] Die AfD legt in den Umfragen stetig zu. Aber die etablierten Parteien tun wenig bis gar nichts, um verlorenes Vertrauen ihrer Wähler und Wählerinnen zurückzugewinnen. Entweder ignorieren sie die Zusammenhänge, oder sie sind wirklich weit abgehoben und entrückt von den Lebensverhältnissen der Menschen, die sie vertreten. Eigentlich kann es niemanden verwundern, dass der Ausschluss von so vielen armen Kindern und jungen Erwachsenen von einer aktiven Beteiligung an der Gesellschaft dazu führt, dass sie sich als Erwachsene abwenden und den Staat infrage stellen. Dieser knallt ihnen und ihren Familien schließlich immer wieder die Tür vor der Nase zu – und an der Tür hängt ein Schild, auf dem steht: »Geschlossene Gesellschaft!« Die AfD dagegen umwirbt junge Erwachsene geschickt vor allem in den sozialen Medien auf TikTok und bei Instagram. Bei der Europawahl am 9. Juni 2024 wählten 16 Prozent der unter 25-Jährigen die AfD, bei den Wählern zwischen 25 und 34 stimmten sogar 18 Prozent für sie. Insgesamt wird die AfD damit auch bei den Jüngeren zur zweitstärksten Partei hinter der Union aus CDU/CSU.[148]

Nicht nur das Vertrauen in die Politik und die Institutionen des Staates sinkt, auch Medien und Wissenschaft werden zunehmend angezweifelt. Als Journalistin finde ich es erschütternd, wenn Menschen glauben, die Medien würden von »denen da oben« gesteuert. Zum einen, weil es »die Medien« nicht gibt. Wir haben in Deutschland eine große, breite und sehr diverse Presselandschaft mit öffentlich-rechtlichen Sendern, die mit Rundfunkbeiträgen finanziert werden, daneben private Verlage. Zum anderen, weil die Vorstellung von einer zentralen Steuerung völlig absurd und naiv ist. Auch das zunehmende Misstrauen gegenüber Fachleuten sowie Zweifel und sogar offene Feindseligkeit gegenüber wissenschaftlichen Erkenntnissen bedrohen unser Gemeinwesen. Beängstigend ist, dass renommierte Forscher und Forscherinnen zögern, sich öffentlich zu kontroversen Themen zu äußern, weil sie anschließend Morddrohungen erhalten. Das führt zu Denkverboten und Zensur. Solche Entwicklungen rütteln an den Grundfesten unserer offenen und aufgeklärten Gesellschaft.

Die soziale Spaltung, die Verfestigung von Kinderarmut und die Perspektivlosigkeit für einkommensschwache Milieus gefährden damit letztlich unsere Freiheit. Wenn aber in Zukunft mehr Anstrengungen als bisher unternommen würden und versucht würde, systematisch gegen die potenzielle Benachteiligung durch Geburt und Elternhaus vorzugehen und endlich die vielen Erkenntnisse umzusetzen, die seit Langem vorliegen, dann könnte dies ein Hebel sein, um die Demokratie und unsere Freiheit zu stärken.

Kampf gegen Kinderarmut: Wie machen wir weiter?

Der Umgang mit dem Thema Kinderarmut zeigt, dass unsere Gesellschaft alles andere als gerecht ist, sondern zutiefst ungerecht – und dadurch altmodisch, paternalistisch und festgefahren. Ich bin nicht so naiv zu glauben, dass sich die Armut komplett abschaffen ließe und alle Menschen in

Zukunft in Harmonie und Gleichberechtigung miteinander leben könnten. Vermutlich wird es immer Menschen geben, die Unterstützung durch die Gemeinschaft brauchen. Aber wir sollten zumindest den Anspruch haben, dass alle prinzipiell in der Lage sind, für sich selbst zu sorgen, statt ein System am Leben zu erhalten, das überholt ist, das nicht mehr funktioniert und uns womöglich bald um die Ohren fliegt, weil es nicht mehr zu finanzieren ist. Statt an den Symptomen herumzudoktern, sollten wir die Ursachen bekämpfen. Nicht länger weg-, sondern hinschauen. Daraus ließe sich auch so etwas wie eine Schubkraft für diese Gesellschaft entwickeln, die wir dringend zur Modernisierung brauchen.

Ich bin überzeugt, dass mehr Menschen ein Leben führen möchten, das sie sich selbst aus eigener Kraft leisten können, anstatt es auf Kosten der Gemeinschaft zu leben. Doch dafür braucht es die Vorstellung, den Glauben, dass es möglich ist, sich von seiner Herkunft zu lösen und aufzusteigen. So wie es nach der allgemeinen Wahrnehmung in den Jahrzehnten nach der Gründung der Bundesrepublik möglich war.

Diese Vorstellung fehlt vielen armen Menschen, sie haben kapituliert – und die Resignation geben sie an ihre Kinder weiter. »Armut, wie ich sie als Kind erlebt habe, ist geprägt von Hoffnungslosigkeit, Perspektivlosigkeit, Ausweglosigkeit«, schreibt Jeremias Thiel in seiner Biografie. »Die meisten Familien, die ich kenne, auch meine eigene, sehen absolut keine Chance, ihrer Situation zu entkommen. Sie sind gefangen in einem System aus wenig Geld, schlechter Ernährung und einem erschreckenden Mangel an Struktur und Selbstverantwortung. Schlimmer noch: Sie wissen gar nicht, wie eine andere Situation aussehen könnte. [...] Wie soll man eine Aufsteigermentalität entwickeln, wenn man nicht weiß, was einen am oberen Ende der Leiter erwartet?«[149]

Wenn sich wieder mehr Menschen vorstellen könnten, dass sich Leistung lohnt, dann könnte das der wahre Ruck sein, der durch die Gesellschaft geht. Statt Bildungs- und Staatskrise könnte dann Aufbruchstimmung herrschen und wieder mehr Vertrauen. Aufstiegschancen sind eine fundamentale Frage sozialer Gerechtigkeit. Das gilt vor allem für Einwanderungsgesellschaften. Deutschland braucht ein Update seines Selbstbildes, eine bessere Vision von sich für die Zukunft, die über das kleinliche Gezänk der Politiker hinausgeht, die darauf schielen müssen, alle vier Jahre gewählt zu werden. Es bräuchte einen Zukunftspakt. Vielleicht wäre damit sogar eine Aktualisierung der Demokratie möglich, eine Version für Deutschland 2.0.

Wenn Deutschland die Ungerechtigkeit in der Bildung endlich angehen würde, dazu Kinder aus der Armut holen würde und die vielen zugereisten Kinder, die mit ihren Eltern nach Deutschland kommen, besser integrieren würde, dann könnte unsere Gesellschaft moderner, innovativer und gerechter werden. Und auch besser gelaunt. Ich meine das nicht als Scherz, sondern tatsächlich ist das mein voller Ernst. Vielleicht könnten wir uns ein Beispiel an Finnland nehmen, das Land gilt seit Jahren als glücklichstes der Welt. Dort herrscht ein hohes Maß an Chancengerechtigkeit, die Menschen kümmern sich mehr umeinander. Glück wächst, wenn es geteilt wird.[150]

Dafür bräuchte es politischen Weitblick, eine langfristige nationale Strategie über Parteigrenzen hinweg, von der vor allem die nachfolgenden Generationen profitieren. Gelänge es, die Kinderarmut wirksam zu bekämpfen und das Bildungssystem nachhaltig zu reformieren, würden davon alle profitieren. Und es könnte zur Blaupause werden, um bei anderen Herausforderungen, beispielsweise in der Klimapolitik, ebenfalls eine langfristige Strategie zu entwickeln. Weil alle in der Gesellschaft merken: Wir schaffen das!

Im zweiten Teil des Buches werde ich einen Zehn-Punkte-Plan entwickeln mit Vorschlägen für Reformen, die helfen könnten, die Kinderarmut in Deutschland zu senken und für Kinder aus sozial schwierigen Verhältnissen bessere Bildungschancen zu eröffnen. Dabei ist es mir wichtig aufzuzeigen, an welchen Stellschrauben gedreht werden könnte, damit sich zügig etwas verändert. Ich möchte Punkte identifizieren, bei denen die Möglichkeit besteht, eine breite Mehrheit und Unterstützung zu finden.

So halte ich persönlich zwar eine Bildungsreform für nötig, die das gesamte Schulsystem grundsätzlich verändert. Ich glaube aber nicht, dass dies derzeit in Deutschland durchsetzbar wäre. Auch finde ich Gedankenspiele wie ein bedingungsloses Grundeinkommen oder ein Budget für alle jungen Erwachsenen zum 18. Geburtstag interessant, halte aber beide Ideen nicht für realistisch. Mir ist die Entwicklung von machbaren Schritten wichtig, sonst wird sich nichts ändern. Wenn wir auf unserem Weg zu mehr Gerechtigkeit nur ein paar Grad abweichen, werden wir langfristig an einem anderen Punkt herauskommen.

Zehn-Punkte-Plan gegen Kinderarmut

1. Arme Kinder brauchen mehr Sichtbarkeit und Respekt

»Weil Kinderarmut ungerecht ist, haben alle Bürger*innen, die etwas für diese Kinder tun können, eine moralische Verantwortung.«
Gottfried Schweiger, Philosoph und Armutsforscher[151]

Der allererste Schritt besteht darin, anzuerkennen und nicht immer wieder wegzudiskutieren: Ja, Kinderarmut ist ein Thema, wir haben hier ein Problem. Die Beweislast ist doch erdrückend – wir reden schließlich nicht von einer kleinen Randgruppe, wenn jedes fünfte Kind in Deutschland von Armut betroffen ist. Das klingt vielleicht banal, ist aber in meinen Augen zentral. Es sollte anerkannt werden, dass der Kampf gegen Kinderarmut eine fundamentale Aufgabe ist, etwas ganz Grundsätzliches, das alle angeht. Eine gemeinsame Pflicht. Arme Kinder brauchen mehr Unterstützung und mehr Hilfe als Kinder aus privilegierten Haushalten.

Um das Thema Kinderarmut stärker ins öffentliche Sichtfeld zu rücken, könnte ein Preis für besonders innovative Ideen zur Förderung von benachteiligten Kindern ausgelobt werden, mit dem Bundespräsidenten als Schirmherr. Deutschland könnte ein zentrales Forschungsinstitut gründen, so wie das Institut zur Qualitätsentwicklung im Bildungswesen (IQB) nach dem schlechten Abschneiden bei PISA. Deutschland war vor 100 Jahren Vorreiter bei innovativen pädagogischen Ideen. Der Kindergarten ist eine deutsche Erfindung. (Man bräuchte aber einen griffigeren Namen für ein solches Institut). Für alle möglichen Themen und Minderheiten gibt es Sonderbeauftragte – warum nicht auch für sozial benachteiligte Kinder?[152] Er oder sie könnte jährlich die »Rede zur Lage der Kinder in Deutschland« halten, aus der dann häufig zitiert wird. Schlauen Spindoktoren und teuren Werbeprofis, die Kampagnen für Fußballeuropameisterschaften und Parteien entwerfen, fallen sicher noch mehr Ideen für Kampagnen ein. So könnte ein Perspektivwechsel eingeleitet werden, damit Maßnahmen und Änderungen in Zukunft vom Kind her gedacht werden – und nicht mehr über die Köpfe von Jungen und Mädchen hinweg bestimmt werden.

Von den heutigen Kindern hängt ab, wie wir morgen in diesem Land leben werden, sie werden die Spielregeln bestimmen und auch die Höhe unseres Wohlstandes. Dafür sollten alle Kinder der Gesellschaft und dem Staat gleich wichtig und wert sein. Das sind sie aber nicht. Arme Kinder werden systematisch benachteiligt. Das muss sich ändern. Warum sollten sie sonst dieses Land und die demokratische Gesellschaftsform respektieren und unterstützen? Das tut das Land und seine Gesellschaft ja umgekehrt auch nicht.

»Arme Kinder sind der Gesellschaft und dem Staat weniger wert. Sie werden nicht als Bereicherung angesehen, sondern als Belastung und soziales Problem. Wären sie nämlich allen anderen Kindern gleichwertig, dann würde Kinderarmut in diesem Ausmaß und in dieser Tiefe nicht zugelassen werden«, schreibt der Philosoph Gottfried Schweiger in seinem

Essay über Kinderarmut. Er geht darin der ethischen Frage nach: Was schulden wir armen Kindern »hier bei uns« in Deutschland und Österreich? Schweiger arbeitet am Zentrum für Ethik und Armutsforschung der Universität Salzburg. Die Aussage, die Kassen seien leer, hält er angesichts vieler Menschen, die so reich seien, dass sie nicht mehr wüssten, was sie mit ihrem Geld machen sollen, für zynisch. »Der Reichtum wird zur Schau gestellt, aber die Bedürfnisse und Interessen von armen Kindern werden negiert.«[153]

Der Kampf gegen Kinderarmut ist kein Luxusproblem, das man als Gesellschaft angeht, wenn mal nichts Größeres ansteht oder gerade keine Krise ist. Wann sollte das auch sein? Irgendetwas kommt scheinbar immer dazwischen. So waren die Erhöhung des Bürgergelds und die Einführung einer Kindergrundsicherung längst beschlossen, wurden aber wieder infrage gestellt und diskutiert angesichts der steigenden Bedrohung durch den Ukrainekrieg, den Nahostkonflikt und den drohenden Isolationismus der Amerikaner. Vor allem die Aufrüstung scheint drängender. Dafür gibt es ein Sondervermögen. Um nicht falsch verstanden zu werden: Ja, unsere äußere Sicherheit ist überlebenswichtig. Aber die innere Sicherheit und Stabilität sind es auch. Dazu könnte eine Reduzierung der Kinderarmut und eine bessere Integration von Jungen und Mädchen beitragen, die aus anderen Ländern mit ihren Eltern nach Deutschland einwandern. Immerhin hat das Bundesverfassungsgericht 2021 in seinem wegweisenden Urteil zum Grundrecht auf Bildung nicht nur mehr Gerechtigkeit gefordert, sondern auch klargestellt, dass der Staat nicht aufgrund knapper Kassen auf die geforderten Mindeststandards verzichten könne.

Auf jeden Fall wäre die Bekämpfung der Kinderarmut ein wichtiger Schritt auf dem Weg zu mehr Kinderfreundlichkeit. Da tut sich Deutschland nicht sonderlich hervor. Immer weniger Menschen halten Deutschland für kinderfreundlich, das geht aus einer Umfrage des Deutschen Kinderhilfswerks hervor. Gefragt, was für sie zu einer kinderfreundlichen Gesellschaft gehört, sagten 86 Prozent, es sei wichtig bis sehr wichtig, dass sich Politiker genügend um die Bekämpfung von Kinderarmut kümmern. Allerdings sind nur 15 Prozent der Ansicht, dass die Politik das ausreichend tut. Hier klafft also eine enorme Lücke. Vor allem Befragte mit niedrigem oder mittlerem Bildungsabschluss äußern sich skeptisch. Von ihnen glauben sogar nur zwölf Prozent, dass hierzulande genug passiert.[154]

Wenn die meisten fordern: Tut endlich etwas gegen die Kinderarmut, warum passiert dann nichts?, habe ich Christoph Butterwegge gefragt. Der Politologe forscht und schreibt seit Jahrzehnten zu dem Thema. Er muss es wissen. Seine Antwort: »Die Bekämpfung von Kinderarmut ist zwar populär, wird aber eher mit weichen, sozialen Themen, wie Bildung und Betreuung assoziiert. Aber nicht mit harter Politik. Wenn die Wirtschaft lahmt, wir eine Rezession erleben, fordern alle sofort vom Finanzminister Subventionen.« Diese Reaktion ist kurzsichtig.

Beim Kampf gegen Kinderarmut gibt es keine schnellen sichtbaren Erfolge, sondern es ist ein dickes Brett, das hier gebohrt werden müsste. Bis die einzelnen Maßnahmen wirken und Erfolge sichtbar würden, dauert es, ähnlich wie in der Klimapolitik. Dazu bräuchte es kollektive Geduld und Politiker und Politikerinnen mit langem Atem. Den haben aber nur wenige, allzu häufig hecheln sie von einem Thema zum nächsten. Ein grundsätzlicher Plan ist erforderlich, denn es müsste an mehreren Stellschrauben gedreht werden – auf individueller Ebene und bei der Infrastruktur. Diese Aufgabe sollte der Staat übernehmen und nicht der Zivilgesellschaft überlassen. Kinderarmut betrifft viele Politikfelder: Gesellschaft, Bildung, Wirtschaft, Verkehr, Wohnen und das Steuersystem.[155]

Fangen wir mit der Bildung an. Die halte ich für zentral, deshalb nimmt sie auch so viel Raum in diesem Buch ein. Dabei geht es nicht einfach nur um mehr Geld für Bildung, denn Deutschland gibt vergleichsweise wenig für seine Schulen aus. Der Anteil der öffentlichen Bildungsausgaben am Bruttoinlandsprodukt beträgt 4,6 Prozent, rund 176 Milliarden Euro. Die Hälfte geht an Schulen, 23 Prozent fließen in Kindergärten.[156] Andere Länder in Europa geben anteilig mehr Geld aus: Der europäische PISA-Spitzenreiter Estland investiert 6,6 Prozent, Island sogar 7,7 Prozent seines Bruttoinlandsprodukts.[157]

Eine überwältigende Mehrheit der Deutschen stimmt zu, dass mehr für Schulen ausgegeben werden sollte – deutlich mehr als für andere Staatsaufgaben wie öffentliche Sicherheit oder soziale Sicherung; die Menschen wären sogar bereit, dafür höhere Steuern zu zahlen. Das sagen sie seit Jahren.[158] Man fragt sich, warum die Politik bislang den Volkswillen ignoriert und nicht auf dieses klare Bekenntnis reagiert. Die Mittel sollten anders als bisher verteilt und eingesetzt werden. Damit nicht nur Kinder aus benachteiligten Verhältnissen gezielter und intensiver gefördert werden als bisher, sondern damit sich die Investitionen für die Gesellschaft insgesamt auszahlen.

2. Arme Kinder brauchen einen guten Bildungsstart

> *»Die frühkindliche Bildung muss endlich stärker in den Fokus rücken. Das ist keine Frage der Sozialpolitik, sondern knallharte Wirtschafts- und auch Gesellschaftspolitik.«*
> C. Katharina Spieß, Wirtschaftswissenschaftlerin

Wie ein Kind aufwächst, prägt sein gesamtes Leben. Wer aus einer armen Familie kommt, hat schlechtere Startchancen. Diese wachsen sich nicht von allein aus, sondern die Nachteile potenzieren sich, sie werden in der Schule größer. Das haben wir im ersten Teil des Buches gesehen. Je früher Mädchen und Jungen aus armen Familien unterstützt werden, desto besser für sie – und für die gesamte Gesellschaft. Deshalb ist die Kita so wichtig, hier beginnt bereits frühe, spielerische Bildung. Hier wird das Fundament für den weiteren Lebensweg gelegt. Vor allem Kinder aus benachteiligten Verhältnissen profitieren, wenn sie in den Kindergarten gehen. Weil sie dort gefördert werden können, vor allem, wenn zu Hause nicht regelmäßig Deutsch gesprochen wird. Sie haben nicht nur einen größeren Wortschatz, sondern lernen auch besser Zählen oder Mengen zu erfassen.[159]

Wie sehr gerade Kinder aus sozioökonomisch schwächeren Haushalten von früher Förderung profitieren, zeigen Langzeitstudien aus den USA. Das Perry-Preschool-Projekt ist eines der weltweit bekanntesten Forschungsprojekte, es wurde in den 1960er-Jahren in Ypsilanti, Michigan, durchgeführt. Untersucht wurde der Einfluss vorschulischer Förderung auf den Bildungserfolg von Kindern. 123 Kinder im Alter von drei bis vier Jahren aus armen afroamerikanischen Familien nahmen teil. Zwei Jahre lang wurde die eine Gruppe intensiv gefördert, sie nahm täglich an einer Vorschule teil, einmal die Woche besuchte ein Sozialarbeiter die Familien. Die andere Hälfte, die Kontrollgruppe, wurde nur beobachtet. Der Effekt: Im Alter von 27 Jahren besaßen die Geförderten häufiger einen Schulabschluss, lebten seltener von Sozialhilfe oder wurden straffällig. Außerdem gab es weniger Schwangerschaften im Teenageralter. Im Alter von 40 Jahren hatten sie ein höheres Monatseinkommen als die Nichtgeförderten. Sie zahlten also mehr in das Sozialsystem ein, statt es zu beanspruchen.

Der Wirtschaftsnobelpreisträger James Heckman hat intensiv zur Frühförderung geforscht und auch die Ergebnisse des Perry-Preschool-Projekts analysiert. Als Ökonom hat er ausgerechnet, was frühe Förderung für die Gesellschaft brächte. Jeder investierte Dollar in Frühförderung zahlt sich aus, die Rendite liegt bei nahezu zehn Prozent.[160] Keine Bank zahlt derart hohe Zinsen, aber wir als Gesellschaft lassen uns diese Erträge durch die Lappen gehen, alimentieren später lieber teuer Erwachsene, als in frühe Bildung sinnvoll zu investieren. Hier wäre aber das Geld gut angelegt. In einem Interview mit der *Zeit* sagt James Heckman: »Je länger die Gesellschaft wartet, um in das Leben eines benachteiligten Kindes einzugreifen, desto teurer wird es. Traditionell haben wir den Armen Almosen gegeben – die Redistribution von Reichtum und Einkommen. Stattdessen müssen wir zu einer Predistribution kommen.« Zentral sei die Zusammenarbeit mit den Eltern: »Der Schlüssel ist es, mit der Familie – wie auch immer die heute aussieht – zu arbeiten. Eltern wissen oft sehr wenig über Bildung und Erziehung. Sie müssen lernen, mehr Zeit mit ihren Kindern zu verbringen, sie stärker zu motivieren, sie in die Schule zu schicken und ihnen zuzuhören.«[161]

In Deutschland gibt es bisher keine so gelagerte Langzeitstudie, doch auch hier plädieren Experten für gezielte frühe Bildung. C. Katharina Spieß, Direktorin des Bundesinstituts für Bevölkerungsforschung (BiB) und Professorin für Bevölkerungsökonomie an der Johannes Gutenberg-Universität Mainz, forscht seit Langem zu dem Thema, mehrfach habe ich mit ihr über die Bedeutung der Kita gesprochen. Die Wirtschaftswissenschaftlerin sagt: »Die frühkindliche Bildung muss endlich stärker in den Fokus rücken. Der positive Effekt wird in Deutschland viel zu wenig ausgenutzt. Vor allem für Kinder aus sozial schwachen Familien ist der Besuch immens wichtig. Wir wollen, dass diese Kinder früher kommen!«

Derzeit profitieren vor allem wohlhabende Kinder von Akademikereltern von Krippe, Kindergarten und Vorschule. Denn sozial benachteiligte Familien schicken ihre Kinder seltener in die frühkindliche Betreuung. 2020 besuchten 43 Prozent der unter Dreijährigen, deren Mutter Abitur hatte, eine Kita. Bei Müttern ohne Abitur waren es dagegen nur 28 Prozent. Und von Kindern, die zu Hause nicht Deutsch sprechen, besuchten nur 24 Prozent eine Kindertageseinrichtung.[162] Wie ließe sich das ändern?

Nach der Logik der Frühförderung müssten arme Kinder bei der Vergabe von Plätzen stärker bevorzugt werden, denn sie profitieren am meisten von dem Besuch einer Kita. Doch das ließe sich vermutlich gesellschaftlich nicht durchsetzen.[163] Der Kita-Besuch könnte für alle benachteiligten Kinder gratis sein. »Man sollte die Kita nicht pauschal kostenlos für alle machen, wie einige Bundesländer es in der Vergangenheit getan haben, sondern die Beiträge nach Einkommen staffeln«, fordert Bildungsökonomin Spieß. Mit der Geburt könnten Kinder beispielsweise automatisch einen Kita-Platz erhalten. Die Eltern müssten sie dann von der Kita ab- statt anmelden. Falls das nicht möglich ist, könnten benachteiligte Mütter und Väter bei der Suche nach einem Kita-Platz gezielt unterstützt werden, dazu müssten entsprechende Stellen eingerichtet oder bereits bestehende Angebote ausgebaut werden.

Dazu bräuchte es allerdings ausreichend Plätze. Beim Ausbau wurde in den letzten Jahren vor allem auf Quantität geachtet, der Fachkräftemangel gefährdet nun leider auch zunehmend die Qualität der Betreuung. Daher sollte das Berufsfeld attraktiver werden. Denn viele Erzieherinnen verlassen den Kita-Bereich wieder, weil der Job schlecht bezahlt und außerdem sehr anstrengend ist. »Die Politik sollte dringend etwas tun und den Anstoß geben, damit die Kommunen und Träger der Kinder- und Jugendhilfe mehr und bessere Angebote machen können. Das ist keine Frage der Sozialpolitik, sondern knallharte Wirtschafts- und auch Gesellschaftspolitik«, so Spieß. Denn gute Kitas fördern nicht nur Kinder (die Arbeitnehmer und Arbeitnehmerinnen von morgen), sondern unterstützen auch deren Eltern dabei, Familie und Job zu vereinbaren. Vor allem alleinerziehende Mütter brauchen eine gute und verlässliche Betreuung, damit sie arbeiten und für ihre Kinder sorgen können. Es würde sich also doppelt auszahlen, wenn Kitas endlich stärker ausgebaut würden.

Vor allem Kitas in sozial schwierigen Stadtteilen sollten gut ausgestattet werden, mit schön gestalteten Räumen, Spielplätzen, Wiesen und Gärten. Außerdem brauchen diese Kitas mehr Personal, zusätzliche Experten und Expertinnen für Sprachförderung. Daran hapert es noch allzu oft in deutschen Kitas.[164] Dabei haben heute viele kleine Mädchen und Jungen in der Kita zum ersten Mal Kontakt mit der deutschen Sprache. Der Fachkräftemangel auch beim Kita-Personal darf nicht dazu führen, dass sich die Betreuungsrelation verschlechtert. Bund, Länder und die Kommunen sollten hier nicht sparen, sondern mehr investieren, den Job durch Prämien attraktiver machen und die Kitas zu Familienzentren für Kinder und Eltern ausbauen. Wie wichtig es ist, gerade die Mütter bei Erziehungsfragen zu beraten und zu stärken, zeigen Studien wie das zitierte Perry-Preschool-Projekt immer wieder.

Bisher sind Kita und Schule getrennte Bereiche, angesiedelt in unterschiedlichen Fachressorts der Regierung in Berlin: Kita beim Bundesfamilienministerium, Schule beim Bundesbildungsministerium. Und die wichtige Frühförderung wird nicht aus dem Bildungshaushalt gezahlt, sondern über die Haushalte für Sozialhilfe. Die Bereiche Kita und Grundschule werden nicht zusammen gedacht. Für die Kinder ist der Übergang von Kita zur Schule häufig ein großer Einschnitt, ein Bruch. Die beiden Bereiche sollten stärker miteinander verzahnt werden. Auch die Berufe könnten sich gut ergänzen. Erzieher und Erzieherinnen spielen für den Ausbau der Ganztagsschulen eine zentrale Rolle.

Das Geld fließt in Deutschland vor allem in Richtung höhere Bildung: Am meisten wird für ältere Schüler und Schülerinnen an den Gesamtschulen oder Gymnasien ausgegeben. Aber die Ausgaben sollten auf den Kopf gestellt und mehr in den Anfang investiert werden: neben den Kitas auch stärker in die Grundschulen. Dann haben alle Kinder einen guten Start.

3. Arme Kinder brauchen die beste Schule, die es gibt

» *Wir brauchen ein Sondervermögen für Bildung, wir brauchen Signale, wir brauchen Action.* «
Aladin El-Mafaalani, Soziologe

Das gesamte deutsche Bildungssystem steckt in einer fundamentalen Krise. Das dreigliedrige Schulsystem ist überholt, eigentlich bräuchte es eine grundsätzliche Reform. Aber das ist in Deutschland politisch nicht durchsetzbar, obwohl auch die Eltern zunehmend unzufrieden sind.[165] »Vielen ist nicht bewusst, wie stark der Einfluss der Herkunft ist. Das Elternhaus entscheidet über den Bildungserfolg, nicht die Schule«, sagt der Soziologe Aladin El-Mafaalani. »Das heißt, man müsste ein System implementieren, das nicht auf die Eltern angewiesen ist.« In keinem Land, außer Österreich, werden Kinder so früh in verschiedene Schulformen getrennt wie in Deutschland. Besonders erfolgversprechend ist das nicht, blickt man auf die Ergebnisse internationaler Bildungsstudien. Im Gegenteil, die Forschung zeigt: Schwächere würden von längerer gemeinsamer Zeit des Lernens profitieren, und Stärkeren würde es nicht schaden.[166] Zwar stimmen vielerorts Eltern mit den Füßen ab, indem sie ihre Kinder bei Gesamtschulen anmelden (die überall unterschiedlich heißen: Stadtteilschule, Oberschule, Gemeinschaftsschule oder integrierte Sekundarschule), aber eine breite Bewegung gibt es derzeit nicht. Der letzte Versuch, am Schulsystem etwas zu ändern, scheiterte 2015. Damals stürzte in Hamburg die schwarz-grüne Regierung nach dem Scheitern der Primarschulreform, mit der die Grundschulzeit von vier auf sechs

Jahre verlängert werden sollte und dadurch die Zeit auf der weiterführenden Schule verkürzt. Die Institution des Gymnasiums darf nicht angetastet werden, das zeigt der Versuch in Hamburg.

Statt sich also ideologisch zu verkämpfen, könnten zunächst die Grundschulen gestärkt werden, denn hier sollen alle Kinder die Grundfertigkeiten lernen: Lesen, Schreiben und Rechnen. Dagegen wird es vermutlich keine Vorbehalte geben, schließlich profitieren davon alle. Dazu braucht es jedoch mehr Zeit für gemeinsames Lernen. Die Grundschulen sollten zu echten Ganztagsschulen ausgebaut werden, Unterricht und Angebote für Sport, Musik und Förderung miteinander verzahnt und über den Tag verteilt werden.

Ab August 2026 haben alle Erstklässler einen Anspruch auf ganztägige Bildung und Betreuung. In den Jahren darauf wächst dieser mit jedem neuen Jahrgang, sodass ab dem Schuljahr 2029/30 alle Grundschulen in Deutschland offene Ganztagsschulen sein werden. »Offen« heißt, die Teilnahme an den Angeboten ist freiwillig. Dieser Ausbau bietet die Chance, es endlich besser zu machen. Denn bisher sieht Ganztagsschule meist so aus: morgens Unterricht, nachmittags Essen und Hausaufgabenbetreuung im Hort, anschließend mehr oder weniger gute Betreuung für alle, die nicht nach Hause können, weil dort keiner auf sie wartet und aufpasst.

Bereits vor 20 Jahren wurde in Deutschland damit begonnen, das Ganztagsangebot auszubauen. Damit sollten vor allem Bildungsungleichheiten abgebaut werden. Inzwischen sind bereits drei Viertel aller Grundschulen in Westdeutschland Ganztagsschulen. Ob die Schulen die in sie gesetzten Erwartungen auch erfüllen, wurde bislang wenig untersucht. Eine Analyse zeigt, dass vor allem die soziale Entwicklung von benachteiligten Mädchen und Jungen gefördert wird. Sie werden offener, sind emotional stabiler – das ist wichtig für ihre weitere Entwicklung in der Schule. Besonders profitieren die Kinder von Alleinerziehenden und aus Familien mit wenig Geld und niedriger Bildung. Ihre Noten in Mathe oder Deutsch wurden jedoch nicht besser. Das liegt wahrscheinlich an der schlechten Qualität der Hausaufgabenbetreuung.[167]

Bei einer wirklich guten Ganztagsschule sollten die Angebote einen hohen pädagogischen Anspruch haben. Dazu braucht es Qualitätsstandards, die gemessen und eingehalten werden, und gut ausgebildetes Personal, vor allem bei der Hausaufgabenbetreuung. Außerdem sollten die Freizeitangebote deutlich attraktiver werden, damit viele Kinder sie auch gern nutzen. Eigentlich bräuchte es eine gebundene, das heißt verpflichtende Ganztagsschule für alle, damit alle Kinder von morgens bis nachmittags in der Schule bleiben. Doch die lässt sich politisch nicht durchsetzen, weil die meisten Eltern ihre Kinder nachmittags lieber zu Hause haben und sie selbst zum Geigenunterricht oder Fußballtraining bringen wollen. All das könnte aber auch in der Schule stattfinden. Das hätte den Vorteil, dass alle Kinder davon profitieren, vor allem diejenigen, bei denen Mama und Papa nicht für solche Freizeitaktivitäten sorgen können. Förderung könnte fast nebenbei passieren ohne Beschämung – wenn ohnehin alle länger in der Schule sind, fällt es gar nicht so sehr auf, wenn Lisa oder Max mal eine Stunde Einzelunterricht zusätzlich haben.

Für die Kinder bedeutet eine Ganztagsschule nicht notwendigerweise mehr Stress. Sie hätten nicht nur mehr Zeit zum Lernen, sondern auch zum Spielen mit Freunden. Ein möglicher Nebeneffekt: Kinder könnten deutlich selbstständiger und unabhängiger von den wachsamen Augen ihrer Mittelschichtseltern entscheiden, wie und mit wem sie ihre Zeit verbringen. Und arbeitende Eltern hätten eine zuverlässige Betreuung. Doch auch der Ausbau der Ganztagsschulen ist durch den Fachkräftemangel bei Lehrkräften gefährdet: 2021/22 fehlten bundesweit rund 530 000 Ganztagsplätze für Grundschulkinder.[168] Nicht nur Grundschulen, alle Schulen sollten ganztägig sein. Auch müsste der Unterricht reformiert werden, vor allem am Gymnasium. Der hat offenbar vielfach kaum noch etwas mit der Lebenswelt von Heranwachsenden zu tun, das ist laut Experten ein Grund dafür, dass auch die Leistungen der Schüler und Schülerinnen am Gymnasium bei der letzten PISA-Untersuchung deutlich zurückgegangen sind.

Ebenso wie Kitas sollten auch Grundschulen in sozial benachteiligten Stadtteilen finanziell besonders gut ausgestattet sein. Zwei Drittel der Deutschen würden laut Bildungsbarometer die Nutzung eines Sozialindexes für die gezielte Unterstützung von Schülern und Schülerinnen aus benachteiligten Verhältnissen begrüßen. Ein solcher Sozialindex zeigt, welche Schule vor besonderen Herausforderungen steht.[169] Diese Schulen bräuchten mehr Pädagogen, kleinere Klassen, bessere Räume. Sie bräuchten multiprofessionelle Teams: Erzieher, Trainer, Sozialpädagogen, Schulsozialarbeiter, Psychologen, Kinderpfleger, IT-Fachleute und weitere Experten – damit sich die Lehrer und Lehrerinnen auf ihr Kerngeschäft konzentrieren können: den Unterricht. Der Soziologe Aladin El-Mafaalani schlägt vor, auch Kinderärzte zu integrieren. Man könnte zum Beispiel Impfungen in der Schule verabreichen, natürlich mit Einverständnis der Eltern.

Würden sich Grundschulen zu solch idealen Lernorten entwickeln, würden vielleicht auch Eltern ihre Kinder dort anmelden, die sich sonst Schulen mit besserem Ruf suchen, mit weniger sozial auffälligen Schülern und Schülerinnen. Von einer zwangsweisen Durchmischung, also der Verteilung von Kindern nach Sozialindex, halte ich nichts. Der Widerstand von Eltern wäre vermutlich zu groß. Außerdem sollten Kinder in ihrem Stadtteil groß werden können.

Darüber hinaus sollte mehr Geld in die Grundschulen investiert werden. Bisher gibt der Staat jedoch ausgerechnet für die Bildung der Jüngsten am wenigsten aus: 8 000 Euro pro Grundschüler oder -schülerin. Für Jugendliche am Gymnasium zahlt er 10 200 Euro, für Schüler oder Schülerinnen an integrierten Gesamtschulen 10 900 Euro.[170] Eigentlich sollte es umgekehrt sein, denn an der Grundschule wird die Basis für die weitere Schullaufbahn gelegt. Und vor allem frühe Förderung zahlt sich aus, wie wir im Kapitel über die Kitas gesehen haben.

Die Ampelregierung hat im Februar 2024 nach monatelangen Verhandlungen zwischen Bund und Ländern das Startchancen-Programm verabschiedet, eine der wenigen Maßnahmen aus dem Koalitionsprogramm, über die nicht öffentlich gestritten wurde. Ab dem Schuljahr 2024/25 werden bundesweit 4 000 Schulen in sozial schwierigen Lagen gefördert. Berlin will jährlich bis zu einer Milliarde Euro bereitstellen, die Länder sollen noch mal eine Milliarde Euro obendrauf legen. Bei einer Laufzeit von zehn Jahren werden insgesamt 20 Milliarden Euro investiert. Eine immense Summe. Bundesbildungsministerin Bettina Stark-Watzinger nennt es das »größte und langfristigste Bildungsprojekt der Geschichte der Bundesrepublik Deutschland«.[171]

Ziel ist es, die Zahl der Mädchen und Jungen zu halbieren, die in Deutsch und Mathe die Mindeststandards verfehlen. Positiv ist auch, dass mit dem Geld multiprofessionelle

Teams an den Schulen gestärkt werden sollen, zum Beispiel können Schulsozialarbeiter eingestellt werden. Dazu soll das Programm wissenschaftlich evaluiert werden, es wird also geprüft, was mit dem Geld passiert und ob die gewünschten Ziele auch erreicht werden. 60 Prozent der geförderten Schulen sollen Grundschulen sein, das sind bundesweit 2 400. Es gibt jedoch rund 15 500 Grundschulen in Deutschland. Das Startchancen-Programm ist ein Anfang, immerhin, aber es sollte mehr investiert werden. Der Soziologe Aladin El-Mafaalani forderte deshalb ein Sondervermögen für Bildung in Höhe von 100 Milliarden Euro. »Wir brauchen Signale, wir brauchen Action«, sagt er. Dem stimme ich voll zu.

4. Arme Kinder brauchen die besten Pädagogen und Pädagoginnen, die es gibt

> »Wir laufen den Problemen hinterher, statt sie zu lösen. Die Erkenntnisse sind alle da, aber die Umsetzung fehlt. Wir brauchen in der Schule Kontinuität und nicht alle vier Jahre neue Ansagen.«
> Julia Krippenstapel, Schulleiterin

Lehrer und Lehrerinnen sind Schlüsselfiguren im Leben von Kindern, sie können Türen zum Lernen weit aufstoßen – oder schließen. Das gilt besonders für arme und benachteiligte Kinder, die auf Erwachsene angewiesen sind, die sie fördern und ihnen helfen, Chancen zu ergreifen. Gerade sie brauchen sichere Bindungen, um lernen zu können und Selbstbewusstsein zu entwickeln. Lehrkräfte kostet das enorm viel Kraft und pädagogisches Fingerspitzengefühl. Ich habe große Hochachtung vor dem, was Lehrer und Lehrerinnen täglich leisten. »Die Schule« ist ja in Wahrheit immer das Kollegium. Beeindruckende Lehrerpersönlichkeiten erkennt man an ihrer Haltung. Deshalb brauchen die Lehrkräfte mehr Unterstützung, mehr Know-how. Schon im Studium sollten sie in der Pädagogik mehr Grundlagen zur Diagnostik und gezielten Förderung lernen. Zu überlegen wäre auch, ob es Eingangsprüfungen vor dem Studium braucht, so wie in Finnland. Dort werden Beziehungsfähigkeit, Motivation und Engagement getestet, damit nur die Lehrkräfte werden, die Kinder auch wirklich mögen und pädagogisches Talent besitzen.

Angehende Pädagogen und Pädagoginnen sollten darin geschult werden, sozial benachteiligte Mädchen und Jungen zu erkennen und zu fördern. Manchen scheint eine armutssensible Haltung zu fehlen. Arme und benachteiligte Kinder haben nicht automatisch eine Lernbehinderung, sondern verhalten sich anders im Unterricht als Schüler aus begüterten Familien. Teilweise werden sie auffällig und stören, sie schreien sozusagen nach Hilfe. Pädagogen sollten dieses Verhalten erkennen, decodieren und damit umgehen können. Vielleicht bräuchten die Lehrer dafür besondere Unterstützung, nicht nur von Kollegen mit sozialpädagogischem Hintergrund, sondern auch eine Art Supervision, um sich ihrer eigenen Vorurteile bewusst zu werden und den Umgang damit zu reflektieren.

»Bei uns kommt der Blick auf die schwachen Schülerinnen und Schüler immer noch zu kurz«, sagt Bildungsforscher Olaf Köller. »An den meisten Schulen fehlen kluge Angebote, um sie systematisch individuell zu fördern.« Dabei können

KI-gestützte Programme helfen, weil sie die Schüler und Schülerinnen bei ihrem Wissensstand abholen und gezielt anleiten können, Lernlücken zu schließen. Mit kindgerechten Animationen fordern zum Beispiel Lernspiele Kinder heraus, Aufgaben zu lösen. Anschließend erhalten sie eine individuelle Rückmeldung, was sie schon gut können und was sie üben sollten. Vielversprechend sind auch digitale Tutoring-Programme, zum Beispiel zur spielerischen Leseförderung in kleinen Gruppen. Solche Tools können zusätzlich zum regulären Unterricht eingesetzt werden, auf keinen Fall sollten sie den Lehrer oder die Lehrerin ersetzen. Vereinzelt werden solche Methoden bereits in deutschen Schulen ausprobiert. »Viele Lehrerinnen und Lehrer tun sich schwer damit, moderne didaktische Konzepte im Unterricht einzusetzen«, so Köller. Lernen durch computergestützte Programme funktioniert ohne Beschämung für das Kind, denn jedes kann in seinem Tempo arbeiten, Lernschritte und Aufgaben wiederholen, ohne dass die Klasse mitbekommt, wie weit man ist. Dazu brauchen Lehrer und Lehrerinnen mehr Kenntnisse zum gezielten Einsatz von digitalen Medien im Unterricht.

Die Bezahlung von Lehrern und Lehrerinnen sollte angepasst werden: Lehrkräfte an Grundschulen sind im Vergleich Geringverdiener, sie erhalten weniger als die Kollegen und Kolleginnen am Gymnasium. Warum? An der Grundschule wird schließlich die Basis für das weitere Lernen gelegt. Gleiche Verdienstchancen könnten den Beruf attraktiver machen. Schließlich können schon jetzt an vielen Schulen nicht alle freien Stellen besetzt werden. Auch sollten Lehrkräfte an Schulen in sozial benachteiligten Vierteln extra honoriert werden, als Anerkennung für die besondere Herausforderung, und dort sollten auch besonders dafür geeignete Lehrkräfte unterrichten. Die Mehrheit der Deutschen befürwortet solche Gehaltszuschläge, die Zustimmung zu solchen Maßnahmen ist in den letzten Jahren merklich gestiegen.[172] In der Regel sind Lehrkräfte Beamte. Sie sind aber keine Befehlsempfänger, die Lehrpläne und Vorgaben des Kultusministeriums abarbeiten, sondern haben mehr Spielräume, als viele denken. »Das System Schule ist zu träge, viele Kollegien sind nicht bereit, sich zu modernisieren, viele Lehrkräfte basteln lieber als Einzelkämpfer an Lösungen statt im Team«, kritisiert Köller. »Der Unterricht muss besser werden, leider geht der häufig an der Lebensrealität und den Interessen der Schülerinnen und Schüler vorbei.« PISA-Chef Andreas Schleicher sagt: »Lehrkräfte können vor Ort viel besser einschätzen: Welche Hilfe brauchen unsere Kinder? Was können wir tun? Dafür braucht es keine Vorgaben von oben. Eine Lehrkraft ist heute mehr als ein Wissensvermittler. Sie ist auch Coach, Mentor, Psychologe und teilweise sogar Sozialarbeiter – gerade bei sozial benachteiligten Kindern. Dazu sollte sie wissen: Aus welchem Umfeld kommen meine Schülerinnen und Schüler? Wo liegen ihre Stärken, wo ihre Schwächen? Ein guter Pädagoge kennt den familiären Hintergrund und besucht, wenn nötig, auch die Eltern zu Hause.« Vor allem benachteiligte Jungen und Mädchen profitieren von einer guten Erziehungspartnerschaft zwischen Lehrkraft und Eltern.

Ich konnte über zehn Jahre lang den Deutschen Schulpreis begleiten, gestiftet von der Robert Bosch Stiftung und der Heidehof Stiftung. Imponiert haben mir visionäre Schulleiter und Schulleiterinnen und Lehrkräfte, die ich bei den Recherchen an den Schulen kennenlernen durfte. Sehr häufig habe ich mutige Teams erlebt, die gemeinsam neue pädagogische Konzepte entwickelt haben, viele in enger Zusammenarbeit mit Eltern.

Besonders beeindruckt hat mich die Grundschule Kleine Kielstraße. Sie liegt im Norden von Dortmund, einem schwierigen sozialen Viertel. An der Schule haben mehr als 90 Prozent der Kinder einen Migrationshintergrund. Mit Einsatz und ungewöhnlichen Ideen arbeiten die Lehrkräfte hier seit über 20 Jahren daran, ihre Schüler und Schülerinnen bestmöglich zu fördern. Dafür wurde die Schule mehrfach ausgezeichnet, einige der Ideen werden auch an anderen Schulen eingesetzt. 2006 erhielt die Kleine Kielstraße den Deutschen Schulpreis, ich war im Unterricht dabei und schrieb eine Reportage. Seitdem habe ich die Grundschule immer wieder besucht. Mich beeindruckt die Haltung der Lehrer und Lehrerinnen, wie sie sich als Team konsequent weiterentwickeln. Die Kinder lernen hier individuell in ihrem Tempo, es gibt zahlreiche Förderangebote für Kinder, die nicht der Norm entsprechen und, sagen wir mal, »verhaltenskreativ« sind. Die Lehrkräfte beziehen nicht nur die Eltern, sondern den ganzen Stadtteil mit ein. Von der Kleinen Kielstraße könnten sich manche etwas abgucken – nicht nur Grundschulen.

»Es müssen nicht alle Abitur machen, aber einen Abschluss«, Schulleiterin Julia Krippenstapel.
Das über 100 Jahre alte Schulgebäude ist umschlossen von einer Hochhaussiedlung aus den 1970er-Jahren, dem »Hannibal«. Etwa 1 000 Menschen leben hier. Die vergilbten Balkone könnten mal weiß gewesen sein, in vielen Fenstern hängen die Gardinen schief. Neben dem Schulhof quellen die Mülleimer über, kaputte Möbel liegen herum. Seit Langem gilt die Nordstadt von Dortmund als problematischer Stadtteil. Wer Geld hat, zieht weg. Schwierige Voraussetzungen für eine Schule.

»Am meisten Sorgen bereitet uns die zunehmende kulturelle Armut in den Familien«, sagt Schulleiterin Julia Krippenstapel. Die 50-Jährige war früher lange selbst Klassenlehrerin, bevor sie den Job von ihrer Vorgängerin übernommen hat.

»Ich schaff das, ich kann das, ich bin wichtig – und so wie ich bin, bin ich richtig«, schallt es aus dem Klassenzimmer der Wölfe, ganz oben im zweiten Stock. Das Lied von Antje Schomaker dient zur Einstimmung, es ist zugleich auch das Mantra der Grundschule. Die Tür zur Klasse steht immer offen. Erst- und Zweitklässler werden gemeinsam unterrichtet. Dahinter steckt die Überlegung: Beim Wechsel in die dritte Klasse sollen alle Kinder den gleichen Entwicklungs- und Wissenstand haben – unabhängig davon, wie viel Zeit sie dafür brauchen. Bei den »Wölfen« besuchen acht Kinder die erste Klasse, acht gehören in die zweite und neun eigentlich schon in die dritte. Sie bleiben ein Jahr länger, bis sie den Stoff auch wirklich geschafft haben. Sitzen bleibt keiner, die damit verbundene Scham wird den Kindern erspart.

Jedes Kind lernt in seinem Tempo. Den unterschiedlichen Unterrichtsformen – Gesprächskreis, Einzel-, Partner- und Gruppenarbeit – sind jeweils Flächen im Raum zugeordnet. Aber nicht nur die Räume, der ganze Tagesablauf ist durchchoreografiert, die Kinder wissen genau, was sie zu tun haben. Rituale und Regeln geben ihnen Halt, viele kennen von zu Hause keine festen Abläufe.

Zappelige Kinder, die im Unterricht nicht mitkommen, dürfen einmal pro Woche während des Unterrichts zu den »Hummeln«. Dort malen sie mit Wasserfarbe oder spielen im Kaufmannsladen. Andere dürfen mit Begleitung vom Jugendamt »außerschulische Lernorte« besuchen: Sie lernen ihre Stadt kennen, machen Ausflüge in den Wald – und kommen so mal raus aus ihrem Viertel.

In der Kleinen Kielstraße lernen die Kinder, sich selbst zu organisieren, und sie werden beteiligt – ihre Meinung zählt. So werden Respekt und Toleranz gefördert und demokratische Spielregeln geübt: Den Morgenkreis zur Begrüßung und die Besprechung des Tages leitet immer ein »Tageskind«, Konflikte werden im Klassenrat besprochen und gelöst. »Wir wollen, dass unsere Kinder ein selbstbestimmtes Leben führen können«, sagt die Schulleiterin. »Es müssen nicht alle Abitur machen, aber einen Abschluss.« Von den 81 Kindern in den vierten Klasse gehen im Herbst 28 aufs Gymnasium, 33 auf die Gesamtschule, und 18 wechseln auf eine Realschule, eines kommt auf die Hauptschule und eines auf eine Förderschule.

Das Klassenzimmer ist gefüllt mit Lernmaterial: Kisten, beschriftet mit den Vornamen der Kinder, Bastelutensilien, Bücher, Ordner, Spiele. Das meiste Material hat das Kollegium in jahrelanger Arbeit selbst entwickelt. Als ich zum ersten Mal im Unterricht saß, nahmen sich die Kinder Arbeitsblätter aus farbigen Ablagen und notierten ihre Erfolge im Lerntagebuch. Heute orientieren sie sich am Mathe- und am Deutschrad, die an der Wand im Klassenzimmer der Wölfe hängen. Wie bei einer Uhr sind die Lerneinheiten für die ersten beiden Schuljahre übersichtlich portioniert. Beim Matherad stehen da zum Beispiel »Addition und Subtraktion mit Trick« oder »Vom Mal zum Plus«. Hat ein Kind alle Aufgaben für einen Lernblock gelöst, macht es einen Selbsttest, bevor es zum nächsten Themenfeld weitergehen kann. Dann schiebt es seinen Namen, befestigt auf einem Magneten, ein Feld weiter – ein bewusster Schritt: Das habe ich schon geschafft!

Die meisten der 400 Kinder an der Kleinen Kielstraße sind in Dortmund geboren, aber ihre Eltern stammen aus verschiedenen Ländern. Zu Hause sprechen viele Kinder kein Deutsch, sondern eine von rund 35 verschiedenen Sprachen. An der

Kleinen Kielstraße legen die Lehrkräfte daher besonderen Wert auf den Deutschunterricht: Hör- und Artikulationsübungen sind beim Lesen- und Schreibenlernen immens wichtig. »Unsere Kinder beherrschen teilweise auch ihre eigene Muttersprache nicht, man kann kein Sprachmuster erkennen«, sagt Schulleiterin Julia Krippenstapel. Damit die Kinder auch ihre Herkunftssprache sicher können, wird an der Schule zusätzlich Arabisch, Türkisch und Spanisch angeboten. Auffällig ist, dass die Kinder untereinander auch in den Pausen immer Deutsch sprechen.

Ganz wichtig ist die Entwicklung einer Lesekultur, nur wenige Kinder haben zu Hause eigene Bücher oder kennen es, dass Mama und Papa ihnen vorlesen. In jedem Klassenzimmer gibt es gemütliche Leseecken, in der Klassenbücherei kann man Bücher ausleihen und einmal im Monat findet »Flurlesen« statt: Mit ihrer Eintrittskarte gehen die Kinder zu einer Lehrerin und lassen sich vorlesen, das Angebot reicht vom Bilderbuch bis zum Kinderkrimi.

Schon vor 20 Jahren haben sich die Lehrer und Lehrerinnen vom Einzelkämpfertum verabschiedet, sie bereiten den Stoff im Team vor. So kann jede Kollegin jederzeit in einer anderen Klasse der Stufe einspringen, auch das schafft Verlässlichkeit für die Kinder. Der offene Ganztag ist mit dem Unterricht vom Vormittag verzahnt, dazu tauschen sich die Lehrerinnen mit den Erzieherinnen aus, geben Tipps und Anregungen für die Vertiefung am Nachmittag. Dadurch erhalten die Kinder mehr Zeit zum Lernen.

Im ganzen Stadtteil hat die Schulleitung ein Netzwerk für Familien geknüpft. In eigens angemieteten Wohnungen, den »Kinderstuben«, betreuen Tagesmütter Ein- bis Dreijährige, die sonst keinen Kita-Platz hätten. Und in den Räumen des Ganztagsbereichs fördern Erzieherinnen vormittags Vorschulkinder, die sogenannten Erdmännchen. Die Schulleiterin pflegt gute Kontakte zu den Kitas der Umgebung und zum Mittagstisch mit Hausaufgabenbetreuung in der Katholischen St. Paulus Gesellschaft.

Der Start in die Schule wird sorgfältig vorbereitet: Zur ersten Infoveranstaltung werden Eltern eingeladen, wenn ihr Kind vier Jahre alt ist. Acht Monate vor der Einschulung werden die künftigen Schüler und Schülerinnen mit ihren Eltern eingeladen. Die Kinder werden getestet: Wie gut können sie sprechen? Wie weit zählen? Wie sicher sind ihre Bewegungen? Die Ergebnisse werden mit den Eltern besprochen, der Kindergarten informiert, falls nötig Förderung angeregt. Bei Schulstart unterzeichnen Eltern und Lehrkräfte einen Erziehungsvertrag, beide Seiten verpflichten sich, das Kind bestmöglich zu unterstützen.

Das Elterncafé der Schule hat täglich geöffnet. Hauptsächlich kommen Mütter. Sie bekommen dort nicht nur Kaffee oder Tee, sondern Computer-, Sprach- und Alphabetisierungskurse, falls nötig sogar eine Schuldnerberatung. Einmal pro Monat bietet die Schule Müttern und Vätern der Erstklässler einen Gesprächskreis an. Dabei geht es zum Beispiel um die Dinge, die ein Kind beim Schulanfang benötigt, oder den Umgang mit digitalen Medien und Fernsehen. Zudem wird über mögliche Ängste gesprochen.

Auch die Lehrkräfte der Kleinen Kielstraße stoßen bisweilen an ihre Grenzen – besonders seit der Coronapandemie. »Das war für unsere Kinder und ihre Familien ganz besonders schlimm«, sagt Schulleiterin Julia Krippenstapel. »Die leben zum Teil mit acht Personen auf 60 Quadratmetern. Vielen Erstklässlern fehlen die Erfahrungen in der Kita.« Seither beobachten die Lehrkräfte mehr auffällige Kinder: »Sie können nicht still sitzen, manche schlafen einfach ein, andere rennen direkt in andere Kinder rein, ohne jede Rücksicht«, sagt die Schulleiterin. »Da hilft nicht nur ein bisschen Ergotherapie!« Viele bräuchten eigentlich eine Schulbegleitung als zusätzliche Unterstützung im Unterricht. Aber bis ein Kind vom Psychologen begutachtet, der Antrag genehmigt und eine Begleitung für den Schulalltag gefunden ist, kann ein Jahr vergehen. Früher sei das schneller gegangen, sagt Julia Krippenstapel.

Der Fachkräftemangel macht sich auch an der Kleinen Kielstraße bemerkbar. Bisher konnte sich die ausgezeichnete Schule die Bewerber aussuchen, heute können nicht mehr alle Stellen besetzt werden. »Wir bräuchten mehr Geld und mehr Leute, aber bitte echte Profis.« Für ihre Schule wünscht sie sich Logopäden, Physiotherapeuten, Psychologen, Krankenpfleger und Trainer vom Sportverein. Dann könnte die Umsetzung des Startchancen-Programms und auch die Einführung der Ganztagsschule ein Erfolg werden. »Wir laufen den Problemen hinterher, statt sie zu lösen. Die Erkenntnisse sind alle da, aber die Umsetzung fehlt. Wir brauchen in der Schule Kontinuität und nicht alle vier Jahre neue Ansagen«, sagt Schulleiterin Krippenstapel.

Lange bevor die meisten Schulen daran dachten, entwickelten die Lehrkräfte an der Kleinen Kielstraße ein Leitbild. Die Ziele sind immer noch aktuell: zukunftsorientiertes Lernen, professionelle Zusammenarbeit im Kollegium, Elternarbeit, ganztägige Betreuung und Öffnung zum Stadtteil. »Ich bin wichtig und so wie ich bin, bin ich richtig« – an der Kleinen Kielstraße wird jedes Kind so angenommen, wie es ist.

5. Arme Kinder mit Migrationshintergrund brauchen bessere Chancen

»*Flüchtlinge müssen viel mehr leisten,
aber das wird gar nicht gesehen.*«
Hawal, 19

Die meisten Deutschen sind sich der schlechten Chancen von Kindern aus sozial benachteiligten Verhältnissen sehr wohl bewusst, wie die Befragung des Bildungsbarometers zeigt. Als mindestens ebenso drängendes Problem sehen sie die Chancenungleichheit von Kindern mit Migrationshintergrund – immerhin sagen das 62 Prozent.[173] Diese Sorge ist berechtigt, denn wir erinnern uns: Ein Kind, dessen Eltern ausländische Wurzeln haben, dazu noch mit vielen Geschwistern, hat ein höheres Risiko, in Armut aufzuwachsen als eines ohne Migrationshintergrund. Vor allem wenn Mutter und Vater selbst wenig Bildung haben und keinen regelmäßigen Job. Richtig problematisch wird es, wenn das Kind allein bei seiner Mutter aufwächst. Ein ganz schön schwerer Rucksack voll mit Problemen. Und deshalb wäre die bessere Integration von Mädchen und Jungen mit Migrationshintergrund ein Hebel, um mehr Kinder aus Armut und Benachteiligung zu holen.

Dazu müssen die Kinder vor allem Deutsch lernen und sprechen. Das gilt nicht nur für neu Zugewanderte. Auch Jugendliche der zweiten oder dritten Generation sprechen teilweise nicht ausreichend Deutsch, vor allem viele türkische Kinder und Jugendliche. »Sie sprechen zwar die Herkunftssprache ihrer Großeltern, können sie aber weder lesen noch schreiben. Das macht den Erwerb der zweiten Sprache schwieriger«, sagt Bildungsexperte Olaf Köller. Auch die Schulleiterin von der Grundschule Kleine Kielstraße in Dortmund, Julia Krippenstapel, und die Kinderärztin Annett Pfeiffer aus Hamburg-Billstedt beobachten, dass in vielen Familien mit Migrationshintergrund die eigene Muttersprache nur noch schlecht oder rudimentär gesprochen wird.

Das Sprachproblem wächst sich nicht einfach aus, wie manche vielleicht gehofft haben. Sondern es bleibt bestehen, schlimmer noch: Es potenziert sich. Wer ausgelacht wird, weil er nicht versteht, was seine Mitschülerinnen oder was die Lehrerin sagen, der traut sich garantiert nicht, ständig nachzufragen, sondern verstummt und steigt innerlich aus. Und so wächst der Abstand im Lernstoff zu den Klassenkameraden.

Neu sind auch diese Erkenntnisse nicht, sie dürften eigentlich auch niemanden überraschen, schließlich hat Deutschland eine über 60 Jahre lange Geschichte als Einwanderungsland. Aber diese Tatsache wurde lange Zeit ausgeblendet. Kinder mit Migrationshintergrund brauchen gezielte Förderung: Sie sollten so früh wie möglich in eine Kita. Danach wäre die Schule der ideale Ort, an dem Integration passieren könnte. Schließlich gehen alle dorthin. Das Beispiel der Kleinen Kielstraße in Dortmund zeigt, welche Wirkung eine Grundschule in den Stadtteil hinein entfalten kann und wie ganze Familien integriert werden können. Daneben gibt es noch viele Kollegien in anderen Städten, die alles für ihre Schützlinge geben. Doch die Lehrkräfte an den Schulen werden mit dieser Herkulesaufgabe mehr oder weniger allein gelassen, die ist zu ihren vielfältigen Aufgaben über die Jahre einfach noch obendrauf gekommen.

Die mangelhafte Integration ist auch ein Grund für das schlechte Abschneiden bei Bildungsstudien, zuletzt PISA im

Dezember 2023. »Wenn wir die Kinder und Jugendlichen mit Migrationshintergrund besser fördern würden, sodass sie wirklich in der Bildungssprache Deutsch dem Unterricht in allen Fächern folgen können, dann könnten ihre Leistungen deutlich besser werden«, sagt PISA-Experte Olaf Köller. »Deutsche Jugendliche haben teilweise einen Vorsprung von zwei Jahren in Mathematik vor Klassenkameraden mit Migrationshintergrund.«

Bereits 2011 warnte sein Kollege, der Bildungsforscher Jürgen Baumert, in der *Zeit*: »Es gibt ein soziales Problem und ein damit verbundenes Sprachproblem. Die Zuwanderer stammen vorwiegend aus schwächeren sozialen Schichten. Wir haben preiswerte Arbeitskräfte angeworben und aus humanitären Gründen immer mehr Flüchtlinge aufgenommen, als es die Genfer Konvention verlangt. In der Erwartung, dass diese Menschen wieder in ihre Heimat zurückkehren, haben wir sprachliche Integration und vor allem die ihrer Kinder vernachlässigt.«[174]

Wie viele schlechte Zeugnisse muss Deutschland eigentlich noch bekommen, bevor man endlich begreift: Es muss dringend etwas getan werden? Sonst kollabieren das Schulsystem und später auch irgendwann die sozialen Systeme. Denn der Zustrom von Geflüchteten, darunter viele Kinder und Jugendliche, hört ja nicht auf. Seit 2022 sind über 300 000 Kinder und Jugendliche aus der Ukraine nach Deutschland geflüchtet. Hinzu kommen Tausende Kinder aus Syrien, Afghanistan, Irak und vielen afrikanischen Ländern. Sie alle geraten in ein ohnehin schon überlastetes Schulsystem. Bislang fehlt für die Integration von zugewanderten Kindern ein Konzept. Jedes Bundesland macht auch hierbei – mal wieder – sein eigenes Ding. Einheitliche Standards sucht man vergeblich. Dabei hätte man aus den Jahren 2015 und

2016 einiges lernen können. Schließlich ist diese erste Flüchtlingswelle, als die Menschen erst mit Teddys, Blumen und Schokolade begrüßt und dann mehr oder weniger sich selbst überlassen wurden, bald ein Jahrzehnt her.

Der Bildungsjournalist Anant Agarwala hat 2020 recherchiert: Was hat nach dem enormen Zustrom von Geflüchteten 2015 und 2016 in Schulen funktioniert? Und was nicht? Er stieß auf viele engagierte Lehrkräfte, insgesamt war das System Schule jedoch mit der Situation überfordert. Sein Fazit: »Das Integrationsexperiment wäre die perfekte Gelegenheit gewesen, die Lehrerzimmer der Republik in einer überfälligen, konzertierten Bildungsoffensive nach bindenden Standards für die Einwanderungsgesellschaft fit zu machen. Man hat sie verstreichen lassen.«[175]

Es gibt keinen Grund zur Annahme, daran hätte sich inzwischen substanziell etwas geändert. Bildungsexperte Köller sagt: »Wir wissen, dass es so nicht funktioniert: ein bis zwei Jahre Willkommensklasse, anschließend in die Regelklasse. Es braucht fünf bis sieben Jahre, um in der Bildungssprache Deutsch anzukommen.« Die zugewanderten Schüler und Schülerinnen bräuchten zusätzliche Förderung in Deutsch – am besten in Ganztagsschulen. Doch die Schulen sind am Limit, räumlich und personell. Mehr als die Hälfte der Schulleiter sagte im November 2022 bei einer repräsentativen Umfrage, sie hätten keine Kapazitäten, weitere geflüchtete Kinder und Jugendliche aufzunehmen und ausreichend zu fördern.[176]

Den Umgang mit Zugewanderten beobachten die Deutschen aktuell mit großer Sorge. Bei einer Untersuchung der Bertelsmann Stiftung stimmten 71 Prozent der Einschätzung zu, Zuwanderung führe zu Problemen an der Schule. Darüber hinaus machen sich die Menschen Sorgen um Wohnungsnot, mögliche Konflikte zwischen Einheimischen und Eingewanderten sowie Mehrkosten für den Sozialstaat. Wenig überraschend wächst die Skepsis in gefühlten Krisenzeiten, die Menschen leben seit der Pandemie mit einem Gefühl von kollektiver Erschöpfung und Überforderung. Die meisten sehnen sich nach der Zeit davor zurück. Doch die wird nicht wiederkommen. Die gute Nachricht: Trotzdem ist die Mehrheit der Deutschen weiterhin für die Integration von Geflüchteten. Im Bereich der Schule wünschen sich die Menschen am meisten Intervention gegen Benachteiligung, Frauen sagen dies deutlicher als Männer. Als größtes Hindernis bei der Integration sehen die Deutschen mangelnde Deutschkenntnisse bei Zugewanderten.[177]

Vor allem Jüngere haben den Eindruck, dass Zugewanderte, die schon lange in Deutschland leben und arbeiten, wenig Wertschätzung erfahren. Das erlebt der 19-jährige Hawal, der ein paar Seiten zuvor seine Eindrücke schilderte, in der Schule. Er floh vor neun Jahren mit seiner Familie aus dem Irak und sagt: »Flüchtlinge müssen viel mehr leisten, aber das wird gar nicht gesehen.« Schüler wie Hawal leisten enorm viel. Nach einer monatelangen Flucht mit teilweise traumatischen Erfahrungen warten sie in einer Sammelunterkunft darauf, wieder umzuziehen und dann endlich, mit etwas Glück, eine Schule zu finden, an der sie in eine Willkommensklasse gesteckt werden (auch die heißen unterschiedlich Übergangsklasse, Sprachförderklasse, Vorbereitungsklasse oder Integrationsklasse). Nach ein bis zwei Jahren wechseln sie dann in eine Regelklasse. Bislang hat kein Bundesland ein nachvollziehbares Verfahren entwickelt, das die Vorkenntnisse und Begabungen geflüchteter Schülerinnen bei der Entscheidung über die richtige Schule berücksichtigt. Sie kommen dahin, wo gerade Platz ist. In der

Regel sind das Schulen, die ohnehin stärker um den Erfolg ihrer Schüler kämpfen müssen, also vor allem Hauptschulen in schwierigen Stadtteilen.[178] Und was das bedeutet, haben wir ja bereits diskutiert.

Tatsächlich sind die Schulen in einigen Bundesländern derart überlastet, dass in Deutschland Tausende Kinder und Jugendliche gar keinen Schulplatz haben – obwohl auch sie ein Grundrecht haben, zur Schule zu gehen. In der breiten Öffentlichkeit ist das bisher kaum bekannt. Viele der geflüchteten Kinder verlieren so ein Jahr und mehr Zeit, in der sie nicht zur Schule gehen und die sich nicht nachholen lässt. Und welcher Teenager hat schon Lust, mit Kindern aus der Grundschule in einer Klasse zu sitzen?[179]

Sie bräuchten Sprachtests, besondere Förderangebote und gezielte Ferienkurse. Viel mehr als bisher könnten auch zugewanderte Lehrkräfte eingesetzt werden, damit sie die Kinder bei der Integration unterstützen und selbst als Vorbild dienen. Dazu sollten die Hürden für die Anerkennung von Abschlüssen und Berufserfahrung in pädagogischen Berufen im Ausland deutlich vereinfacht werden. Insgesamt braucht es hier schnelle und unbürokratische Lösungen und – mal wieder – mehr Fachkräfte für die bereits gepriesenen multiprofessionellen Teams.

Ich will hier nicht das übliche Lamento über den Föderalismus und seine Bremskraft anstimmen, aber vielleicht könnten die Bundesländer ja ausnahmsweise mal voneinander abgucken. Hamburg, ehemals in den Länderrankings bei Bildung eher ein schwieriger Schüler mit schlechten Noten, Tendenz Versetzung gefährdet, mausert sich in den letzten Jahren zum Klassenprimus und rückt bei nationalen Vergleichen auf, während andere absteigen.[180] Die Gründe: Schulen in sozial schwierigen Stadtteilen werden besser ausgestattet, und Kinder mit viereinhalb Jahren vor der Einschulung getestet, wie gut sie Deutsch sprechen können. Wer nicht fit ist, bekommt Förderung und geht mit fünf Jahren in die Vorschule. Zur Sprachförderung wurden extra Lehrkräfte eingestellt. Und die Grundschule dauert in der Hansestadt den ganzen Tag.[181] Es gibt also Konzepte, die funktionieren.

Auch dieser Vorschlag wäre ein Schritt in die richtige Richtung: die Entwicklung nationaler Qualitätsstandards für Integration. So wie das Institut für Qualitätsentwicklung im Bildungswesen (IQB) nationale Bildungsstandards koordiniert und die Einhaltung überprüft, könnte es auch Integrationsstandards definieren. Diese könnten zum Beispiel bundesweit einheitlich den Übergang in die Regelklasse festlegen, bestimmen, wie viele Förderstunden in Deutsch neu zugewanderten Schülern und Schülerinnen zustehen oder welche Fortbildungen Lehrer brauchen.[182]

Die bessere Integration von Mädchen und Jungen mit Migrationshintergrund ist ein wesentlicher Schlüssel beim Kampf gegen Kinderarmut. Diese Mädchen und Jungen gehören selbstverständlich längst zu unserer Gesellschaft, sie könnten entscheidend dazu beitragen, den Fachkräftemangel auszugleichen. Die Betonung liegt auf »könnten«.

6. Arme Kinder brauchen Kümmerer, Vorbilder, Unterstützer

*»Die Arche war mein emotionaler Halt,
weil mir dort gesagt wurde: Du schaffst das!«*
Aliyah, 22

Arme Kinder haben seltener Mütter und Väter, die mit ihnen für die Schule lernen, Vokabeln abfragen, sich im Elternrat der Schule engagieren, beim Formulieren des Lebenslaufs helfen. Diese Kinder und Jugendlichen brauchen in der Schule nicht nur zugewandte Lehrer, sondern zusätzlich Mentoren, Unterstützer – Menschen, die sich langfristig um sie kümmern, sie beim Aufwachsen begleiten und ermutigen. Der Soziologe El-Mafaalani empfiehlt »soziale Paten«. Das leisten vor allem private Organisationen wie das Kinder- und Jugendhilfswerk Arche, gegründet vor 30 Jahren von dem evangelischen Pastor Bernd Siggelkow. Oder der Verein Straßenkinder, der in Berlin obdachlose Jugendliche wie Annika und Lizzy betreut. Daneben gibt es zahlreiche private Stiftungen, die Stipendien für sozial Benachteiligte vergeben oder Angebote für Schulabbrecher bieten. Außerdem gibt es Mentorenprogramme wie Teach First, bei denen Hochschulabsolventen zwei Jahre in einer Schule in sozial schwieriger Lage arbeiten, oder Rock Your Life, bei dem Studierende Jugendliche beim Übergang von der Schule in den Beruf begleiten. Aber auch die fürsorgliche Trainerin aus dem Sportverein kann eine wichtige »Kümmerin« sein und zum Vorbild werden.

All diese Vereine, NGOs und Initiativen leisten großartige Arbeit. Häufig entstehen zwischen den Mitarbeitern und Mitarbeiterinnen und den Kindern sehr enge persönliche Bindungen, aber auch zu deren Eltern. Diese Begegnungen stellen Weichen, machen einen Unterschied, eröffnen Zukunftschancen. Die Kinder erleben Dinge, die ihnen ihre Eltern nicht bieten können: Sie machen Ausflüge in den Freizeitpark oder ins Planetarium, können unbeschwerte Ferien genießen, kommen an Orte, die sie sonst nicht kennenlernen würden. Für viele Kinder werden Organisationen wie die Arche zu einer Art zweiten Familie, einem Platz, an dem sie Freunde finden, sich sicher und geborgen fühlen.

Hawal hätte fast die Schule geschmissen, als er während der Coronapandemie keine Motivation mehr zum Lernen hatte. Weil er vor der Pandemie beinahe jeden Tag bei der Arche war, erkannten die Betreuer, dass etwas mit dem Jungen nicht stimmte, dass es ihm schlecht ging. Er bekam nicht nur Nachhilfe, sondern einen »Mutmacher« an die Seite gestellt: Einen Erwachsenen, der zuhörte, Ratschläge gab, mit Hawal eine Lösung überlegte und schließlich bei der Bewerbung an der neuen Schule unterstützte. »Also wenn die Arche und Matthias nicht gewesen wären, dann weiß ich nicht, ob ich heute da wäre, wo ich bin«, sagt der 19-Jährige heute.

Auch für Aliyah wurde die Arche zum emotionalen Halt. Nicht nur weil sie dort ein warmes Mittagessen bekam und Hilfe bei den Hausaufgaben, sondern weil ihr gesagt wurde: »Du bist gut, du schaffst das!«

Die Studentin Finja engagiert sich bei Arbeiterkind, einem deutschlandweiten Netzwerk für alle, die als Erste in ihrer Familie studieren. »Ich finde die Idee cool, sich gegenseitig zu unterstützen. So habe ich zum Beispiel jemanden gefunden, der meine Bachelorarbeit Korrektur liest. Bei vielen machen das häufig die Eltern, wir helfen uns gegenseitig. Wir gehen aber auch in Schulen, um anderen Mut zu machen: Du kannst auch studieren!«

Es hilft vor allem, Kinder möglichst früh zu fördern. Programme, die später eingreifen, sind in der Regel viel teurer und zeigen weniger Effekte. Aber Mentoringprogramme wie Rock Your Life verbessern die Chancen. Das konnten Experten unter Leitung von Bildungsökonom Ludger Wößmann in einem ifo-Forschungsprojekt wissenschaftlich nachweisen. Rock Your Life wurde 2008 von drei Studierenden gegründet und wird inzwischen in 42 Städten angeboten. Die Idee: Eine Studentin oder ein Student begleitet ehrenamtlich ein bis zwei Jahre lang einen Hauptschüler oder eine Hauptschülerin der achten und neunten Klasse. Die beiden treffen sich regelmäßig. Ziel ist es, die Jugendlichen beim Start in den Beruf zu unterstützen.

Die Forscher konnten zeigen, dass benachteiligte Mädchen und Jungen sich durch das Programm in drei Bereichen signifikant verbessern: Sie haben bessere Mathenoten, außerdem steigen ihre Geduld und Sozialkompetenzen sowie die Motivation, sich einen Ausbildungsplatz zu suchen. Auch die Lebenszufriedenheit der Jugendlichen nimmt zu. Zugewanderte Jugendliche, die selbst im Ausland geboren sind, finden sich mit Unterstützung von Mentoren ebenfalls leichter auf dem deutschen Arbeitsmarkt zurecht. Fazit der Studie: »Für die stark benachteiligten Jugendlichen übersteigen die zu erwartenden Einkommenserträge die Kosten des Programms um ein Vielfaches.«[183] Solche Programme sind kleinteilig, aber sie lohnen sich!

Diese Hilfe hängt von der Initiative einzelner engagierter Persönlichkeiten ab, Menschen, die einfach handeln, Zeit geben oder ihr Vermögen für die Allgemeinheit spenden. Es sind private Wohltaten. Viele Vereine finanzieren sich über Spenden, sind also selbst abhängig von Gönnern und zivilgesellschaftlichem Engagement. Die Angebote sind freiwillig, viele sind nur mithilfe von Ehrenamtlichen möglich, das bedeutet, sie können (theoretisch) jederzeit eingestellt werden. Es ist aber gerade für Kinder aus sozial schwierigen Verhältnissen wichtig, dass sie verlässliche Bindungen zu Erwachsenen aufbauen können, denn häufig fehlt ihnen ja genau das zu Hause.

Kinder und Jugendliche, die zur Arche oder zu ähnlichen Angeboten gehen, haben schon einen wesentlichen Schritt gemacht. Auch Schüler und Schülerinnen, die von ihren Lehrern gefördert oder auf Stipendien hingewiesen werden, haben eine gute Chance, etwas aus sich zu machen und vielleicht der Armut zu entkommen. Aber was ist mit all denen, die diesen Weg nicht finden? Oder die an einem Ort leben, wo es kein solches Angebot gibt?

Die Arche hat in den letzten 30 Jahren deutschlandweit mehr als 30 Häuser für Kinder eröffnet. Sie baut ihr Angebot stetig weiter aus, bietet beispielsweise seit 2022 sogar an manchen Grundschulen ein »Intensiv Lerncoaching« an: Benachteiligte Kinder können einzeln oder in kleinen Gruppen versäumten Lernstoff nachholen und festigen. Die zusätzliche Stelle wird von der Arche finanziert, das Förderangebot wird in Abstimmung mit der Schule entwickelt, die Kinder von den Lehrkräften ausgewählt. Das Angebot der Arche wächst, weil der Bedarf so groß ist. Dieses zivilgesellschaftliche Engagement ist großartig. Und es ist schrecklich, weil der Staat versagt. Denn es ist von öffentlichem Interesse, dass alle Kinder gleichermaßen gefördert werden. Daher dürfte es Initiativen wie die Arche eigentlich gar nicht geben. Es sollte kein Zufall sein, ob ein armes Kind Glück hat und es eine Person oder einen Ort findet, wo man sich um das Mädchen oder den Jungen kümmert. Es ist eine zentrale Aufgabe des Staates, für schutzbedürftige Kinder zu sorgen.

Gute Ganztagsschulen sollten weite Teile dieser Aufgaben und Angebote übernehmen. Sie könnten stärker mit solchen Initiativen zusammenarbeiten, von deren Erfahrungen und Ideen profitieren. Aber weil das vermutlich unrealistisch ist und diese Initiativen auch auf keinen Fall pauschal verstaatlicht werden sollten, um ihre Kreativität und ihre Ideen nicht zu sehr zu bürokratisieren, könnte der Staat zumindest diese Initiativen stärker finanziell unterstützen. Auch könnte das Engagement für solche Vereine und Programme besser gefördert werden: Pensionierte Lehrkräfte, die weiterarbeiten wollen, könnten ein Gehalt bekommen, ohne es versteuern zu müssen, schlägt der Soziologe Aladin El-Mafaalani vor. Warum nicht auch Erzieher im Ruhestand? Junge Menschen, die sich engagieren, ihre Zeit geben, könnten zusätzliche Bonuspunkte für die Zulassung zum Studium oder für die Ausbildung bekommen. Solche Freiwilligendienste sollten ausreichend finanziert werden, statt wie geplant gekürzt. So würde ein Signal gesetzt: Wer hier hilft, der leistet wertvolle Arbeit für die Gesellschaft. Und lernt außerdem ganz bestimmt für sich und sein Leben dazu.

Durch diese Art von Engagement wächst das gegenseitige Verständnis: Mehr Menschen werden für die Folgen von sozialer Benachteiligung sensibilisiert, überdenken hoffentlich ihre Vorurteile gegenüber Armut, benachteiligte Kinder und Jugendliche werden gestärkt und finden für sich eine Perspektive. Davon profitiert nicht nur jeder einzelne, sondern die Gesellschaft als Ganzes.

7. Arme Kinder brauchen Geld

> »*Jedes Kind soll die gleichen Chancen haben. Diese Chancengleichheit ist aber noch lange nicht Realität. Wir wollen mehr Kinder aus der Armut holen, werden mit der Kindergrundsicherung bessere Chancen für Kinder und Jugendliche schaffen und konzentrieren uns auf die, die am meisten Unterstützung brauchen.*«
> Koalitionsvertrag[184]

Mit diesem Anspruch ist die Ampel-Regierung 2021 gestartet, so haben es SPD, FDP und Grüne in ihren Koalitionsvertrag geschrieben. Bisher machte sich keine Partei zur Anwältin armer Kinder und Jugendlicher. Fehlt das Wählerpotenzial, weil Minderjährige noch nicht abstimmen dürfen oder bereits zu abgehängt sind, um sich für Politik zu interessieren? Die Bedürfnisse, Sorgen und Nöte von Menschen der mittleren und oberen Gesellschaftsschichten stehen häufiger im Mittelpunkt von politischen Debatten; ihre Stimme wird eher gehört. Zum Beispiel beim Streit über Kinderfreibeträge und Kindergeld.

Dem Staat sind nicht alle Kinder in Deutschland gleich viel wert. Das Steuersystem begünstigt wohlhabende Familien. Bis zu 6 384 Euro werden bei einkommensstarken Eltern pro Kind vom zu versteuernden Jahreseinkommen abgezogen. Für Betreuung, Erziehung oder Ausbildungsbedarf können sie zusätzlich 2 928 Euro steuerlich geltend machen (Stand Juni 2024). Macht zusammen 9 312 Euro. Dieser Kinderfreibetrag soll sicherstellen, dass Gutverdiener mit Kindern weniger Steuern zahlen als die ohne. Ziel ist nicht eine sozial-

oder familienpolitische Umverteilung von oben nach unten (vertikal), sondern die horizontale Gleichbehandlung: Wer Kinder hat, gibt mehr aus als Paare ohne Kinder. Deshalb sollen diese Familien entlastet werden. Bei der jährlichen Steuererklärung prüft das Finanzamt automatisch, was für Eltern mehr Geld bringt: Kinderfreibetrag oder Kindergeld (»Günstigerprüfung«). Die Freibeträge rechnen sich günstiger ab einem gemeinsamen Einkommen von ca. 80 000 Euro. Vor allem Spitzenverdiener profitieren, weil der Steuersatz mit steigendem Einkommen zunimmt. Sie können pro Monat bis zu 368 Euro sparen. Macht im Jahr rund 4420 Euro.[185]

Alle, die weniger verdienen, bekommen lediglich das Kindergeld: 250 Euro pro Kind – macht im Jahr insgesamt 3 000 Euro (Stand Juni 2024). Laut Caritasverband betrifft das rund 90 Prozent aller Eltern.[186] Bei Bürgergeldempfängern wird das Kindergeld mit den Sozialleistungen verrechnet. Erhöhungen nützen ihnen also gar nichts. Bei öffentlichen Debatten wird das allerdings selten erwähnt. Und während der Kinderfreibetrag automatisch berechnet wird, müssen Bezieher von Bürgergeld für Kindergeld einen Antrag stellen.

Man muss nicht lange überlegen, um die Differenz zu erkennen: Gutverdienende Eltern profitieren durch die Kinderfreibeträge mehr als Eltern, die Kindergeld erhalten. Wohlhabende Eltern, die ohnehin schon mehr Geld für ihren Nachwuchs haben, können daher mehr Geld für ihre Kinder ausgeben: für Bildung, Ausflüge, Kino, Sport, Musik oder Urlaub. Zudem will Finanzminister Christian Lindner den Freibetrag 2024 auf 9 540 Euro anheben.

Weil es sich politisch kaum durchsetzen lassen wird, den Kinderfreibetrag abzuschaffen, könnte zumindest der Anteil für Betreuungs-, Erziehungs- und Ausbildungsbedarf gesenkt werden. Experten des Deutschen Instituts für Wirtschaftsforschung (DIW) in Berlin haben ausgerechnet, dass der Staat dadurch bis zu 3,5 Milliarden Euro pro Jahr mehr einnehmen könnte. Geld, das in die Bildung oder in die geplante Kindergrundsicherung investiert werden könnte.[187] Noch mehr Geld könnte der Staat sparen und investieren, wenn das Ehegattensplitting abgeschafft würde. Davon profitieren nur traditionell verheiratete Paare, weil sie gemeinsam besteuert und begünstigt werden, wenn einer mehr verdient – egal, ob das Paar Kinder hat oder nicht. In der Regel ist das der Mann. Das Ehegattensplitting ist auch ein Grund, warum in Deutschland viele verheiratete Frauen in Teilzeit arbeiten, da sich das steuerlich »lohnt«. Aber Paare mit geringem Einkommen oder Alleinerziehende genießen diese Art von Luxus nicht, genauso wenig wie die, die nicht verheiratet sind. Auch die Wiedereinführung einer Vermögenssteuer könnte dem Staat mehr Geld bringen, zum Beispiel zur Finanzierung der Kindergrundsicherung.

Diese Reform galt als größtes sozialpolitisches Projekt der Ampel. »Mehr Entlastung, mehr Geld«, versprach Familienministerin Lisa Paus. Mit der Kindergrundsicherung sollten in Zukunft Kindergeld, Kinderzuschlag, Teile des Bürgergeldes sowie Zahlungen nach dem Bildungs- und Teilhabegesetz gebündelt werden. Für alle Kinder sollte es einen »Garantiebetrag« geben, außerdem einen »Zusatzbetrag«, gestaffelt nach Höhe des Einkommens der Eltern für Familien mit geringem Einkommen. »Es wird auf jeden Fall mehr Geld bei armen Eltern ankommen«, versicherte Lisa Paus in einem Interview, das ich 2022 mit ihr führte.[188] Ein Jahr später sagte sie in einem weiteren Gespräch mit dem *stern*: »Die Kindergrundsicherung wird ab 2025 das Leben vieler Familien leichter machen. Wir holen damit Kinder aus der Armut.

Im Augenblick wächst in Deutschland jedes fünfte Kind in Armut auf oder ist davon bedroht. Das ist für einen reichen Industriestaat unwürdig.«[189] Einfach, schnell und digital: Aus der Holschuld der Eltern solle eine Bringschuld des Staates werden, betonte die Familienministerin immer wieder. Mit einem »Kindergrundsicherungs-Check« sollten Familien in Zukunft automatisch überprüft und informiert werden, ob sie Anspruch auf den Kinderzusatzbetrag haben. Die Leistungen für Kinder sollten ab 1. Januar 2025 vom »Familienservice« berechnet und ausgezahlt werden. Damit die Kinder in Zukunft nicht mehr zum Jobcenter müssten und beschämt würden.

Eine gute, sinnvolle Reform. Doch so wird es wohl nicht kommen. Alle konnten dabei zusehen, wie der groß angekündigte Wurf verkümmerte. 2023 sorgte die Regierungskoalition für reichlich Krach, als sich Finanzminister Christian Lindner (FDP) und Familienministerin Lisa Paus (Grüne) monatelang öffentlich über die Finanzierung zankten. Lindner handelte seine Kabinettskollegin herunter: Von den ursprünglich von Lisa Paus geforderten zwölf Milliarden Euro für die Kindergrundsicherung blieben am Ende nur 2,4 Milliarden Euro übrig. Die seien nur für das Startjahr 2025, kündigte die Familienministerin im Interview an.

Nach einer Vereinfachung für betroffene Familien sieht es nicht aus, eher nach noch mehr Bürokratie. Denn die Eltern bekommen Bürgergeld weiterhin vom Jobcenter, Kinder erhalten die Grundsicherung vom Familienservice. Zwei Behörden bedeutet mehr Formulare: Weil die Familien zu zwei verschiedenen Stellen gehen und Fristen für Anträge beachten müssen. Weil die Sachbearbeiter im Jobcenter wissen müssen, was die Kollegen vom Familienservice den Kindern und Jugendlichen zahlen, das wiederum auf das Bürgergeld angerechnet wird. Dabei sollte die hoch komplexe Verwaltung doch eigentlich einfacher werden.

Im September 2023 warnten Vertreter der Bundesagentur für Arbeit und der Kommunen: Das wird schwierig, das schaffen wir nicht rechtzeitig! Bis zum geplanten Start der Kindergrundsicherung 2025 sei die neue Struktur nicht aufzubauen, weil viele organisatorische Fragen nicht geklärt seien, zudem neues Personal rekrutiert und geschult werden müsse.[190] Neue Kritik gab es, sogar von den eigenen Regierungspartnern FDP und SPD, als bekannt wurde, dass der Umbau der bisherigen Familienkasse Millionen kosten würde und Tausende neue Stellen beim Familienservice geschaffen werden müssten.

Die Kindergrundsicherung, die 2025 in Kraft treten sollte, ist ein klassischer politischer Kompromiss: Viele Ankündigungen und Versprechungen aus dem Koalitionsvertrag werden nicht umgesetzt. Es werden nicht alle Familienleistungen gebündelt, wie von Experten gefordert. Leistungen wie BAföG oder der Unterhaltsvorschuss wurden nicht diskutiert.[191] Der Vorschlag von Bundesfamilienministerin Lisa Paus, den Kinderfreibetrag für Gutverdiener zugunsten der Reform abzuschmelzen, wurde zurückgestellt.[192] Der Kindergeldzuschlag für Bürgergeld-Familien, 2022 als Zwischenlösung eingeführt, bleibt und wird auf 25 Euro pro Monat erhöht. Das Kindergeld steigt ebenfalls um fünf Euro – auf 255 pro Monat.

Viel mehr Geld kommt beim einzelnen Kind in Zukunft so nicht an. Vertreter und Vertreterinnen von Sozialverbänden reagierten deshalb enttäuscht. Seit 2009 fordert ein breites Bündnis von Wissenschaftlern und 20 Sozialverbänden die Einführung einer Kindergrundsicherung und die Gleichbehandlung aller Kinder. Dazu sollten »Mindeststandards für eine ausreichende materielle Grundausstattung und für soziale Teilhabe festgelegt werden«, heißt es in einem Vorschlag der Initiative »Kinderarmut hat Folgen«. Ein erster Schritt dazu sei die Neuberechnung des sozio-kulturellen Existenzminimums von Kindern. Insgesamt sollten alle Kinder eine Grundsicherung in Höhe von bis zu 776 Euro pro Monat erhalten. Zur Finanzierung der Reform schlägt das Bündnis unter anderem die Abschaffung des Ehegattensplittings vor, die Wiedereinführung der Vermögenssteuer sowie die Einführung eines »Kinder-Solis« auf große Vermögen.[193] NGOs wie Save the Children kritisieren außerdem, dass geflüchtete Kinder schlechter gestellt werden. Denn sie erhalten nicht die Kindergrundsicherung, sondern unterliegen einem restriktiveren Sondersozialrecht. Damit verstoße Deutschland gegen die gültige UN-Kinderrechtskonvention.[194]

Trotzdem wäre die abgespeckte Version der Kindergrundsicherung immer noch besser als nichts – wenn dadurch mehr Mädchen und Jungen in Zukunft Geld bekommen würden. Immerhin geht die Bundesregierung in ihrem Gesetzesentwurf ja selbst von bis zu 5,6 Millionen bedürftigen Kindern, Jugendlichen und jungen Erwachsenen aus.

Eine Studie, gefördert von der Hans-Böckler-Stiftung, zeigt: Wenn rund 1,5 Millionen Kinder mehr als bisher die ihnen zustehenden Leistungen erhalten und sich dadurch die Lage ihrer Familie verbessert, sinkt die Kinderarmut um knapp zwei Prozentpunkte. Rund 282 000 Mädchen und Jungen würden nicht mehr in Armut aufwachsen. Noch wichtiger sind die langfristigen Effekte: Ein erheblicher Teil dieser Kinder schafft später höhere Abschlüsse, bekommt bessere Jobs und Löhne – weil sie in Zukunft besser am sozialen und kulturellen Leben teilnehmen können, so die

Annahme der Experten. Diese zusätzlichen Fachkräfte werden die Wirtschaft wachsen lassen und den Anteil der Sozialhilfebezieher senken. Die gesamtgesellschaftliche Produktion steigt jährlich um 11,3 Milliarden Euro. Und bis 2050 sinkt der Anteil armer Kinder um knapp drei Prozentpunkte, das sind 440 000 arme Kinder weniger.[195] Die Kindergrundsicherung wäre also gut für die Wirtschaft, den Staat, die Eltern, aber vor allem für die Kinder. Eine Win-win-Situation. Die Experten haben ausgerechnet, dass sich die Einführung nach 18 Jahren rechnen wird, dann übersteigen die Einnahmen die Ausgaben. Man stelle sich vor, wie viel Geld der Staat verdienen könnte, wenn wir noch mehr Geld ausgeben und noch mehr Kinder aus der Armut holen würden.

Genau das haben Experten des Deutschen Instituts für Wirtschaftsforschung (DIW) berechnet, sie haben im Auftrag der Diakonie verschiedene Szenarien durchgespielt. Fazit: 100 Euro mehr im Monat würde vor allem denen helfen, die am häufigsten von Armut betroffen sind – Alleinerziehende und Familien mit mehr als drei Kindern. Das würde den Staat rund 4 260 Millionen Euro jährlich kosten, aber er könnte bei den Folgekosten durch Armut deutlich sparen.[196]

Nach dem großen Wurf, einer echten Wende sieht die Kindergrundsicherung nicht mehr aus. Im besten Fall bekommen mehr Kinder, Jugendliche und junge Erwachsene das Geld, das ihnen schon lange zusteht, aber das einzelne Kind hat nicht wesentlich mehr zur Verfügung. Von der geplanten Reform ist nicht mehr viel übrig, und in dieser Legislaturperiode wird sie vermutlich nicht mehr eingeführt.

8. Arme Kinder brauchen Rechte – und alle anderen Kinder auch

»*Junge Menschen werden von der Politik sehr stark vergessen. Gerade während Corona fühlten sich nicht nur Schülerinnen und Schüler, sondern auch Studierende von der Politik alleingelassen.*«
Finja, Studentin, 24

Es ist höchste Zeit, Kindern und Jugendlichen zu zeigen: Ihr seid wichtig für dieses Land, für diese Gesellschaft, für uns Erwachsene. Schließlich seid ihr die Zukunft, ihr werdet später einmal die Verantwortung für Deutschland tragen. Bisher jedoch spielen ihre Bedürfnisse politisch keine Rolle, Kinder und Jugendliche haben in Deutschland keine Lobby. Es wird über ihre Köpfe hinwegentschieden. »Kinder und Jugendliche sehen, was Erwachsene nicht sehen«, sagt die angehende Erzieherin Aliyah aus Berlin. »Deshalb ist es wichtig, ihnen eine Stimme zu geben.« Auch die Studentin Finja sagt: »Junge Menschen werden von der Politik sehr stark vergessen. Gerade während Corona fühlten sich nicht nur Schülerinnen und Schüler, sondern auch Studierende von der Politik alleingelassen.« Zudem wird es in einer alternden Gesellschaft für junge Menschen zunehmend zum Problem, auf sich und ihre Bedürfnisse aufmerksam zu machen. Der Soziologe Aladin El-Mafaalani befürchtet deshalb: »Meine Sorge ist, dass Wahlen künftig vor allem von den Rentnern entschieden werden. Deshalb müssen wir jetzt die notwendigen Verteilungskämpfe ausfechten, in ein paar Jahren wird das wahrscheinlich nicht mehr gelingen.«

Aus diesem Grund gehören Kinderrechte ins Grundgesetz.

Bislang werden Kinder dort lediglich als Objekte, nicht als Subjekte gehandelt. In Artikel 6 steht: »Ehe und Familie stehen unter dem besonderen Schutz der staatlichen Ordnung. Pflege und Erziehung der Kinder sind das natürliche Recht der Eltern und zuvörderst ihnen obliegende Pflicht. Über ihre Betätigung wacht die Gemeinschaft.« Die Passage wurde bewusst so formuliert, damit der Staat nicht in die Eltern-Kind-Beziehung eingreifen kann. Nach der NS-Zeit sollte er nie wieder die Möglichkeit bekommen, Kinder zu indoktrinieren. Doch das Grundgesetz feiert seinen 75. Geburtstag. Der Status eines Kindes, das Verhältnis zwischen Eltern und ihren Söhnen und Töchtern, auch der Erziehungsstil haben sich in den letzten Jahrzehnten erheblich gewandelt. Es wäre daher an der Zeit, die Leitlinien für unsere Gesellschaft an dieser Stelle zu überarbeiten.

Die Coronapandemie zeigte überdeutlich, dass die Interessen von Kindern nicht im Zentrum der Politik stehen. Damit sie als »Superspreader« nicht Oma und Opa mit dem Virus infizieren konnten, mussten sie zu Hause bleiben. Stünden die Rechte von Kindern im Grundgesetz, hätte das dazu führen müssen, dass Behörden und Gerichte bei ihren Entscheidungen die Perspektive und das Wohl von Kindern stärker in den Blick nehmen. So wurden in Deutschland eher wieder die Biergärten geöffnet als die Schulen. Mehr Wertschätzung erfuhren die Kinder in Norwegen. Dort wandte sich die Ministerpräsidentin Erna Solberg in einer Pressekonferenz im März 2020 explizit an die Jungen und Mädchen ihres Landes und erklärte ihnen, warum die Schulen geschlossen wurden. Sie bedankte sich bei den Kindern für ihre Mithilfe.

Kritiker wenden ein, dass Gesetze allein nicht ausreichen, um das Wohl der Kinder zu schützen und dass die Rechte von Eltern damit geschwächt werden könnten. Was spricht für Kinderrechte? Eine Vorkämpferin für die Rechte von Kindern war Lore Maria Peschel-Gutzeit, ehemalige Justizsenatorin von Hamburg und Berlin. Die Politikerin und Anwältin kämpfte bis zu ihrem Tod im September 2023 für die Rechte von Kindern. Die Juristin argumentierte, Kinder seien zwar durch das Grundgesetz geschützt, sie bräuchten darüber hinaus aber auch ein Grundrecht auf bestmögliche Förderung sowie Teilhabe und Teilnahme – besonders wichtig für benachteiligte Kinder. In einem Beitrag für das Deutsche Kinderhilfswerk schrieb sie 2008: »Zwar fordert das Wohl von Kindern in erster Linie, dass diese beschützt werden, und hierzu sind die Eltern und in zweiter Linie der Staat als Wächter aufgerufen. Aber zum Wohl der Kinder gehört eben auch, dass sie so gut wie möglich gefördert, dass ihre Anliegen entwickelt werden, und dies ist eine Schuld nicht nur der Eltern gegenüber den Kindern, sondern auch eine Pflicht der Gemeinschaft. Und ebenso gehört es zum Wohl und zu ihrer bestmöglichen Entwicklung, wenn sie frühzeitig an Entscheidungen, die sie selbst betreffen, beteiligt werden, damit sie lernen, Verantwortung zu übernehmen.«[197]

Würden Kinderrechte als Staatsziel im Grundgesetz verankert werden, würde das an prominenter Stelle die besondere Verantwortung des Staates für Kinder und Jugendliche betonen. Das hätte mehr als nur symbolische Bedeutung. Denn bei jeder politischen Entscheidung müsste dann in Zukunft geprüft werden: Wie wirkt sich das auf Kinder und Jugendliche aus? Dadurch könnte ein grundsätzliches Umdenken einsetzen – sowohl in der Politik als auch in der Rechtsprechung und der Gesellschaft. Die Bekämpfung von Kinderarmut, der Ausbau der Kinderbetreuung, eine bessere Ausstattung der Schulen, eine Reform des Bildungssystems und ja, vielleicht sogar der Klimaschutz wären dann nicht mehr nur wohlmeinende Aufrufe in Sonntagsreden (die montags schon wieder vergessen sind), sondern gesetzlicher Appell.

Kinder und Jugendliche sollten bei Entscheidungen mitbestimmen, die sie betreffen: beim Bau von Schulen, bei der Planung von Wohnvierteln. Sie könnten als Experten bei Entscheidungen mit einbezogen werden. Nicht nur in der Schule und auf kommunaler Ebene, sondern auch in Ausschüssen des Bundestages. Dadurch würden hoffentlich auch die Bedürfnisse von armen Kindern und Jugendlichen stärker in den Fokus geraten. Ihre Situation könnte nicht länger ignoriert werden. Verfassungsmäßig garantierte Beteiligungsrechte haben Kinder bereits in Norwegen, Österreich, Spanien, Belgien und Irland.

Mit der Ratifizierung der UN-Kinderrechtskonvention 1992 hat sich Deutschland vorgenommen, die Rechte der Kinder zu stärken. Die Konvention enthält unter anderem das Recht des Kindes auf einen seiner körperlichen, seelischen und sozialen Entwicklung angemessenen Lebensstandard sowie das Recht auf Bildung, um »die Persönlichkeit, die Begabung und die geistigen und körperlichen Fähigkeiten des Kindes voll zur Entfaltung zu bringen«. (Artikel 29, 1). Seit 2010 ist die Kinderrechtskonvention Bundesgesetz. Aber weder haben alle Mädchen und Jungen gerechte und gleiche Chancen, noch wachsen alle in sozialer Sicherheit auf. Deutschland löst also nicht alle Forderungen ein, zu denen wir uns seit über 30 Jahren verpflichtet haben.

Auch hat Deutschland bislang noch nicht alle Punkte umgesetzt, die mit der Einführung einer »Europäischen Kindergarantie« im Juni 2021 beschlossen wurden. Diese soll Armut und soziale Ausgrenzung von Kindern in der EU bekämpfen, durch kostenlosen Zugang zu frühkindlicher Betreuung, Bildung und Erziehung sowie außerschulischen

Aktivitäten, mindestens eine gesunde Mahlzeit pro Schultag, kostenlose Gesundheitsversorgung, gesunde Ernährung und angemessenen Wohnraum. Mit dem nationalen Aktionsplan »Neue Chancen für Kinder in Deutschland« (NAP), verabschiedet 2023, sollen die Forderungen der Kindergarantie bis 2030 umgesetzt werden – neun Jahre nach dem EU-Beschluss. Bisher kennt kaum jemand in der breiten Öffentlichkeit diesen Plan, auch fehlen konkrete neue Maßnahmen kritisieren Kinderschutzverbände wie Save the Children.[198]

Würden Kinder und Jugendliche an politischen Entscheidungen beteiligt, könnten sie ganz selbstverständlich die Spielregeln der Demokratie lernen und hätten nicht erst mit dem ersten Kreuz auf dem Wahlzettel das Gefühl: Meine Stimme zählt. Wenn man sie fragen und ihnen dann auch zuhören würde, könnten sie das Gefühl entwickeln, dass sie die Demokratie mitgestalten können. Kinder und Jugendliche könnten *für* etwas sein – statt wie viele Erwachsene immer bloß *gegen* etwas.

Vielleicht könnte die politische Beteiligung von Kindern und Jugendlichen sogar dazu führen, dass die deutsche Demokratie insgesamt eine Erneuerung erfahren würde, ein Update, das sie so dringend bräuchte, damit ihr wieder mehr Menschen vertrauen und sie schützen. Das könnte die Gesellschaft insgesamt stabilisieren.

Der Verein Mehr Demokratie setzt sich für mehr politische Beteiligung von Bürgerinnen und Bürgern in Deutschland ein, er organisiert unter anderem bundesweite Bürgerräte im Auftrag des Bundestags. Roman Huber, geschäftsführender Bundesvorstand von Mehr Demokratie, sagte mir beim Gespräch für dieses Buch: »Eine breite Diskussion über Kinderrechte im Grundgesetz könnte das Bewusstsein für unsere Demokratie stärken und dafür sorgen, dass wir wieder mehr ins Gespräch kommen und ein stärkeres Miteinander erleben.«

Bei lokalen Projekten hat der Verein sehr gute Erfahrungen mit Beteiligung von Kindern und Jugendlichen gemacht. »Bei Fragen zum Thema Bildung waren die Ergebnisse zum Teil besser als die von Erwachsenen. Kinder wissen zum Beispiel sehr genau, wie die Außenanlagen ihrer Schule neu gestaltet werden sollten oder welche Umgebung sie zum Lernen brauchen. Wenn sie selbst die Spielregeln machen, sind sie teilweise strenger und konsequenter.« Huber fordert das Wahlalter ab 16, damit die Bedürfnisse von Jugendlichen stärker gehört werden. Die Schule könnte Erstwähler und -wählerinnen über ihre Rechte informieren und aufklären. Dies ist vor allem wichtig, wenn die Eltern zu Hause es nicht tun. Dadurch könnte sogar die Wahlbeteiligung steigen. Denn auch Wählengehen muss man offenbar lernen. Huber: »Die erste Wahl ist entscheidend. Untersuchungen zeigen: Wenn Menschen ihre erste Möglichkeit, wählen zu gehen, ihr Recht, nicht wahrnehmen, gehen sie häufiger ihr ganzes Leben nicht zur Wahl.«

Organisationen wie das Deutsche Kinderhilfswerk fordern seit Langem Kinderrechte im Grundgesetz. Unter der Regierung von Angela Merkel ist das Vorhaben gescheitert. Die Absicht steht im Koalitionsvertrag der Ampel »Mehr Fortschritt wagen«. Es wäre an der Zeit für einen neuen Vorstoß.

9. Arme Kinder brauchen Sport, Musik, Theater – und ein warmes Mittagessen

> *» Wir empfehlen, kostenfreies und gesundes Mittagessen bundesweit an Kitas und Schulen für alle Kinder und Jugendlichen täglich bereitzustellen.«*
>
> Bürgerrat Ernährung im Wandel, 14. Januar 2024

Beim Sport kann man sich austoben, Siege feiern, lernen, mit Niederlagen umzugehen und seine Ausdauer trainieren. Mit Musik oder auf der Bühne spürt man seinen Körper, lernt sich auszudrücken ohne Worte. Das Spiel in einer Mannschaft, die Proben und der Auftritt mit dem Chor, die Fahrt zum Turnier – alles Chancen zur Selbsterfahrung und Bestätigung fürs Ego, jenseits von Stillsitzen, Prüfungsstress oder Notendruck in der Schule. Auch Kinder aus sozial benachteiligten Familien wollen und brauchen das. Aber weil ihre Eltern nicht genug Geld haben, bleiben ihnen solche Möglichkeiten größtenteils verwehrt.

Dabei könnte die zugewandte Handballtrainerin oder der empathische Gitarrenlehrer zum Vorbild oder Mentor werden: Eine erwachsene Person, die zusätzlich zu den Eltern hilft, Stärken zu entdecken, die zeigt, wie man mit Schwierigkeiten und Stress umgeht – das stärkt die Resilienz von Heranwachsenden enorm. Gerade benachteiligte Mädchen und Jungen könnten so einen Booster für ihr Selbstwertgefühl gut vertragen.

Arme Kinder gehen seltener ins Kino, in den Indoor-Spielplatz, fahren so gut wie nie in den Urlaub. Für die Mitgliedschaft in einem Sportverein haben sie kein Geld. Das habe ich im ersten Teil des Buchs beschrieben und auch auf die Folgen hingewiesen. Aliyah hat von Freunden erzählt, die sich mehr leisten konnten, und wie traurig es sie machte, sagen zu müssen: »Ich kann das jetzt nicht. Ich habe kein Geld fürs Freibad oder fürs Kino.«

Solche Erfahrungen oder Momente sollten aber kein Luxus sein, sondern selbstverständlich für die Entwicklung aller Kinder und Teenager in Deutschland. Überall wird beklagt, dass Kinder sich zu wenig bewegen, zu sehr vereinzeln, zu viel am Handy oder Tablet hängen und dadurch sogar gesundheitliche Probleme bekommen. Aber welche Angebote gibt es denn für arme Kinder und Jugendliche in der Freizeit? Beim wochenlangen Lockdown während der Coronapandemie durften Kinder nicht einmal raus auf den Spielplatz. Dann kam 2022 die Energiekrise und die Androhung, dass die Kommunen die öffentlichen Schwimmbäder schließen müssen, um zu sparen. Auch bei der Stadtentwicklung werden die Bedürfnisse von Kindern und Jugendlichen allzu häufig übersehen. Laut Koalitionsvertrag wollten SPD, Grüne und auch FDP mit der Kindergrundsicherung auch »sonstige Angebote der Bildung und Teilhabe sowie Mobilität weiter stärken«.[199] Umgesetzt wurde davon allerdings bisher nichts.

Das Bildungs- und Teilhabepaket soll dafür sorgen, dass auch arme Kinder und Jugendliche teilnehmen können, wie der etwas schwerfällige Name schon sagt. Aber selbst nach seiner Reform 2019 sind die Beträge lächerlich gering und völlig unrealistisch, außerdem ist es bürokratisch und viel zu kompliziert. Die Eltern haben eine Holschuld, das heißt, sie müssen jede Leistung einzeln beantragen. 15 Euro im Monat für die Mitgliedschaft in einem Sportverein oder Musikkurs reichen nicht. Die Leistungen sollten deshalb erhöht werden. Dazu sollte überdacht werden, warum es in einigen Bundesländern Lernmittelfreiheit gibt und in anderen nicht. Warum können nicht überall Schulbücher und Arbeitsmaterialien von der Schule kostenlos gestellt werden? Ab 2025 sollte das Bildungs- und Teilhabepaket Teil der Kindergrundsicherung werden. Bis 2029 soll außerdem ein neues digitales »Kinderchancenportal« aufgebaut werden, ein Vorschlag der FDP. Chance – das klingt erst mal gut. Unbürokratisch und digital sollen Buchungen und Bezahlungen von Aktivitäten zur sozialen und kulturellen Teilhabe möglich werden. Im Gespräch ist eine Art Bezahlkarte. Aber was das Kinderchancenportal im Detail beinhalten wird, ist bisher unklar, außerdem liegt es noch in weiter Ferne. Wieder werden fünf Jahre vergehen, bis etwas passiert. Jahre, in denen Kindern aus armen Verhältnissen zwar etwas versprochen wird, in der sie aber trotzdem weiterhin nicht die Möglichkeit haben, eine normale Freizeit zu erleben. Zu befürchten ist, dass auch dieses Projekt versandet, denn bisher hat sich die deutsche Verwaltung bei öffentlichen digitalen Großprojekten eher schwergetan. Vielleicht wird das Vorhaben auch von der nächsten Regierung ganz kassiert.

Machen wir es nicht so kompliziert und bürokratisch, sondern erkennen an: Damit sie sich nicht schämen müssen, wenig Geld zu haben, brauchen arme Kinder und Jugendliche geschützte öffentliche Spielplätze, außerdem vergünstigte oder kostenlose Sport- und Kulturangebote. All das könnte in einer guten Ganztagsschule stattfinden: Sie kann mit Vereinen kooperieren, Musikunterricht und Sporttraining anbieten, außerdem Werken, Basteln, Nähen, Kochen – der Fantasie sind keine Grenzen gesetzt. Wer nicht möchte, braucht ja nicht teilzunehmen.

Von den Eltern hängt es ab, ob Kinder und Jugendliche ins Museum, Theater oder in Konzerte gehen und dadurch ihr kulturelles Kapital wächst. Viele arme Kinder haben solche Möglichkeiten nicht. Unabhängig vom familiären Hintergrund nutzen Kinder und Teenager die Angebote von Jugendzentren, besuchen Hip-Hop-Kurse oder fahren auf Freizeiten, das zeigt eine Auswertung von Daten des Nationalen Bildungspanels (NEPS).[200] Deshalb darf bei Jugendzentren nicht weiter gespart werden, sie sollten ausgebaut und erweitert werden. Denn sie bieten darüber hinaus Jugendlichen aus verschiedenen sozialen Milieus Möglichkeiten sich zu treffen, und tragen so dazu bei, dass die Lebenswelten nicht weiter auseinanderdriften.

Zum Lernen, aber auch für den Sport und zum Spielen braucht es gesundes, vollwertiges und leckeres Essen. Das könnten alle Kinder und Jugendlichen mittags kostenlos in ihrer Schule bekommen. Es würde für eine bessere Ernährung sorgen, die Gemeinschaft stärken, die Gesundheit vieler Mädchen und Jungen verbessern und sogar ihre Bildungschancen steigern.

Genau das schlägt der Bürgerrat Ernährung im Wandel dem Bundestag als wichtigsten Punkt vor: »ein kostenfreies Mittagessen für alle Kinder als Schlüssel für Bildungschancen und Gesundheit«. Der Bürgerrat wurde von der Ampelregierung einberufen und vom Verein Mehr Demokratie organisiert. Verwendet werden sollen laut Bürgerrat mindestens 30 Prozent Biolebensmittel, finanziert werden soll die Maßnahme mindestens zur Hälfte durch den Bund.[201] In Finnland, Dänemark und Schweden ist das längst Alltag, in Deutschland hingegen müssen die Eltern dafür noch selbst zahlen. Die Höhe ist zwar in der Regel nach dem Einkommen gestaffelt, und bedürftige Familien können Geld aus dem Bildungs- und Teilhabepaket beantragen, aber das ist, wie schon weiter oben beschrieben, umständlich und bürokratisch.[202]

Auch der Wissenschaftliche Beirat für Agrarpolitik, Ernährung und gesundheitlichen Verbraucherschutz (WBAE) fordert in einem Gutachten die »schrittweise Einführung einer beitragsfreien Kita- und Schulverpflegung« nach Qualitätsstandards der Deutschen Gesellschaft für Ernährung. Dazu gehört auch eine schöne, einladende Umgebung. Häufig seien das Essen zu schlecht und die Räume nicht attraktiv, bemängeln die Wissenschaftler. Gutes Essen fördere die Gesundheit, halte Kinder und Jugendliche fit und aufmerksam, so die Experten.[203] Daten einer schwedischen Langzeitstudie zeigen: Wer in seiner Schulzeit eine gesunde Gratis-Mahlzeit erhält, ist als Erwachsener nicht nur größer und gesünder, sondern erreicht einen höheren Bildungsstand und sogar ein höheres Einkommen im Leben. Besonders profitieren Kinder aus ärmeren Familien.[204]

Damit sich auch arme Familien gesünder ernähren könnten, fordern Sozial- und Verbraucherverbände die Abschaffung der Mehrwertsteuer für Obst, Gemüse und Grundnahrungsmittel. Gleichzeitig könnten ungesunde Lebensmittel teurer werden, Großbritannien, Norwegen und Frankreich haben beispielsweise eine Steuer auf zuckerhaltige Limonade eingeführt. Auf eine derartige Empfehlung konnte sich der Bürgerrat nicht einigen. Die Reaktionen auf Empfehlungen wie das kostenlose Mittagessen fielen bei der Debatte im Bundestag gemischt aus. Viele Politiker, selbst satt und zufrieden, sehen offenbar die Notwendigkeit nicht. Es wird weiter beraten.

10. Arme Kinder brauchen ihre Eltern

»*Der Staat sollte alleinerziehende Mütter mehr unterstützen.*«
Daniela Schmitt, drei Kinder

Mutter und Vater sind die wichtigsten Menschen im Leben eines Kindes. Ihre Aufgabe ist es, ihre Kinder mit allem zu versorgen, was sie zu einem guten Aufwachsen brauchen: mit Liebe, Halt und Geborgenheit. Das machen Eltern in den allermeisten Fällen so gut, wie sie es eben können. Weder Schulen noch familienpolitische Maßnahmen oder Mentoren können sie ersetzen. Aber arme Eltern können das leider oft nur begrenzt leisten, weil sie selbst geprägt sind von ihrer eigenen Erziehung und den Bedingungen, unter denen sie leben. Viele haben mit psychischen Erkrankungen zu kämpfen, sind körperlich eingeschränkt durch Erkrankungen, und der Stress in armen Familien ist hoch. Kinder können sich ihre Eltern nicht aussuchen und auch nichts an den Bedingungen ändern, unter denen sie groß werden. Die Beschämung durch Armut geht tief, die Folgen sind weitreichend. Kinder und Jugendliche bekommen sehr wohl mit, wenn ihre Eltern für ihre soziale Position verantwortlich gemacht und herabgesetzt werden. Sie sind dem wehrlos ausgesetzt. Daher sollten auch die Eltern gestärkt und unterstützt werden. Das bedeutet keinesfalls, sie aus ihrer Verantwortung zu entlassen.

So sind bei der Bürgergelddebatte zwar die Erwachsenen gemeint, ihnen wird unterstellt, sie seien faul, wollten nicht arbeiten. Doch das trifft auch die Kinder. Sicher gibt es auch Eltern, die tricksen, etwa zusätzlich noch schwarzarbeiten.

Hier könnten bessere Kontrollen helfen. Aber selbst wenn Erwachsene das Sozialsystem ausnutzen, sollte man dann ihren Kindern nicht trotzdem helfen, der Armutsspirale zu entkommen? Sippenhaft gibt es schließlich hierzulande nicht. Der Staat sollte arme Mütter und Väter unterstützen, damit sie gute Eltern für ihre Kinder sein können, fordert der politische Philosoph Gottfried Schweiger in seinem Essay über Kinderarmut: »Arme Eltern sind weder notwendigerweise schlechte Eltern, noch nutzt es diesen Eltern oder ihren Kindern etwas, wenn materielle Probleme, Geldsorgen, Arbeitslosigkeit oder schlechte Wohnverhältnisse ignoriert werden, während man sie darauf hinweist, dass sie doch ihre Kinder besser erziehen, ihnen mehr Aufmerksamkeit schenken und sie in der Schule mehr unterstützen sollen.« Er fordert, das Wohl der Kinder habe moralischen und politischen Vorrang vor dem Anspruch, die Eltern erziehen oder gar bestrafen zu wollen: »Wenn Armut nun ein offensichtlicher Störfaktor ist, wenn sie Stress erzeugt, Krankheit und viele Mängel, die die Eltern-Kind-Beziehung und das Familienleben schädigen, dann haben Kinder einen Anspruch, dass hier interveniert wird. Sie selbst können (fast) nichts dazu beitragen, dass sie selbst nicht und ihre Eltern nicht mehr arm sind, dass sie sich genügend gutes Essen, Spielzeug, Wohnraum oder soziale Aktivitäten leisten können. Das können nur andere für diese Kinder tun, und diese sind dahingehend verantwortlich. Es wäre nämlich zynisch und ungerecht, wenn man armen Kindern nicht helfen würde, weil man ihren Eltern nicht helfen will und diese ›selbst schuld‹ seien.«[205]

Mütter und Väter, die ihre Kinder nicht ausreichend versorgen und unterstützen können, brauchen den Wohlfahrtsstaat und die Unterstützung der Gemeinschaft. Sie brauchen aber nicht nur Bürgergeld und Transferzahlungen. Alle Maßnahmen des Sozialstaates zu diskutieren, würde den Rahmen dieses Buches sprengen. Aber ein paar Ansätze, wie Eltern aus meiner Sicht gestärkt werden könnten, möchte ich darlegen.

Bereits nach der Geburt sollte sozial schwächeren Familien Unterstützung angeboten werden, um sie bei der Erziehung zu stärken. Derartige Angebote gibt es bereits (zum Beispiel das Netzwerk Frühe Hilfen), aber sie werden von armen Eltern selten in Anspruch genommen, weil sie diese oft nicht kennen. Kitas könnten zu Familienzentren weiterentwickelt werden, die unkompliziert Beistand anbieten – ohne die Eltern zu bevormunden. Wie wirkungsvoll das sein kann, zeigen die Studien von James Heckman, auf die ich im Kapitel über den Ausbau der Kitas hingewiesen habe.

Darüber hinaus brauchen alle bezahlbaren öffentlichen Nahverkehr und bezahlbare Wohnungen. Davon gibt es in Deutschland nicht genug. Bund und Länder haben die Förderung von sozialem Wohnungsbau in den letzten Jahren stark vernachlässigt. Laut Bündnis Soziales Wohnen fehlen rund 910 000 Sozialwohnungen in Deutschland. Das Bündnis aus Mieterbund, Baugewerkschaft, Sozial- und Branchenverbänden fordert deutlich mehr Investitionen sowie Steuererleichterungen für den Wohnungsbau. Viele Eltern mit knappem Budget machen sich große Sorgen über die steigenden Mieten und Nebenkosten. Investitionen in den Wohnungsbau würden sich wahrscheinlich eher rechnen, als weiterhin die teuren Mieten bedürftiger Menschen über die Sozialausgaben zu zahlen. Insgesamt hat der Staat laut Berechnungen des Prestel Instituts 2023 mehr als 20 Milliarden Euro für die Unterkunft Bedürftiger gezahlt (inklusive Betriebs- und Heizkosten).[206] Auch die vielen geflüchteten Familien brauchen eine bezahlbare Wohnung. Von der monatelangen

Unterbringung in den Notunterkünften, die gerade für Kinder nicht adäquat ist, haben wir noch gar nicht gesprochen. Mütter und Väter, vor allem Alleinerziehende, brauchen eine gute Infrastruktur mit Kita und Ganztagsschule, damit sie ihre Kinder gut betreut wissen, wenn sie arbeiten. Und damit sie auch für den Arbeitsmarkt attraktiver werden, hat die alleinerziehende Mutter Daniela Schmitt aus Berlin noch einen Vorschlag: »Schön wäre, wenn ich als Alleinerziehende attraktiver für Chefs wäre. Warum kann nicht der Staat einspringen, wenn ich ausfalle, weil meine Kinder krank werden? Wenn mein Chef sich das Geld wiederholen könnte und dafür eine zusätzliche Person einstellen kann. Ich mache keinem Arbeitgeber einen Vorwurf, aber vielleicht könnte der Staat da ja etwas tun.«

Eltern brauchen Jobs mit vernünftigen Löhnen, von denen sie leben und ihre Kinder ernähren, kleiden und versorgen können. Minijobs und prekäre Beschäftigungen zum Beispiel bei Leih- und Zeitarbeitsfirmen, in der Gebäudereinigung, Gastronomie, beim Versandhandel oder in der Lebensmittelverarbeitung müssen durch Tarifverträge reglementiert werden. Der Mindestlohn muss mit der allgemeinen Lohnentwicklung Schritt halten. 57 Prozent der Deutschen sind laut einer Forsa-Umfrage im Auftrag des *stern* für eine Erhöhung auf 15 Euro pro Stunde.[207] Die Abschlüsse der vielen neu Zugewanderten müssten schneller und unbürokratisch geprüft werden. Und warum kann nicht den Unternehmen überlassen werden, wen sie für qualifiziert halten und einstellen wollen?

Eine Arbeitsstelle ist mehr als nur der Gehaltsscheck am Ende des Monats. Der Job liefert soziale Anerkennung. Wer arbeitet, zahlt in die Sozialsysteme ein und hat später Aussicht auf eine Rente. Wer arbeitet, ist in eine Gemeinschaft mit Kollegen und Kolleginnen eingebunden, macht sich in der Regel weniger Sorgen um die Zukunft und ist nicht auf die Unterstützung von anderen angewiesen. Menschen, die stolz auf ihre Arbeit sind, machen seltener ihr Kreuz bei den rechten Parteien. Schlechte Arbeit untergräbt dagegen die Demokratie. Untersuchungen zeigen, dass sich potenzielle Wähler und Wählerinnen von rechten Parteien eher Sorgen machen, ihren Lebensstandard in Zukunft nicht halten zu können, und darüber, wie ihre Absicherung im Alter aussieht.[208] Und Eltern mit einem Job, einem Einkommen, von dem die Familie leben kann, sind gute Vorbilder für ihre Kinder.

Wir brauchen jedes Kind, wir brauchen keine Kinderarmut

Die meisten Kinder in Deutschland wachsen heute so privilegiert und behütet auf wie nie zuvor. Liebevoll planen Eltern die Geburtstagsparty oder den Ausflug am nächsten Wochenende, bei dem die Kinder auf dem Waldpfad gleich noch etwas für Sachkunde lernen können. Fast all ihre Wünsche werden erfüllt: Du möchtest Hockey spielen? Natürlich fahren wir dich zum Training. Die Ausrüstung? Kein Problem! Daneben wachsen etwa drei Millionen Kinder in Armut auf. 3 000 000 Mädchen und Jungen – doppelt so viele Menschen, wie München Einwohner hat.

Jedem fünften Kind bleiben Möglichkeiten verwehrt, die zu einer normalen Kindheit heute selbstverständlich dazugehören: Mitglied im Sportverein sein, ein Musikinstrument lernen, mit den Eltern in den Urlaub fahren, auf ein Konzert gehen. Ständig bekommen diese Kinder zu hören: Geht nicht, dafür ist kein Geld da. Mangel zieht sich wie ein roter Faden durch ihr Leben. Vielen Menschen ist das nicht bewusst, sie glauben, vor allem Rentner und Rentnerinnen hätten zu wenig. Doch Kinder, Jugendliche und junge Erwachsene sind die größte Gruppe in Deutschland, die von Armut betroffen ist.

Ihre Armut sehen wir nicht, weil diese Mädchen und Jungen früh lernen, sie zu verstecken und zu vertuschen, denn arm sein ist nicht cool, damit lässt sich nicht prahlen. Wir sehen ihre Not nicht, weil wir uns immer stärker in unsere sozialen Blasen zurückziehen, uns von anderen abgrenzen. Und wir wollen sie auch nicht sehen, höchstens kurz mal während der Weihnachtszeit, dann spenden wir auch etwas Geld. Ansonsten schauen wir weg.

Armut wird bagatellisiert, infrage gestellt (»So was gibt es doch hier bei uns gar nicht!«) und sogar lächerlich gemacht (»Die haben doch selbst Schuld, die Eltern sollen arbeiten gehen!«). Mit solch abfälligen Bemerkungen werden bei Debatten über Bürgergeld und die Kindergrundsicherung nicht nur die Erwachsenen herabgesetzt, sondern auch ihre Söhne und Töchter. Wir maßen uns an, über sie zu urteilen, ihnen Ratschläge zu erteilen und sie zu erziehen. Hat mal einer der Politiker und Experten, die in den Talkshows sitzen, darüber nachgedacht, was es mit Kindern macht, wenn ihre Eltern öffentlich als »faul«, »arbeitsscheu« oder »Schmarotzer« bezeichnet werden? Diese Art von Respektlosigkeit zeigt, welchen Stellenwert Kinder und Jugendliche in der Gesellschaft genießen – keinen.

Deshalb brauchen auch Kinder Grundrechte. Das wäre mehr als nur ein symbolischer Akt und längst überfällig nach 75 Jahren Grundgesetz. Grundrechte für Kinder einzuführen, ist einer von zehn Punkten, die dabei helfen würden, dass sich etwas ändert. Das Signal würde lauten: Wir nehmen euch ernst. Die Kinder könnten uns den Spiegel vorhalten. Das Bild, was wir darin sehen würden, wäre nicht sehr schmeichelhaft: eine Gesellschaft von alten, rücksichtslosen Erwachsenen.

Armut bedeutet nicht nur, kein Geld für die neueste Mode

zu haben, sich nicht die angesagten Turnschuhe leisten zu können, sondern sie beschämt, beschädigt und prägt fürs ganze Leben. Sie führt dazu, dass sich ein Kind zu früh Gedanken und Sorgen macht, die schon für Erwachsene schwer zu ertragen sind: Was ist, wenn man uns den Strom abstellt? Wir die Miete nicht zahlen können? Wenn der Kühlschrank leer ist? Viel zu lange schon schauen wir über die Entwicklung der Kinderarmut in Deutschland hinweg. Wir lassen diese rund drei Millionen Mädchen und Jungen im Stich. Das ist nicht nur unmoralisch, sondern auch sehr kurzsichtig, wenn nicht sogar dumm. Selbst wenn einen die Einzelschicksale kalt lassen und man das Thema ganz nüchtern betrachtet – wir verhalten uns unvernünftig. Wenn wir nichts gegen die Kinderarmut tun, leiden unser Wohlstand und auch unsere Freiheit.

Unser Wohlstand leidet, weil es viel günstiger wäre, wenn all diese Kinder später arbeiten und die Lücken des Fachkräftemangels schließen könnten, statt ihnen später jahrelang Sozialleistungen zu zahlen. Die Kassen könnten bald leer sein. Denn es gibt in Zukunft viel weniger junge Menschen als alte, die in Rente gehen. Daher stehen wir heute erst am Anfang des Fachkräftemangels. Schon bald könnten die Lücken größer und die Probleme sehr viel dramatischer werden.

Unsere Freiheit leidet, weil die Abkehr von den etablierten Parteien und der Zulauf zur AfD auch mit dem Frust derer zu tun hat, die sich von denen »da oben« nicht gesehen oder abgehängt fühlen. Es wäre also nicht nur moralisch besser, sondern rational klüger, etwas gegen Kinderarmut zu tun.

(Wer – wie viele Leserinnen und Leser – den Schluss zuerst liest, bis hierhin gekommen ist und jetzt immer noch überlegt: Soll ich dieses Buch überhaupt lesen?, dem empfehle ich das Kapitel » Warum wir uns Kinderarmut in Zukunft nicht

mehr leisten können«. Darin diskutiere ich diesen Punkt ausführlich. Sie werden staunen.) Von den Chancen, einen Kita-Platz zu bekommen, aufs Gymnasium zu gehen und Abitur zu machen bis hin zur Verteilung von Vermögen – in kaum einem reichen Land geht es so ungerecht zu wie in Deutschland. Wer hat, dem wird gegeben. Und wer nichts hat, der kriegt auch nichts. Keine Chance, dem Stand seiner Familie zu entkommen. Ja, richtig gelesen, in Wahrheit sind wir eine zutiefst altmodische Klassengesellschaft. Klingt muffig und verstaubt? Ist es auch, leider.

Anders, als viele Menschen glauben, hängt es vor allem davon ab, in welche Familie man geboren wird und nicht von der Leistung eines jeden, was er oder sie aus seinem Leben macht. Mutter und Vater kann sich niemand aussuchen. Manche haben Glück bei der Elternhaus-Lotterie, andere Pech. So werden die einen mit einem goldenen Löffel im Mund geboren, erben Vermögen, für das sie nichts geleistet haben und auf das sie kaum Steuern zahlen müssen. Die anderen bekommen zur Geburt eine Plastikgabel, bei manchen fehlen sogar schon ein paar Zacken. Und dann heißt es: Nun seht mal zu, wie ihr klarkommt. Bereits zu Beginn ihres Lebens starten sie mit schwerem Gepäck. Auf dem Weg ins Erwachsenenleben türmen sich riesige Hindernisse auf, die keiner für sie beiseiteräumt. Manche biegen deshalb unterwegs falsch ab. Armut wächst sich nicht einfach aus. Wird nichts unternommen, wird sie als schwere Bürde weitergegeben. In diesem Land sind nicht alle Kinder gleich viel wert. Das ist das bittere Fazit meines Buches.

Deutschland unterzeichnet eine Konvention für Kinder nach der anderen, stimmt mit anderen Ländern wohlklingende Ziele ab – und hält sich nicht daran. Fast scheint es so, als wäre das alles nur Pose für das Gruppenbild, das am Ende solcher Konferenzen gemacht wird. Wir wollen zwar auch vorne mit dabei sein, aber wenn das Bild gemacht ist, vergessen wir, aus welchem Grund es aufgenommen wurde. Warum macht sich Deutschland nicht zum Vorreiter? Und wenn wir das schon nicht hinbekommen, können wir nicht wenigstens von anderen Staaten abgucken, die es besser machen?

Die zehn Lösungsansätze, die ich in diesem Buch vorgestellt habe, setzen einerseits auf individueller Ebene an. Denn jedes arme Kind braucht Geld: für die Klassenfahrt, für den Ausflug in den Kletterpark, und ja, auch fürs Kino und Popcorn. Daneben braucht es auch eine bessere Infrastruktur: mehr Freizeitangebote, bezahlbare Wohnungen, mehr Kita-Plätze mit Sprachförderung und bessere Schulen mit Ganztagsangebot. Davon würden alle Kinder und ihre Familien profitieren. Im Idealfall greifen alle zehn Punkte ineinander. Es würde aber auch schon etwas bringen, mit einzelnen zu beginnen.

Bildung ist ein wichtiger Hebel, davon bin ich überzeugt, auch wenn die Schule allein nicht alle Probleme lösen wird. Zur Schule gehen schließlich alle, an ihr kommt keiner vorbei. Sie ist ein Abbild der Gesellschaft, ein Mikrokosmos und könnte deshalb zum Lernort im besten Sinne werden: Hier wird der Umgang und Respekt gegenüber anderen gelernt, Demokratie aushalten im Kleinen geübt, Freundschaften geschlossen und hoffentlich Neugier aufs Lernen geweckt. Bildung ist nicht alles, aber ohne sie geht es auf keinen Fall. Ganz wesentlich erscheint mir, dafür zu sorgen, dass jeder Junge und jedes Mädchen die Chance erhält, seine oder ihre Talente zu entfalten. Doch davon ist die Schule weit entfernt. Bildung steht zwar allen offen, aber das allein reicht nicht! Lehrkräfte vermitteln nicht nur Wissen, sondern sind

Mentor, Coach und an vielen Schulen heute auch Sozialarbeiter. Was für eine Herausforderung! Deshalb brauchen sie mehr Unterstützung. Würden wir die nötigen Bildungsreformen gezielt angehen, bekäme Deutschland in ein paar Jahren sicher auch mal wieder ein Zeugnis ausgestellt, das wir stolz herzeigen könnten. Auf dem steht, dass alle ausreichend lesen, schreiben und rechnen können und die Zahl der Bildungsverlierer gesunken ist. Wäre das nicht schön? Bis die im Buch dargestellten Ideen und Lösungsansätze Erfolge zeigen, braucht es Zeit. Zeit, die wir eigentlich nicht mehr haben. Aber diese kollektive Geduld werden wir aufbringen müssen. Ich glaube, die Menschen sind dazu bereit. Ja, sie fordern die Politiker bei Umfragen regelrecht dazu auf: Tut endlich mehr für Chancengerechtigkeit und gegen Kinderarmut. Sie würden sogar mehr Steuern für Bildung zahlen. Aber Geld allein wird es nicht richten. Wir müssen uns etwas einfallen lassen, miteinander kreativ werden. Gute Ideen gibt es bereits: Bestes Beispiel ist ein warmes, leckeres und gesundes Mittagessen. Das steht beim Bürgerrat Ernährung im Wandel ganz oben auf der Liste der Empfehlungen. Das könnte man schnell einführen. Und es hätte sofort Effekte. Worauf warten wir noch?

Früher glaubten Eltern fest daran: Mein Sohn, meine Tochter wird es später mal besser haben. Und sie hatten recht! Doch so funktioniert es heute nicht mehr. Leider. Unser Bildungssystem und die sozialen Systeme steuern auf eine schwere Krise zu. Die Folgen des Fachkräftemangels deuten sich erst an. Schon heute fehlen pädagogische Profis in den Kitas und an den Schulen. Immer höher scheinen sich die Probleme aufzutürmen. Der Ukrainekrieg und die steigende Inflation machen vielen Erwachsenen Sorgen. Zwei Drittel fürchten laut einer Umfrage der Hans-Böckler-Stiftung, dass die Gesellschaft so weit auseinanderdriftet, »dass sie Gefahr läuft, daran zu zerbrechen«.[209] Wir befinden uns in einer Art kollektivem Burn-out.

Könnte es gelingen, das Problem der Kinderarmut anzugehen, wäre nicht nur den etwa drei Millionen Mädchen und Jungen geholfen, sondern die ganze Gesellschaft würde profitieren. Die Wirtschaft könnte wachsen, wenn all diese Kinder später arbeiten und Steuern zahlen. Darüber hinaus könnte der Kampf gegen Kinderarmut zum Signal werden, den Ruck auslösen, den wir dringend brauchen, damit sich die Verkrustung löst und wir die vielen weiteren Probleme angehen können. Wir könnten beispielsweise Lösungen für die bessere und konsequentere Integration von Zugewanderten entwickeln, noch ein Thema, das wir seit Jahrzehnten beharrlich übersehen.

Was für eine Art von Gesellschaft wollen wir sein? Die Antwort auf diese Frage zeigt sich vor allem am Umgang mit Kindern. In unserer Gesellschaft sind sie die Fragilsten, sie brauchen den meisten Schutz, unsere kollektive Fürsorge – vor allem Mädchen und Jungen, die aus weniger privilegierten Verhältnissen stammen. Sie sind unser aller Zukunft. Wie kann es sein, dass wir mit ihnen so achtlos umgehen? Am Ende sind arme Kinder genauso wie alle: vorlaut, frech, schüchtern, klein, groß, verträumt und ernst. Sie sind genauso liebenswert und anstrengend wie all die übrigen Mädchen und Jungen, die in besseren Verhältnissen aufwachsen. Sie verdienen, dass wir sie sehen, respektieren und gut für sie sorgen. Es muss etwas passieren. Jetzt. Die Kinder und wir haben keine Zeit mehr zu verlieren.

Danke!

Ich bin froh über die Chance, dieses Buch schreiben zu dürfen. Zuerst möchte mich bei allen jungen Menschen bedanken, die mir in den letzten Jahren ihre Geschichten erzählt haben. Danke für euer Vertrauen! Ohne meine langjährige Arbeit für den *stern* und die Unterstützung der Chefredaktion wären die vielen Recherchen für meine Artikel nicht möglich gewesen, die alle in dieses Buch geflossen sind. Über die Jahre sind dabei viele Kontakte entstanden. Mein Dank gilt daher auch allen Experten und Expertinnen für die zahlreichen Gespräche und Interviews, nicht nur für dieses Buch. Viele Reportagen habe ich zusammen mit meiner Kollegin Ingrid Eißele geschrieben, dabei habe ich immer viel von ihr gelernt. Meine Freundin Susanne Kohl, Textchefin, hat alle Entwürfe für dieses Buch gelesen, versiert und klug redigiert – damit hat sie mir sehr geholfen. Mit meiner Freundin Uta Okken-Wilkes, Lehrerin, teile ich seit Jahren nicht nur das Interesse am Thema Schule. Vor allem möchte ich mich bei meiner Familie bedanken, meiner Tochter und meinem Sohn, mit denen ich häufig über Themen wie soziale Gerechtigkeit und Bildung diskutiere. Ohne die Unterstützung meines Mannes hätte ich dieses Buch nie schreiben können, er ist mein treuester Leser, mein bester und klügster Berater (nicht nur in Sachen Statistik).

Literaturverzeichnis

Bücher und Sammelwerke

Agarwala, Anant: *Das Integrationsexperiment. Flüchtlinge an der Schule – eine Bilanz nach fünf Jahren*, Dudenverlag, Berlin 2020

Bertelsmann Stiftung (Hrsg.): *Warum Sparen in der Bildung teuer ist. Folgekosten unzureichender Bildung für die Gesellschaft*, Gütersloh 2012

Butterwegge, Carolin und Butterwegge, Christoph: *Kinder der Ungleichheit. Wie sich die Gesellschaft ihrer Zukunft beraubt*, Campus Verlag, Frankfurt/New York 2021

El-Mafaalani, Aladin: *Mythos Bildung. Die ungerechte Gesellschaft, ihr Bildungssystem und seine Zukunft*, Verlag Kiepenheuer & Witsch, Köln 2021

Fratzscher, Marcel: *Verteilungskampf. Warum Deutschland immer ungleicher wird*, Hanser Verlag, München 2016

Graf, Lisa: *Abgehängt. Von Schule, Klassen und anderen Ungerechtigkeiten. Weckruf einer Lehrerin*, Heyne Verlag, München 2022

Klüver, Nathalie: *Deutschland, ein kinderfeindliches Land? Worunter Familien leiden und was sich ändern muss*, Kösel Verlag, München 2022

Mau, Steffen; Lux, Thomas und Westheuser, Linus: *Triggerpunkte. Konsens und Konflikt in der Gegenwartsgesellschaft*, Suhrkamp Verlag, Berlin 2023

Maurer, Marco: *Du bleibst, was du bist. Warum bei uns immer noch die soziale Herkunft entscheidet*, Droemer Verlag, München 2015

Nepomnyashcha, Natalya und Ryland, Naomi: *Wir von unten. Wie soziale Herkunft über Karrierechancen entscheidet*, Ullstein Verlag, Berlin 2024

Nierth, Claudine und Huber, Roman: *Die zerrissene Gesellschaft. So überwinden wir gesellschaftliche Spaltung im neuen Krisenzeitalter*, Goldmann Verlag, München 2023

Rahn, Peter und Chassé, Karl August: *Handbuch Kinderarmut*, Verlag Barbara Budrich, Opladen & Toronto 2020

Sayram, Iris: *Für euch*, Claassen Verlag, Berlin 2022

Schweiger, Gottfried: *#Kinderarmut. Ein philosophischer Essay*, Büchner Verlag, Marburg 2022

Seeck, Francis: *Zugang verwehrt. Keine Chance in der Klassengesellschaft: wie Klassismus soziale Ungleichheit fördert*, Atrium Verlag, Zürich 2022

Siggelkow, Bernd und Büscher, Wolfgang: *Das Verbrechen an unseren Kindern. Warum junge Menschen scheitern und was wir dagegen tun müssen*, Bonifatius Verlag, Paderborn 2024

Siggelkow, Bernd und Büscher, Wolfgang: *Deutschlands verlorene Kinder. Warum unser Bildungssystem Verlierer produziert*, Rowohlt Verlag, Hamburg 2012

Steinhaus, Helena und Cornelsen, Claudia: *Es braucht nicht viel. Wie wir unseren Sozialstaat demokratisch, fair & armutsfest machen*, Fischer Verlag, Frankfurt am Main 2023

Thiel, Jeremias: *Kein Pausenbrot, keine Kindheit, keine Chancen. Wie sich Armut in Deutschland anfühlt und was sich ändern muss*, Piper Verlag, München 2020

Zick, Andreas; Küpper, Beate und Mokros, Nico (Hrsg. für die Friedrich-Ebert-Stiftung): *Die distanzierte Mitte. Rechtsextreme und demokratiegefährdende Einstellungen in Deutschland 2022/23*, Dietz Verlag, Bonn 2023

Auswahl eigener Artikel

Boldebuck, Catrin: »Zu viele Kinder scheitern in der Schule«, *stern*, 7. Dezember 2023

Boldebuck, Catrin und Spandick, Nele: »Meine Mutter hat mir immer gesagt: Du wirst dir nicht die Butter vom Brot nehmen lassen«, *stern*, 26. Oktober 2023

Boldebuck, Catrin: »Schule ist zu träge«, *stern*, 17. Mai 2023

Boldebuck, Catrin: »Wünsche wahr werden lassen«, *stern*, 1. Dezember 2022

Boldebuck, Catrin: »Der, die, das Aufholprogramm«, *stern*, 10. November 2022

Boldebuck, Catrin und Eißele, Ingrid: »Leben am Rand«, *stern*, 15. September 2022

Boldebuck, Catrin: »Mehr Entlastung, mehr Geld«, *stern*, 15. September 2022

Boldebuck, Catrin: »Klick auf neue Schule«, *stern*, 26. August 2021

Anmerkungen

1 Catrin Boldebuck und Ingrid Eißele: »Leben am Rand«, *stern* 15. September 2022
2 Holger Hofmann, Uwe Kamp, Torsten Krause, Thomas Krüger, Till Mischko: *Kinderreport Deutschland 2023*, Deutsches Kinderhillfswerk (Hrsg.), Berlin, S. 3 ff
3 »Europarat beklagt ›wachsende Ungleichheit‹ in Deutschland«, *spiegel.de* 19.3.24
4 Jeremias Thiel: *Kein Pausenbrot, keine Kindheit, keine Chance. Wie sich Armut in Deutschland anfühlt und was sich ändern muss*, Piper Verlag, München 2020
5 Iris Sayram: *Für euch*, Claasen Verlag, Berlin 2022
6 Marco Maurer: *Du bleibst, was du bist. Warum bei uns immer noch die soziale Herkunft entscheidet*, Droemer Verlag, München 2015
7 Maximilian Stockhausen: *IW-Verteilungsreport 2023: Einstellungen zur sozialen Mobilität*, IW-Report Nr. 58, Köln, 18. November 2023, S. 11
8 Vgl. Steffen Mau, Thomas Lux und Linus Westheuser: *Triggerpunkte. Konsens und Konflikt in der Gegenwartsgesellschaft*, edition suhrkamp, Berlin 2023, S. 82 ff
9 OECD: *A Broken Social Elevator? How to Promote Social Mobility*, Paris 2018, S. 27
10 Vgl. Francis Seeck: *Zugang verwehrt. Keine Chance in der Klassengesellschaft: wie Klassismus soziale Ungleichheit fördert*, Atrium Verlag, Zürich 2022, S. 37
11 Vgl. ebd. S. 100
12 Heike Klovert: »Ich hätte mir lieber einen Nagel ins Knie gerammt, als zuzugeben, wie wir leben«, *Spiegel Plus* 24. Oktober 2022
13 Thiel: *Kein Pausenbrot, keine Kindheit, keine Chance*; S. 11
14 Florian Kain: »Mehrheit der Deutschen sagt: Arbeit lohnt sich nicht mehr«, *Bild* 5. September 2023
15 Marcel Fratzscher: »Die populistische Debatte um das Bürgergeld«, Gastkommentar *Welt* 4. Oktober 2023; Volker Finthammer: »Neu-

erliche Kritik von CDU/CSU an Bürgergelderhöhung ist scheinheilig«, *Deutschlandfunk* 4. Dezember 2023; Birgit Marschall, Kerstin Münstermann: »Es gibt keine Wahlfreiheit, ob man arbeitet oder nicht«, Interview mit Christian Lindner in der *Rheinischen Post* 31. Januar 2024

16 Holger Stichnoth, Sebastian Camarero Garcia, Philipp Dörrenberg, Carina Neisser, Lukas Riedel, Martin Ungerer und Nils Wehrhöfer: *Kommt das Geld bei den Kindern an?*, Zentrum für Europäische Wirtschaftsforschung (ZEW) Mannheim im Auftrag der Bertelsmann Stiftung, Gütersloh 2018, S. 42f

17 Jonas Pieper, Ulrich Schneider: *Armut in der Inflation. Paritätischer Armutsbericht Berlin 2024*, Deutscher Paritätischer Wohlfahrtsverband, Berlin, März 2024, S. 1ff. Der Bericht stützt sich auf den Mikrozensus des Statistischen Bundesamts 2022.

18 Diese Angaben schließen auch Kinder mit ein, die in Wohngruppen, Gemeinschaftsunterkünften oder mit ihren Familien in der sozialen Wohnhilfe leben. Pressemitteilung Bundesarbeitsgemeinschaft Wohnungslosenhilfe (BAGW), Berlin 7. November 2023

19 Destatis: *Weiterhin gut ein Fünftel der Bevölkerung von Armut oder sozialer Ausgrenzung bedroht*, Pressemitteilung Nr. 147 vom 10. April 2024

20 Ebd. Definition Destatis: *Materielle und soziale Entbehrung*

21 Hans Bertram: *Ein Versprechen an die Jugend – UNICEF-Bericht zur Lage der Kinder in Deutschland 2023*, Berlin, September 2023, S. 81 sowie Glossar von Eurostat: *Child deprivation – Statistics explained*, 30. Januar 2024 (https://ec.europa.eu/eurostat/statistics-explained/index.php?title=Glossary:Child_deprivation)

22 Die WHO und die OECD definieren Menschen als arm, die weniger als 50 Prozent vom Median des Nettoäquivalenzeinkommens haben. Deshalb können die Statistiken abweichen.

23 Beim Äquivalenzeinkommen handelt es sich um eine Rechengröße, die das Einkommen von Haushalten unterschiedlicher Größe und Zusammensetzung vergleichbar macht.

24 Antje Funcke und Sarah Menne: *Kinderarmut und Kindergrundsicherung: Daten und Fakten*, Policy Brief Bertelsmann, Gütersloh, 4. Juli 2023, S. 3

25 Vgl. Irene Becker: *Kritik am Konzept relativer Armut – berechtigt oder irreführend?*, WSI-Mitteilungen 2/2017, Düsseldorf 2017, S. 98ff und Fratzscher, Marcel: *Verteilungskampf. Warum Deutschland immer ungleicher wird*, Hanser Verlag, München S. 103ff

26 Irene Becker, Tanja Schmidt und Verena Tobisch: *Wohlstand, Armut und Reichtum neu ermittelt*, Studie der Hans-Böckler-Stiftung Nr. 472, Düsseldorf, Juli 2022, S. 108
27 Funcke und Menne: *Kinderarmut und Kindergrundsicherung*, S. 3. Der Wert ergibt sich aus der Armutsgefährdungsquote 2022 sowie der Fortschreibung des Bevölkerungsstandes zum Stichtag 31.12.2022 des Statischen Bundesamtes. Auch der *Paritätische Armutsbericht 2024* kommt zu diesem Ergebnis. Danach leben 2022 21,8 Prozent der unter 18-Jährigen und 23,6 Prozent der 18- bis unter 25-Jährigen in Armut, *Paritätischer Armutsbericht 2024*, S. 3 ff. Nach vorläufigen Auswertungen des Mikrozensus 2023 durch den Paritätischen Gesamtverband könnte die Armutsquote bei Kindern auf 20,7 Prozent gesunken sein. Bei den 18- bis unter 25-Jährigen könnte sie 2023 bei 25 Prozent liegen. Ulrich Schneider: *Kinderarmut sinkt markant, Altersarmut auf dem Vormarsch. Expertise zu den Erstergebnissen des Mikrozensus zur Armutsentwicklung 2023*, Deutscher Paritätischer Wohlfahrtsverband, Berlin, Mai 2024, S. 4
28 Auf Basis des per Selbsteinstufung klassiert und pauschal erhobenen monatlichen Haushaltsnettoeinkommens lassen sich Indikatoren zur Armutsgefährdung und Einkommensverteilung ermitteln.
29 24 Prozent waren von Armut oder sozialer Ausgrenzung bedroht. Destatis: *Kinder und Jugendliche von Eltern mit niedrigem Bildungsabschluss besonders von Armut bedroht*, Pressemitteilung Nr. N045 vom 26. Juli 2023. Ab dem Jahr 2020 ist die Erhebung als Unterstichprobe in den Mikrozensus integriert (MZ-SILC). Den einkommensbasierten Indikatoren auf Basis von EU-SILC liegt das Vorjahreseinkommen zugrunde, das nach Einkommensbestandteilen differenziert und in exakten Eurobeträgen erhoben wird. Siehe hierzu auch Destatis: *Unterschiedliche Datengrundlagen zum Themenbereich »Einkommen, Armutsgefährdung und soziale Lebensbedingungen«*, 2024 (www.destatis.de/DE/Themen/Gesellschaft-Umwelt/Einkommen-Konsum-Lebensbedingungen/Lebensbedingungen-Armutsgefaehrdung/Schongewusst_Indikatoren.html)
30 Funcke/Menne: *Kinderarmut und Kindergrundsicherung*, S. 4
31 Mara Dehmer, Carolin Linkh, Joachim Rock, Greta Schabram: *Empirische Befunde zum Bildungs- und Teilhabepaket: Teilhabequoten im Fokus*, Deutscher Paritätischer Wohlfahrtsverband, Berlin 2020, S. 6
32 *Entwurf eines Gesetzes zur Einführung einer Kindergrundsicherung*, Drucksache 20/9092, 6. November 2023, S. 1

33 Statistik zur verteilungsbasierten Vermögensbilanz der EZB (Distributional Wealth Accounts – DWA), 27. Februar 2024
34 Dorothee Spannagel, Aline Zucco: *Armut grenzt aus*. *WSI-Verteilungsbericht 2022*, WSI Report Nr. 79, Düsseldorf, November 2022, S. 9; Paritätischer Armutsbericht 2024, S. 5ff
35 Laut Berechnungen des Paritätischen Gesamtverbandes könnte die Armutsquote 2023 insgesamt bei 16,6 Prozent liegen. Schneider: *Kinderarmut sinkt markant, Altersarmut auf dem Vormarsch. Expertise zu den Erstergebnissen des Mikrozensus zur Armutsentwicklung 2023*, S. 4
36 Silke Tophoven, Torsten Lietzmann, Sabrina Reiter, Claudia Wenzig: *Armutsmuster in Kindheit und Jugend. Längsschnittbetrachtungen von Kinderarmut*, Bertelsmann Stiftung, Gütersloh 2017, S. 14
37 Antje Funcke und Sarah Menne: *Factsheet Kinder- und Jugendarmut in Deutschland*, Bertelsmann Stiftung, Gütersloh, 26. Januar 2023, S. 4 (Ergebnisse basieren auf dem Mikrozensus 2021)
38 Ebd. S. 5
39 Ebd.
40 Ebd.
41 Destatis: *Kinder und Jugendliche von Eltern mit niedrigem Bildungsabschluss besonders von Armut bedroht*, Pressemitteilung Nr. N045 vom 26. Juli 2023
42 Celina Tippmann und Felix Weingart: *Arbeitslosigkeit der Eltern von Grundschulkindern beeinträchtigt deren Schulerfolg nachhaltig*, DIW Wochenbericht 12/2023, Berlin, S. 142ff
43 Simon Böhmer, Kristina Broens, Claudia Niemeyer, Johanna Washington: Gelebte Vielfalt: *Familien mit Migrationshintergrund in Deutschland*, Bundesministerium für Familie, Senioren, Frauen und Jugend, Berlin, November 2020, S. 6
44 Sophie Straub, Harun Sulak, Nikola Sander, C. Katharina Spieß, Martin Weinmann: *Die Bevölkerung mit Migrationshintergrund neu entdecken*, Bundesinstitut für Bevölkerungsforschung (BiB), Wiesbaden, Februar 2024, S. 2
45 Carolin Butterwegge und Christoph Butterwegge: *Kinder der Ungleichheit. Wie sich die Gesellschaft ihrer Zukunft beraubt*, Campus Verlag, Frankfurt/New York 2021, S. 93ff
46 Wido Geis-Thöne: *Kinder mit nicht deutsch-sprechenden Eltern*, IW-Trends 1/2022, Institut der Deutschen Wirtschaft, Köln 2022, S. 118
47 *Gelebte Vielfalt: Familien mit Migrationshintergrund in Deutschland*, BMFSFJ, 2020, S. 33

48 Vgl. ebd. S. 31
49 René Garzke: »Dieser Lindner-Satz mischt die Ampel auf«, *Bild* 21. August 2023
50 Deutscher Bundestag: Kleine Anfrage der Abgeordneten René Springer, Norbert Kleinwächter, Gerrit Huy, Hannes Gnauck und der Fraktion der AfD, Drucksache 20/7651, 6. Juli 2023; »Kritik an Lindner: Affront gegen von Armut betroffene Kinder«, *tagesschau.de* 22. August 2023
51 Marcel Fratzscher: »Arm sind nicht nur Migranten«, Blog vom 4. Juni 2018. Marcel Fratzscher: »Fünf Mythen zur Kinderarmut und Kindergrundsicherung«, Blog vom 25. August 2023, Deutsches Institut für Wirtschaftsforschung (DIW), Berlin
52 Marcel Fratzscher: »Wer Kinderarmut mit Zuwanderung begründet, befeuert den Rechtspopulismus«, *Spiegel Plus* 5. September 2023
53 Claudia Laubstein, Gerda Holz und Nadine Seddig: *Armutsfolgen für Kinder und Jugendliche. Erkenntnisse aus empirischen Studien in Deutschland*, Bertelsmann Stiftung, Gütersloh 2017, S. 38
54 Ebd. S. 48
55 Ronald Lutz: *Erschöpfte Familien und die Folgen für Kinder*, S. 210f in: Rahn, Peter; Chassé; Karl August: *Handbuch Kinderarmut*, Verlag Barbara Budrich, Opladen & Toronto 2020
56 Laubstein/Holz/Seddig: *Armutsfolgen für Kinder und Jugendliche*, S. 50ff
57 Vgl. ebd. S. 53
58 Silke Tophoven, Sabrina Lietzmann, Claudia Wenzig: *Aufwachsen in Armutslagen. Zentrale Einflussfaktoren und Folgen für die soziale Teilhabe*, Bertelsmann Stiftung, Gütersloh 2018, S. 18
59 Thiel: *Kein Pausenbrot, keine Kindheit, keine Chancen*, S. 118
60 Einen Überblick bieten Laubstein/Holz/Seddig: *Armutsfolgen für Kinder und Jugendliche*
61 Vgl. Aladin El-Mafaalani: *Mythos Bildung. Die ungerechte Gesellschaft, ihr Bildungssystem und seine Zukunft*, Kiepenheuer & Witsch, Köln 2021, S. 133f
62 Laubstein/Holz/Seddig: *Armutsfolgen für Kinder und Jugendliche*, S. 72ff
63 Entscheidend ist vor allem die Höhe der Miete. Wie viel eine Wohnung kosten darf, richtet sich nach dem örtlichen Mietenspiegel.
64 Alexander Rommel, Elena von der Lippe, Marina Treskova-Schwarzbach, Stefan Scholz: *Bevölkerung mit einem erhöhten Risiko für schwere COVID-19-Verläufe in Deutschland. Auswertung der Stu-*

die GEDA2019/2020 EHIS, Journal of Health Monitoring Robert-Koch-Institut, Berlin 24. Februar 2021, S. 7ff
65 »Viele Tafeln erhalten weniger Lebensmittel«, Interview mit Sirkka Jendis, Geschäftsführerin der Tafel Deutschland, Informationsdienst des Instituts der deutschen Wirtschaft, Köln, 21. Dezember 2023, S. 4
66 Maximilian Priem, Alexander S. Kritikos, Octavio Morales, Johanna Schulze Düding: *Folgen der Inflation treffen untere Mittelschicht besonders: Staatliche Hilfspakete wirken nur begrenzt*, DIW Wochenbericht 28/2022, Berlin, S. 388ff; Sebastian Dullien, Silke Tober: *IMK Inflationsmonitor: Preisschocks bei Energie und Nahrungsmitteln dominieren auch im April 2022*, IMK Policy Brief Nr. 123, Düsseldorf, Mai 2022, S. 4ff
67 Vgl. Jan Behringer, Sebastian Dullien: *Energiepreisschock: Besonders Geringverdiener wollen Konsum deutlich einschränken. Ergebnisse aus der HBS-Erwerbspersonenbefragung*. IMK Policy Brief Nr. 125, Düsseldorf, Juni 2022, S. 5ff
68 Wissenschaftlicher Beirat für Agrarpolitik, Ernährung und gesundheitlicher Verbraucherschutz beim BMEL: *Politik für eine nachhaltigere Ernährung*, Berlin, Gutachten Juni 2020, S. 90ff sowie *Ernährungsarmut unter Pandemiebedingungen*, Stellungnahme März 2023, S. 13 ff. Dem Beirat gehören 17 Mitglieder an, die das Bundesministerium für Ernährung und Landwirtschaft beraten.
69 »Food Poverty Research«-Befragung im Auftrag von Kellogg, »Der tägliche Hunger an Deutschlands Schulen: Jedes vierte Kind kommt ohne Frühstück in den Unterricht«, Pressemitteilung 9. März 2023
70 Befragt wurden 7 818 Mütter und Väter sowie 258 Kinderärzte. Ilona Renner, Anna Neumann, Maria Hänelt, Digo Chakraverty, Susanne M. Ulrich, Ulrike Lux: *Kinder in Deutschland, KiD 0–3 2022*, herausgegeben vom Nationalen Zentrum Frühe Hilfen (NZFH), Köln 2023, Faktenblatt 2 und 3
71 Laubstein/Holz/Seddig: *Armutsfolgen für Kinder und Jugendliche*, S. 66ff; Butterwegge: *Kinder der Ungleichheit*, S. 126ff; Mathias Hübener: *Bildung und Gesundheit. Wie lange die Mutter eine Schule besucht, entscheidet mit über die Gesundheit ihrer Kinder*, Bundesinstitut für Bevölkerungsforschung (BiB), Demografische Forschung aus erster Hand 2023, S. 1f
72 *Kinder gehen ins Geld*, iwd, 29. Juni 2022
73 Fratzscher: *Verteilungskampf*, S. 107ff
74 Catrin Boldebuck: »Wünsche wahr werden lassen«, stern 1. Dezem-

ber 2022. Die Stiftung stern unterstützt die Arche seit vielen Jahren mit Spendenaufrufen, ebenso die Stiftung RTL »Wir helfen Kindern e. V.« Der stern ist Teil von RTL Deutschland.
75 Tophoven/Lieztmann/Reiter/Wenzig: *Aufwachsen in Armutslagen*, S. 73 ff
76 Davina Höblich: *Peers – die Rolle von Gleichaltrigenbeziehungen bei der Reproduktion oder Bewältigung von Armut*, in: Handbuch Kinderarmut, S. 199ff
77 Nadia Kutscher: *Familienarmut, Kinderarmut und digitale Medien*, in: Handbuch Kinderarmut, S. 152ff
78 Greta Schabram, Kay Schulze, Gwendolyn Stilling: *Armut und digitale Teilhabe. Empirische Befunde zur Frage des Zugangs zur digitalen Teilhabe in Abhängigkeit von Einkommensarmut*, Paritätische Forschungsstelle, Berlin, 18. April 2023, S. 5ff
79 BVerfG Beschluss des ersten Senats vom 19. November 2021 zu Schulschließungen (Abschnitt 48). Vgl. hierzu Felix Hanschmann: »Das neue Recht auf schulische Bildung. Inhalt, Potenzial, offene Fragen«, in: *Die Deutsche Schule*, 116. Jahrgang 2024 Heft 1, S. 35ff
80 Jaqueline Wiedemann, Christian Palentien, Sebastian Wachs, Lara-Joy Rensen: *Bildungsarmut in Deutschland*, in: Handbuch Kinderarmut, S. 143 ff
81 Christina Anger, Axel Plünnecke: *Bildungsgerechtigkeit. Herausforderung für das deutsche Bildungssystem*. IW-Analysen 140, Institut der deutschen Wirtschaft, Köln, 2021, S. 27
82 Kathrin Bock-Famulla, Eva Berg, Antje Girndt, Davin Patrick Akko, Michael Krause, Julia Schütz: *Länderreport Frühkindliche Bildungssysteme*, Bertelsmann Stiftung, Gütersloh 2023, S. 6
83 Anja Reumschüssel: »Die Kita-Krise«, stern 23. November 2023
84 C. Katharina Spieß: »Und täglich grüßt das Murmeltier: Die frühe Bildung muss endlich stärker in den Fokus rücken!«, Wirtschaftsdienst EU April/2023, S. 240
85 Vgl. ebd. S. 239
86 In Berlin und Brandenburg dauert die Grundschule sechs Jahre.
87 Katharina Werner, Vera Freundl, Franziska Pfaehler, Katharina Wedel und Ludger Wößmann: *Was denken die Deutschen zu Chancenungleichheit im Bildungssystem?*, ifo Schnelldienst 11/2023, München, 15. November 2023, S. 35
88 PISA untersucht die Kompetenzen der 15-Jährigen in Lesen, Mathematik und Naturwissenschaften, und zwar am Ende ihrer Pflichtschulzeit. Weltweit nehmen fast 700 000 Jugendliche in rund 80 Ländern

an der Studie der Organisation für wirtschaftliche Zusammenarbeit und Entwicklung (OECD) teil.
89 Ludger Wößmann, Florian Schoner, Vera Freundl und Franziska Pfaehler: *Der ifo-»Herz für Kinder«-Chancenmonitor. Wie (un-)gerecht sind die Bildungschancen von Kindern aus verschiedenen Familien verteilt?*, ifo Schnelldienst 4/2023, München, 19. April 2023, S. 39
90 Petra Stanat, Stefan Schipolowski, Rebecca Schneider, Karoline A. Sachse, Sebastian Weirich, Sofie Henschel (Hrsg.): *IQB-Bildungstrend 2021. Kompetenzen in den Fächern Deutsch und Mathematik am Ende der 4. Jahrgangsstufe im dritten Ländervergleich*, Waxmann Verlag, Münster/New York 2022, S. 260ff
91 Petra Stanat, Stefan Schipolowski, Rebecca Schneider, Sebastian Weirich, Sofie Henschel, Karoline A. Sachse (Hrsg.): *IQB-Bildungstrend 2022. Sprachliche Kompetenzen der 9. Jahrgangsstufe im dritten Ländervergleich*, Waxmann Verlag, Münster/New York 2023, S. 435ff
92 Doris Lewalter, Jennifer Diedrich, Frank Goldhammer, Olaf Köller, Kristina Reiss (Hrsg.): *PISA 2022. Analyse der Bildungsergebnisse in Deutschland*, Waxmann Verlag, München/New York 2023, S. 139ff
93 Christine Sälzer: *Lesen im 21. Jahrhundert. Lesekompetenzen in einer digitalen Welt. Deutschlandspezifische Ergebnisse des PISA-Berichts »21st-Century Readers«*, PISA-Sonderauswertung der Organisation für wirtschaftliche Zusammenarbeit und Entwicklung (OECD) gefördert von der Vodafone Stiftung, Berlin 2021, S. 7ff
94 Catrin Boldebuck: »Klick auf neue Schule«; *stern* 26. August 2021
95 Siehe die auf den nächsten Seiten folgenden Studien sowie Autor:innengruppe Bildungsberichterstattung: *Bildung in Deutschland 2024. Ein indikatorengestützter Bericht mit einer Analyse zu beruflicher Bildung*, gefördert von der Ständigen Konferenz der Kultusminister und dem Bundesministerium für Bildung, wbv Publikation, Bielefeld 2024, S. 138ff
96 Wößmann/Schoner/Freundl/Pfaehler: *Chancenmonitor 2023*, S. 35 ff
97 Eine Ursache dafür könnte die spätere Aufteilung der Kinder in Berlin und Brandenburg sein. Dort dauert die Grundschule sechs Jahre.
98 Ludger Wößmann, Florian Schoner, Vera Freundl und Franziska Pfaehler: *Ungleiche Bildungschancen: Ein Blick in die Bundesländer*, ifo Schnelldienst 5/2024, München, 13. Mai 2024, S. 1
99 Jessika Golle, Trudie Schills, Lex Borghans, Norman Rose: *Who is considered gifted from a teacher's perspective? A representative large-scale study*, in: Gifted Child Quarterly, 16. Juli 2022, S. 72ff

100 Nele McElvany, Ramona Lorenz, Andreas Frey, Frank Goldhammer, Anita Schilcher, Tobias C. Stubbe: *IGLU 2021 Lesekompetenz von Grundschulkindern im internationalen Vergleich und im Trend über 20 Jahre*, Waxmann, Münster/New York 2023, S. 240ff
101 Carsten Schröder, C. Katharina Spieß, Johanna Storck: *Private Bildungsausgaben für Kinder: Einkommensschwache Familien sind relativ stärker belastet*, DIW Wochenbericht 8/2015, Berlin, S. 158ff; Laubstein/Holz/Seddig: *Armutsfolgen*, S. 60
102 Astrid Kaiser: »Kevin ist kein Name, sondern eine Diagnose!«, in: Die Grundschulzeitschrift, Oktober 2010, Friedrich Verlag, Seelze, S. 26–30. Oliver Trenkamp: »Kevins bekommen schlechtere Noten«, spiegel.de 20. August 2010
103 Thiel: *Kein Pausenbrot, keine Kindheit, keine Chancen*, S. 11
104 Ebd. S. 96
105 Christina A. Bauer, Veronika Job, Bettina Hannover: *Who gets to see themselves as talented? Bias self-concepts contribute to first-generation student's disadvantage in talent-focused environments*, in: Journal of Social Psychology 108, September 2023, S. 11f
106 El-Mafaalani: *Mythos Bildung*, S. 80
107 Wößmann/Schoner/Freundl/Pfaehler: *Chancenmonitor 2023*, S. 39
108 Sophie Horneber, Felix Weinhardt: *GymnasiastInnen aus Elternhäusern mit niedrigem Bildungsniveau verlieren im Laufe der Schulzeit deutlich an Boden*, DIW Wochenbericht 23/2018, Berlin S. 481ff
109 Befragt wurden 1 032 Lehrkräfte. Robert Bosch Stiftung: *Das Deutsche Schulbarometer*, Stuttgart 2023, S. 12ff
110 Vgl. El-Mafaalani: *Mythos Bildung*, S. 87ff
111 Marcel Helbig: *Eine »faire« Verteilung der Mittel aus dem Startchancenprogramm erfordert eine ungleiche Verteilung auf die Bundesländer. Eine Abschätzung der Mittelbedarfe für die deutschen Grundschulen anhand Armutsquoten in den Sozialräumen*, Wissenschaftszentrum Berlin für Sozialforschung, 2023, S. 9
112 El-Mafaalani: *Mythos Bildung*, S. 94
113 Isabel Ramos-Lobato: *Soziale Entmischung in der Grundschule – Wie die Wahl der Eltern Segregation verstärkt*, ILS Trends 3-23, Institut für Landes- und Stadtentwicklungsforschung Dortmund, 7. November 2023, S. 5ff
114 Catrin Boldebuck: »Zu viele Kinder scheitern in der Schule«, stern 7. Dezember 2023
115 Christina Anger, Wido Geis-Thöne: *Integration von Kindern und Jugendlichen mit Migrationshintergrund. Herausforderungen für das*

deutsche Bildungswesen, IW-Analysen 125, Institut der Deutschen Wirtschaft, Köln 2018, S. 23
116 2013 gingen 30 Prozent der 15-jährigen Mädchen aufs Gymnasium. Straub/Sulak/Sander/Spieß/Weinmann: *Die Bevölkerung mit Migrationshintergrund neu entdecken*, S. 24
117 Anger/Geis-Thöne: *Integration von Kindern und Jugendlichen mit Migrationshintergrund*, S. 45f
118 Laut dem von Bund und Ländern geförderten Bericht *Bildung in Deutschland* stieg die Quote der Abgängerinnen und Abgänger ohne Abschluss 2022 auf 6,9 Prozent. *Bildung in Deutschland 2024*, S. 168
119 Klaus Klemm: *Jugendliche ohne Hauptschulabschluss. Demographische Verknappung und qualifikatorische Vergeudung*, Bertelsmann Stiftung, Gütersloh 2023, S. 15ff
120 2023 lag die Quote in Deutschland bei 12,8 Prozent, in der EU bei 9,5 Prozent. Daten der EU-Statistikbehörde Eurostat: *Frühzeitige Schul- und Ausbildungsabgänger nach Geschlecht, Anteil der Bevölkerung (18 bis 24 Jahre), der höchstens über einen Abschluss der Sekundarstufe I verfügt und in den vier Wochen vor der Erhebung an keiner Aus- und Weiterbildung beteiligt war.* Letzte Aktualisierung 13. Juni 2024
121 AWO Bundesverband: *Armut im Lebenslauf. Kindheit, Jugend und junges Erwachsenenalter. Forderungen der Arbeiterwohlfahrt anlässlich der fünften Phase der AWO-ISS-Langzeitstudie*, Berlin 2019 S. 7
122 Wößmann/Schoner/Freundl/Pfaehler: *Chancenmonitor 2023*, S. 40
123 Destatis: *37,9 % der Studierenden in Deutschland waren 2021 armutsgefährdet*, Pressemitteilung Nr. N066 vom 16. November 2022
124 Moses Mendelssohn Institut: *Sommersemester 2024 – Wohnkosten verharren auf hohem Niveau*, 20. März 2024 https://moses-mendelssohn-institut.de/aktuelles/WohnkostenSoSe2024
125 Ulrich Müller: *CHECK – Studienfinanzierung in Deutschland 2023*, Centrum für Hochschulentwicklung, Gütersloh, 15. Dezember 2023, S. 4
126 »Eltern und Nebenjobs finanzieren Studierende«, *zdf heute* 15. Dezember 2023
127 Anger/Geis-Thöne: *Integration von Kindern und Jugendlichen mit Migrationshintergrund*, S. 57f
128 Straub/Sulak/Sander/Spieß/Weinmann: *Die Bevölkerung mit Migrationshintergrund neu entdecken*, S. 24
129 Anger/Geis-Thöne: *Integration von Kindern und Jugendlichen mit Migrationshintergrund*, S. 58f

130 Christina Anger, Julia Betz, Axel Plünnecke: INSM-Bildungsmonitor 2023. Zukunft der Bildung, Institut der deutschen Wirtschaft, Köln, 30. August 2023, S. 65
131 Natalya Nepomnyashcha mit Naomi Ryland: *Wir von unten. Wie soziale Herkunft über Karrierechancen entscheidet*, Ullstein Berlin, 2024, S. 17
132 Bundesinstitut für Berufsbildung: *Berufsbildungsbericht 2024*, Bonn, S. 107f
133 *Armut im Lebenslauf, Forderungen der* AWO, S. 7
134 Marcel Fratzscher: »Fünf Mythen zur Kinderarmut und zur Kindergrundsicherung«, *Zeit* 25. August 2023
135 Deutscher Bundestag: Arbeit und Soziales – Gesetzentwurf – hib 42/2024, Haushalt 2024: Sozialetat mit Abstand größter Posten, 19. Januar 2024
136 Horst Entorf, Philip Sieger: *Unzureichende Bildung – Folgekosten durch Kriminalität*, in: Bertelsmann Stiftung (Hrsg.): *Warum Sparen in der Bildung teuer ist. Folgekosten unzureichender Bildung für die Gesellschaft*, Gütersloh 2012, S. 73 ff.
137 Eric A. Hanushek und Ludger Wößmann: *The Economic Benefits of Improving Educational Achievement in the European Union: An Update and Extension*, EENEE Analytical Report No. 39, Prepared for the European Commission, European Expert Network on Economics of Education, Luxemburg, September 2019, S. 19ff
138 Jan Brülle, Dorothee Spannagel: *Einkommensungleichheit als Gefahr für die Demokratie. WSI-Verteilungsbericht 2023,* WSI Report Nr. 90, Düsseldorf, November 2023, S. 15
139 Spannagel/Zucco: *Armut grenzt aus. WSI-Verteilungsbericht 2022*, S. 16ff
140 Tophoven/Lietzmann/Reiter/Wenzig: *Aufwachsen in Armutslagen*, S. 18
141 Andreas Zick, Beate Küpper, Nico Mokros (Hg.): *Die distanzierte Mitte. Rechtsextreme und demokratiegefährdende Einstellungen in Deutschland 2022/23*, Friedrich-Ebert-Stiftung, Dietz Verlag, Bonn, 2023, S. 110ff
142 Julian Heide: *Testfall Armut. Zum Zusammenhang von Ungleichheitsstellungen und sozialer Lage*, in: *Kölner Zeitschrift für Soziologie und Sozialpsychologie* 2023, S. 138
143 Marcel Fratzscher: *Das AfD-Paradox: Die Hauptleidtragenden der AfD-Politik wären die eigenen Wähler*innen*, DIW aktuell Nr. 88, Berlin 21. August 2023, S. 4ff

144 Christian Proaño, Juan Carlos Peña und Thomas Saalfeld: *Inequality, Macroeconomic Performance and Political Polarization: A Panel Analysis of 20 Advanced Democracies*, BERG Working Paper 157, Universität Bamberg, Bamberg Economic Research Group, Bamberg Juni 2022, S. 21ff
145 Jonas Schaible: »Hilft Sparen der AfD?«, *Spiegel* 25. Mai 2024
146 Spannagel/Zucco: *Armut grenzt aus*. WSI-Verteilungsbericht 2022, S. 18
147 Siehe beispielsweise Zick/Küpper/Mokros: *Die distanzierte Mitte*, S. 97ff
148 Vivien Götz: »Junge Wähler kehren etablierten Parteien den Rücken«, sueddeutsche.de 10. Juni 2024
149 Thiel: *Kein Pausenbrot, keine Kindheit, keine Chance*, S. 104
150 »Weltglücksbericht: Finnland bleibt das glücklichste Land,« tagesschau.de 20. März 2024
151 Gottfried Schweiger: *#Kinderarmut. Ein philosophischer Essay*, Büchner-Verlag, Marburg 2022, S. 114
152 In einige Bundesländern und Städten gibt es bereits Kinderbeauftragte. Es gibt seit 1988 auch eine Kinderkommission (KiKo) beim Deutschen Bundestag. Sie besteht aus je einem Mitglied jeder im Bundestag vertretenen Fraktion. Von der KiKo haben aber vermutlich die meisten noch nie gehört, ebenso wenig von der Nationalen Kinderchancen-Koordinatorin.
153 Ebd. S. 67f
154 *Deutschland – ein kinderfreundliches Land?* Repräsentative Umfrage zum 50. Geburtstag des Deutschen Kinderhilfswerks am 17. Februar 2022
155 Vgl. Schweiger: *#Kinderarmut*, S. 104
156 Destatis: *Rund 176 Milliarden Euro für Bildung aus öffentlicher Hand*, Pressemitteilung Nr. 478 vom 14. Dezember 2023
157 Destatis: Internationales: *Basistabelle Öffentliche Gesamtausgaben für Bildung*, Quelle: Organisation der Vereinten Nationen für Bildung, Wissenschaft und Kultur (UNESCO), Stand 16. Februar 2023
158 *Was die Deutschen über die Qualität der Schulen denken*, ifo Schnelldienst 11/2023, München, 15. November 2023, S. 47f
159 Corinna Kleinert, Tina Baier, Gaia Ghiradi und Moris Triventi: *Führt ein Kitabesuch zu einem Ausgleich sozialer Unterschiede?* LIfBi Forschung Kompakt, Bericht Nr. 5, 16. Januar 2024, S. 4f
160 James J. Heckman: *Skill Formation and the Economics of Investing in Disadvantaged Children*, Science, 30. Juni 2006, S. 1900ff

161 Christine Brinck: »Auf die Familie kommt es an«, *Zeit* 20. Juni 2013
162 C. Katharina Spieß: »Die dreifach demografische Rendite«, *FAZ* 20. März 2023
163 An einigen Orten haben Kinder von berufstätigen Alleinerziehenden Vorrang bei der Vergabe von Plätzen sowie Jungen und Mädchen, die besondere Förderung brauchen. Dazu muss in der Regel ein Härtefallantrag beim Jugendamt gestellt werden. Berufstätige Eltern können mit einer Dringlichkeitserklärung des Arbeitgebers Druck machen. In allen Fällen müssen Eltern wissen, wie sie vorgehen und Fristen beachten.
164 Am Bundesprogramm »Sprach-Kitas« nahmen 2022 bundesweit zwölf Prozent der Kitas in Deutschland teil. Bericht der Arbeitsgruppe Frühe Bildung: *Gutes Aufwachsen und Chancengerechtigkeit für alle Kinder in Deutschland*, März 2024, S. 33
165 Katharina Werner, Vera Freundl, Franziska Pfaehler, Katharina Wedel und Ludger Wößmann: *Was die Deutschen über die Qualität der Schulen denken. Ergebnisse des zehnten ifo Bildungsbarometers 2023*, ifo Schnelldienst 9/2023, München, 13. September 2023, S. 39ff
166 Wößmann/Schoner/Freundl/Pfaehler: *Chancenmonitor 2023*, S. 43
167 Laura Schmitz: *Ganztagsschulen fördern die Entwicklung sozialer Fähigkeiten von Grundschüler*innen*, DIW Wochenbericht 48/2022, Berlin, S. 640ff
168 Christina Anger, Wido Geis-Thöne: *Erfolgreiche Bildung für alle braucht gute Rahmenbedingungen*, IW Kurzbericht 89/23, Institut der deutschen Wirtschaft, Köln, 4. Dezember 2023, S. 2
169 Werner/Freundl/Pfaehler/Wedel/Wößmann: *Was denken die Deutschen zu Chancenungleichheit im Bildungssystem?*, S. 37
170 Ausgaben je Schüler:in für öffentliche Schulen in Deutschland nach Schularten im Jahr 2021, Statistisches Bundesamt/ Statista 2024
171 »Milliardenhilfe für sozial benachteiligte Schüler«, *tagesschau.de* 2. Februar 2024
172 2023 stimmten 55 Prozent zu, 2016 waren es noch 43 Prozent. Werner/Freundl/Pfaehler/Wedel/Wößmann: *Was denken die Deutschen zu Chancenungleichheit im Bildungssystem?*, S. 37
173 Ebd. S. 35
174 Thomas Kerstan, Hanns-Bruno Kammertöns: »Deutsch ist der Schlüssel«, Interview mit Jürgen Baumert, *Zeit* 20. April 2011
175 Anant Agarwala: *Das Integrationsexperiment. Flüchtlinge an der Schule – eine Bilanz nach fünf Jahren*, Dudenverlag, Berlin 2020, S. 119

176 Befragt wurden 1 055 Schulleitungen. Robert Bosch Stiftung: *Das Deutsche Schulbarometer*, Stuttgart, November 2022, S. 22ff
177 Ulrike Wieland: *Willkommenskultur in Krisenzeiten*, Bertelsmann Stiftung, Gütersloh 2024, S. 9ff
178 Agarwala: *Das Integrationsexperiment*, S. 117f
179 Nach Recherchen des *stern* fehlen rund 5 000 Schulplätze, betroffen sind Nordrhein-Westfalen, Berlin, Sachsen, Brandenburg, Sachsen-Anhalt, Thüringen und Bremen. Ingrid Eißele: »Warum tausende Kinder trotz Schulpflicht keine Schule besuchen«, *stern.de* 14. Mai 2024
180 Vgl. zum Beispiel *Bildungsmonitor 2023* der Initiative Neue Soziale Marktwirtschaft (INSM). Im Ranking landete Hamburg auf Platz vier hinter Sachsen, Bayern und Thüringen und vor Baden-Württemberg.
181 Martin Spiewak: »Finnland an der Elbe. Wie Hamburg zum Vorbild für gute Schulpolitik wurde«, *Zeit* 20. Oktober 2022
182 Agarwala: *Das Integrationsexperiment*, S. 121f
183 Sveja Resnjanskij, Jens Ruhose, Simon Wiederhold, Ludger Wößmann: *Mentoring verbessert die Arbeitsmarktchancen von stark benachteiligten Jugendlichen*, ifo Schnelldienst 2/2021, München, 10. Februar 2021, S. 35ff
184 »Mehr Fortschritt wagen. Bündnis für Freiheit, Gerechtigkeit und Nachhaltigkeit«, Koalitionsvertrag 2021–2025, S. 74
185 Bei besonders gut Verdienenden kommt eine Entlastung beim Solidaritätszuschlag hinzu. Julia Jirmann: »Das Ringen um Kinderfreibetrag und Kindergeld«, Netzwerk Steuergerechtigkeit, 29. Februar 2024 www.netzwerk-steuergerechtigkeit.de/das-ringen-um-kinderfreibetrag-und-kindergeld/
186 2022 zahlte der Staat laut Bundesamt für Statistik 17,2 Millionen Mädchen und Jungen Kindergeld. Wenn junge Erwachsene studieren oder eine Ausbildung machen, kann bis 25 Jahre gezahlt werden.
187 Stefan Bach und Peter Haan: *Kinderfreibeträge reduzieren, Familienleistungen für Geringverdienende ausbauen*, DIW aktuell Nr. 64, Berlin, 31. Mai 2021, S. 4ff
188 Catrin Boldebuck: »Mehr Entlastung, mehr Geld«, *stern* 15. September 2022, S. 62
189 Catrin Boldebuck und Nele Spandick: »Meine Mutter hat mir immer gesagt: Du wirst dir nicht die Butter vom Brot nehmen lassen«, *stern* 26. Oktober 2023, S. 65
190 Bernhard Walker: »Kindergrundsicherung – der Start ist ungewiss«, *Stuttgarter Nachrichten* 12. September 2023
191 Christiane Keitel: »Kindergrundsicherung: Ein wichtiger und richti-

ger Schritt, aber auch eine vertane Chance«, Interview mit Katharina von Koppelfels-Spies, Professorin für Sozialrecht an der Universität Freiburg, IAB-Forum, Institut für Arbeitsmarkt- und Berufsforschung der Bundesagentur für Arbeit, Nürnberg, 30. Januar 2024
192 Manfred Schäfers: »Kinderfreibetrag im Koalitionsfeuer«, *FAZ* 25. März 2023 S. 21
193 *Kinder brauchen mehr! Unser Vorschlag für eine Kindergrundsicherung*, www.kinderarmut-hat-folgen.de, Berlin 2024
194 Eric Großhaus: *Stellungnahme zum Gesetzentwurf der Bundesregierung – Entwurf eines Gesetzes zur Einführung einer Kindergrundsicherung*, Save the Children e. V., Berlin, 27. Oktober 2023
195 Tom Krebs, Martin Scheffel: *Auswirkungen der Kindergrundsicherung auf Armut, Beschäftigung und Wachstum*, WSI Study Nr. 36, Wirtschafts- und Sozialwissenschaftliches Institut, Düsseldorf, März 2024, S. 3 f
196 DIW Econ GmbH: *Kosten (k)einer Grundsicherung: Folgekosten von Kinderarmut*, Kurzexpertise für die Diakonie Deutschland, Berlin 18. August 2023, S. 23 f
197 Lore Maria Peschel-Gutzeit: *Warum müssen die Kinderrechte im Grundgesetz aufgenommen werden?*, Deutsches Kinderhilfswerk, Berlin, November 2008, www.kinderpolitik.de
198 Stellungnahme zur Entwurfsfassung vom 12. Mai 2023 des Nationalen Aktionsplans »Neue Chancen für Kinder in Deutschland«, Save the Children, Berlin 30. Mai 2023
199 *Mehr Fortschritt wagen*, Koalitionsvertrag 2021–2025, S. 78
200 Jannis Burkhard, Stefan Kühne, Jan Scharf, Kai Maaz: *Kulturelle Bildung – hausgemacht? Zum Effekt elterlichen kulturellen Kapitals auf die kulturellen Aktivitäten von Jugendlichen*, in: Zeitschrift für Erziehungswissenschaften, 7. Februar 2024, S. 595 ff
201 Bürgerrat »Ernährung im Wandel«: *Empfehlungen an den Bundestag*, 14. Januar 2024, S. 3
202 Doris Schneyink und Martin Rücker: »Warum eine Gratis-Mahlzeit an Schulen Kinder gesünder und erfolgreicher macht«, *stern Plus* 19. Januar 2024
203 Wissenschaftlicher Beirat für Agrarpolitik, Ernährung und gesundheitlicher Verbraucherschutz: *Politik für eine nachhaltigere Ernährung*, Gutachten Juni 2020, S. 90 und S. 657 f
204 Petter Lundborg, Dan-Olof Rooth, Jesper Alex-Petersen: *Long-Term Effects of Childhood Nutrition: Evidence from an School Lunch Reform*, in: Review of Economic Studies, 2022, S. 903 f

205 Schweiger: #*Kinderarmut*, S. 87 ff.
206 Bauen und Wohnen 2024 in Deutschland, beauftragt vom Verbändebündnis »Soziales Wohnen«, Prestel Institut, Hannover Januar 2024
207 Datenbasis: 1006 Befragte. Forsa-Umfrage für den *stern* und *RTL Deutschland* am 2. und 3. Mai 2024.
208 Kohlrausch, Bettina: *Demokratie in Arbeit. Erwerbsarbeit als demokratischer Erfahrungskontext*, WSI Kommentar Nr. 1, Düsseldorf, 1. März 2024, S. 2ff
209 »*Zusammenhalt in Gefahr*«: Auswertung der repräsentativen Erwerbspersonenbefragung der Hans-Böckler-Stiftung, Böckler Impuls 10/22, Düsseldorf, 2. Juni 2022